Jonathan Lichtenstein

ZURÜCK NACH BERLIN

Wie mein Vater mit mir
in seine Vergangenheit reiste

Aus dem Englischen
von Thomas Brovot

Insel Verlag

Die Originalausgabe erschien 2020 unter dem Titel *The Berlin Shadow. Living With the Ghosts of the Kindertransport* bei Scribner, einem Imprint von Simon & Schuster, London.

Published with the support of a Wales Literature Exchange translation award through Arts Council of Wales National Lottery Funding

Cyfnewidfa Lên Cymru
Wales Literature Exchange

Das Bild auf S. 13 stammt aus dem United States Holocaust Memorial Museum und wurde freundlicherweise von der National Archives and Records Administration, College Park, zur Verfügung gestellt.

Erste Auflage 2021

Die Übersetzungsrechte wurden vermittelt von der Jonathan Conway Literary Agency Limited und der 2 Seas Literary Agency.
Satz: Greiner & Reichel, Köln
Druck: GGP Media GmbH, Pößneck
Printed in Germany
ISBN 978-3-458-17908-5

Zurück nach Berlin

Für Joe und Freddie und Rosa

»Kindertransport« war die inoffizielle Bezeichnung für die Rettungsaktion, mit der zwischen 1938 und 1940 unbegleitete Flüchtlingskinder nach Großbritannien gebracht wurden. Etwa 10 000 Kinder und Jugendliche machten sich von Deutschland, Polen, Österreich, Holland und der Tschechoslowakei aus auf die Reise. Die meisten kamen aus jüdischen Familien. Eins dieser Kinder, die die Reise allein antraten, war mein Vater, der damals zwölfjährige Hans Lichtenstein.

1.1.

Ich rufe an. Er nimmt ab.

Möchtest du fahren?
Ja.

Er verstummt. Lange Pause.

Die Reise könnte dir den Schlaf wiedergeben.
Das bezweifle ich.
Wie ist er?
Wer?
Dein Schlaf.

Erneutes Schweigen.

Muss beunruhigend sein.
Was?
Nicht schlafen zu können.
Das konnte ich noch nie.
Vielleicht macht die Reise deine Alpträume leichter.
Vielleicht macht sie meine Alpträume schwerer.
Aber möchtest du?
Ja.

Also organisiere ich sie, unsere Reise: Datum, Fähre, Tickets, Auto, Strecke, Pässe, Hotel. Später rufe ich wieder an.

Wir machen deine ursprüngliche Fahrt rückwärts.
Rückwärts?
Wir fahren die Strecke andersrum.
Andersrum?
Wir fahren von hier nach Berlin. Dann kommen wir zurück.
Aber ich bin nicht zurückgefahren.
Ich weiß.
Mein Ticket war ein One-Way.

Er lacht.

Ich möchte herausfinden, wo das Geschäft meines Vaters war.
Klar.
Und das Grab meines Vaters.
Ja.
Und der Bahnhof?
Der Bahnhof auch.

Na bitte. Abgemacht. Ich werde mit ihm über die Bürgersteige laufen. Und gemeinsam werden wir die Luft der Stadt atmen, die ihre Vergangenheit in Wellen durch seinen Alltag und in die Ecken des Lebens seiner Kinder schickt, während die Rinnsale ihrer Geschichte in uns einsickern und die Gossen den Regen und den Schmutz ihrer Straßen fortspülen, die zerknüllten Zeitungen, die vergilbten Sterne, die Glasscherben, die Asche, das Grab seines Vaters. Den Bahnhof. Das Geschäft.

Lichtenstein
Taschen

1.2

Schon seit Jahren hatte ich mit meinem Vater nach Berlin fahren wollen, um den Weg seiner Flucht auf einem der Kindertransporte nachzuvollziehen. Nur war unsere Beziehung, unbeholfen und distanziert, so fragil, dass sich eine solche Reise eigentlich verbot. Die Vorstellung, Tag und Nacht auf engstem Raum zusammen zu sein, reizte keinen von uns, denn uns beiden war klar, dass es das bisschen an Zuneigung, das erst vor kurzem zwischen uns aufgekeimt war, zunichtemachen konnte. Außerdem wussten wir beide, dass mein Vater auf einer solchen Reise gezwungen wäre, sich einer Reihe dunkler Erinnerungen zu stellen, die er sein Leben lang still für sich behalten hatte. Und genauso wussten wir, dass diese Erinnerungen ihn, wenn wir sie aus dem Dunkel ans Licht holten, in tiefste Verzweiflung stürzen konnten – »eine Verzweiflung«, hatte er mir mehr als einmal gestanden, »von der ich mich vielleicht nicht erhole«.

Trotzdem war er, nun ein alter Mann und nach einer Krankheit, die ihn geschwächt und seinen rastlosen Geist ein wenig zur Ruhe gebracht hatte, einverstanden mit der Fahrt, um sich dem Ereignis zu stellen, das sein Leben beherrscht hatte. Einem Ereignis, das, wie mir erst in letzter Zeit bewusst geworden war, auch mein eigenes Leben beherrschte – mit endlosen, immer wiederkehrenden Phasen eines grüblerischen Bedürfnisses, weit weg von allen Menschen zu sein; mit intensiven und erfüllenden Momenten der Euphorie; mit einer Neigung zu verstörenden Wutanfällen; und mit ungeheurer Produktivität, gefolgt von Monaten des stumpfen Graus und einem Gefühl der Trostlosigkeit, das manchmal so beängstigend war, dass ich nicht länger am Leben bleiben wollte.

Ursprünglich hatten wir den Tag der Rückreise so geplant, dass er auf den Jahrestag fiel, an dem mein Vater aus Berlin losgefahren war, seiner Meinung nach sechs Wochen bevor Großbritannien Deutschland den Krieg erklärte, es war »einer der letzte Kindertransporte aus Berlin«. Wegen seiner Erkrankung im Sommer entschieden wir uns jedoch für den Jahrestag der »Kristallnacht«. Es hatte sich nämlich ein Foto vom Geschäft seines Vaters gefunden, aufgenommen nach dieser Katastrophennacht, in der es zertrümmert und geplündert worden war. Mein Vater wollte herausfinden, wo das Geschäft gestanden hatte, »um zu sehen, was es dort jetzt gibt, wenn überhaupt etwas«. Auch wollte er das Grab seines Vaters auf dem Jüdischen Friedhof Weißensee besuchen. Er war noch nie am Grab seines Vaters gewesen, nicht einmal als Kind. Man hatte ihn von der Beerdigung ferngehalten, und erst viele Jahre nach Kriegsende erfuhr er, dass sein Vater sich umgebracht hatte.

Ich musste erst achtzehn werden, ehe mein Vater sich dazu durchrang, mir zu sagen, dass es Selbstmord gewesen war. An diesem Tag – wir fuhren zusammen durchs walisische Bergland in Richtung Cefnllys – teilte er es mir mit. Für mich kam die Nachricht aus heiterem Himmel.

Jetzt, wo du achtzehn bist, muss ich dir etwas sagen.
Was denn?
Mein Vater hat Selbstmord begangen.
Selbstmord?
Darüber möchte ich nicht reden.

Wie denn?

Sei still.

Aber …

Sei still, habe ich gesagt.

Und so fuhren wir weiter, er am Steuer, der Motor aufheulend, die Reifen jaulend, seine Aufmerksamkeit auf die Kurven gerichtet, der Wagen in gefährlicher Schräglage, wenn er in sie hineinraste, immer auf der Suche nach der Ideallinie, über Reflektoren titschend, alle vier Reifen kurz davor, die Bodenhaftung zu verlieren, um uns herum die walisischen Berge.

1.3

Cae Hyfrydd war ein dunkles Haus und im Winter voller Eis. Die Fensterscheiben waren morgens an den Innenseiten vom Frost krakeliert und so dünn, dass nachts manchmal seltsame Geräusche hindurchdrangen. Das Haus hatte eine steile geschwungene Treppe und einen Dachboden. Es war unsere neue Doppelhaushälfte an der Pentrosfa, der unbefestigten Straße, die von der Wellington Avenue aus stark anstieg. Die Pentrosfa war anders als alle Straßen, die ich bis dahin kannte, sie war holperig und kraterig und breit. Sie strahlte Geräumigkeit aus, und beim Blick durchs Fenster unseres Wohnzimmers schien die andere Straßenseite weit weg zu sein. Wenn der Sohn der Evans seine metallicgrüne BSA aus der elterlichen Garage gegenüber schob, sich mit seinem ganzen Gewicht auf den seitlichen silbernen Hebel warf und das Motorrad ins Leben kickstartete, war das, als käme er geradewegs aus einem exotischen Land, einer Welt der Bungalows mit Rasen und gestutzten Hecken, weißen Toren und buntverglasten Haustüren – eine Architektur des Beständigen und Verlässlichen.

Die Pentrosfa war eigentlich keine Straße, sondern eine Piste aus knurrigen Buckeln und wütenden Steinen, als hätte man sie in einem Anfall von Böswilligkeit gebaut, um den Fortschritt nicht voranzutreiben, sondern zu behindern. Die Lösung, die mein Vater für diese Abfolge aufgebrochener Flächen fand, war einfach. Jeden Morgen streute er die Asche und die Schlacke aus unserem Kohleherd in ihre trüben Ritzen. Es war ein Ritual. Erst nahm er eine Stahlschaufel und kehrte die Kakerlaken auf, die auf dem schwarzen Schieferboden unserer Küche herumliefen. Dann öffnete er die obere Tür des Kohleherds und warf sie in das dunkelrote Innere. Bevor er sie hineinwarf, versuchten die Kakerlaken verzweifelt, aber ohne einen Laut, den kühlen Stahlschaft der Schaufel hochzukrabbeln, ihre stummen hornigen Beine fuchtelten und verhedderten sich und schlangen sich ineinander und über Kreuz und zuckten wie wild, während sie den Schaft wieder hinunterrutschten und dann noch einmal versuchten, der Flammenglut hinter sich über die Schippe zu entkommen. Aber alles Kämpfen war vergeblich. Die ein oder andere fiel zwar von der Schaufel und flitzte davon, aber für die meisten ging es rückwärts in die Hölle.

Nachdem mein Vater sie verbrannt hatte, warf er noch ein paar Kohlen aus dem Kohleneimer ins Feuer, schloss die Klappe und zog den unteren Kasten heraus. Er war voller Asche von den Kakerlaken und den Kohlen, die den Ofen über Nacht geheizt hatten. Dann trug er die Asche auf die Straße, bekleidet nur mit einem Handtuch, das er sich wie einen Sarong um die Taille wickelte. Die knappe Bekleidung war obligatorisch, egal bei welchem Wetter, und weder Sonne noch Regen hielten ihn davon ab. Nicht selten kam ein Windstoß auf, wenn er gerade ein Loch füllen wollte, und eine feine Aschewolke hüllte ihn in ihre wirbelnden grauweißen Flöckchen, während er, vorgebeugt und konzentriert, die Asche in die Spalten schüttete und sie mit den Händen verteilte. Für den Bruchteil einer Sekunde glich er einem kauernden Gespenst, umweht von der Asche der Kakerlaken und der Kohlen, sie strich ihm über die Haut und drang ihm in die Lunge und sammelte sich um die dünnen dunklen Haare, die in Mustern auf seiner Brust wuchsen.

Wenn Schnee lag, kannte er nichts, um die Hüften das flatternde Handtuch, an den Füßen keine Schuhe. Von der Hintertür aus führte seine Spur durch das unberührte Weiß, jeder Fußabdruck mit dem Umriss seines längeren zweiten Zehs, sodass sich ihre Zeichnung für eine Weile dem Land einschrieb und eine markante Topografie schuf, präsent neben den sich kreuzenden Abdrücken, die die Wege von Amseln, Drosseln und Spatzen verrieten, alle vollkommen klar konturiert und irgendwann bedeckt von dem leise herabfallenden Schnee.

Es dauerte viele Jahre, bis die Straße geglättet war, und so wie er vorankam, wurde die Strecke, die mein Vater zu gehen hatte, immer länger. Angefangen hatte er an der Hintertür, und nach ein paar Jahren hatte er den ersten Abschnitt beim Haus mit Erfolg eingeebnet. Danach musste er weiter hinaus, bis er sich in die Mitte der Pentrosfa vorgearbeitet hatte, wo er sie Stück für Stück wieder aufbaute, Löcher und Ritzen füllte, Unebenheiten ausglich, die Wege bequemer machte. Asche und ihre Wiedergutmachung. Er war gut zu der Straße, und die Straße war, indem sie seine Dienste annahm, gut zu ihm.

I.4

Ich hole ihn zu Hause ab, in Llandrindod, wo der Ithon fließt und nicht weit entfernt der Wye, in diesem Städtchen mit ringsum Hügeln und Felsen und den Weilern Llandegley, Llanyre, Pen-y-Bont und Disserth, wo der Ithon gegenüber der Kirche St Cewydd ein dunkles Becken bildet.

Er hat gepackt und wartet. Er sitzt auf seinem großen knallroten Koffer in der Küche, in einem gebügelten hellgrau karierten Hemd und einer olivgrünen Moleskinhose mit Bügelfalten. Meine Mutter, Beryl, begrüßt mich und liest mir eine Liste mit seinen Tabletten vor, dabei zeigt sie mir verschiedene Schachteln.

Die sind für seine Augen.

Okay.

Die sind für den Stuhlgang.

Gut.

Die sind für den Blutdruck.

Okay.

Die Tabletten für die Augen sind wichtig. Wenn er sie nicht nimmt, kann sich die Netzhaut ablösen.

Wirklich?

Also nicht vergessen.

Bestimmt nicht.

Ich möchte nicht, dass sich seine Netzhaut ablöst.

Das möchte ich auch nicht.

Du vergisst es nicht, ja? Ich meine …
Was?
Ich weiß ja, wie du bist.

Mein Vater trommelt mit den Fingern auf den runden Küchentisch. Meine Schwester Jane ist da. Sie beugt sich zu mir und sagt:

Ich habe versucht, eine Krankenversicherung für ihn abzuschließen, aber die wollten nicht.
Er hat keine Versicherung?
Seine Sachen sind versichert.
Du hast seine Sachen versichert?
Bei seinem Alter hätte es sonst ein Vermögen gekostet. Sie wollten ihn nicht versichern.
Und wenn etwas passiert? Wenn alles zu viel für ihn ist?
Wird schon gutgehen.
Schon gutgehen? Und wenn ich die Tabletten verliere?
Das schaffst du.
Und wenn er stirbt?
Dann musst du ihn eben nach Hause fahren.
Ich glaube nicht, dass ich ihn durch den Zoll bekomme.
Dir wird schon was einfallen.

Jane und mein Vater verlassen die Küche und gehen in den Garten. Meine Mutter hält eine ihrer Teetassen mit glasiertem Blümchenmuster in der Hand. Sie hebt sie aus der Untertasse, hält ihren Kopf leicht schräg und sagt:

Manchmal sieht dein Vater aus wie …
Was?
Wie tot.

Wie tot?
Wie tot.
Im Ernst?
Wenn er einschläft, läuft er manchmal so bläulich an, dann könnte man meinen, er wäre tot.
Denkst du, es geht ihm gut?
Eher nicht.
Denkst du, er sollte die Reise machen?
Eher nicht.
Warum hast du nichts gesagt?
Er will fahren.
Bist du sicher?
Er möchte sehen, ob er das Geschäft seines Vaters findet, auch das Grab.

Mein Vater und ich treten durch die taubengraue Haustür und gehen zum Auto. Er hat keine Krankenversicherung. Manchmal sieht er vielleicht aus wie tot. Er zieht seinen voluminösen, vollversicherten Koffer hinter sich her.

»Mit dem Koffer komme ich allein zurecht, vielen Dank auch«, quittiert er mein Hilfsangebot, und seine Stimme übertönt den Krach der über den Boden schrammenden Kofferräder.

Der Koffer war offenbar eine dieser Anschaffungen, bei denen die Farbe im Geschäft einen angenehmen, heiteren Eindruck macht, aber sobald man ihn über die Straße zieht und in den Wagen hievt, sieht er absurd grell und unverhältnismäßig aus. Es ist der Beginn seiner Reise zurück. Da sollte der Koffer, den er dabeihat, klein und braun sein. Mit einem Stück Kordel um den Griff. Und daran ein weißes Schildchen. Und darauf mit schwarzer Tinte eine Nummer.

Ich gehe zu einer Hecke, hebe fünf Steine auf, drei kleine und zwei etwas größere, und stecke sie mir in die Tasche.

Wenn wir zurückkommen, fahre ich von London allein mit dem Zug nach Hause, vielen Dank auch.
Ja, sicher.
Und von Harwich möchte ich ebenfalls mit dem Zug fahren, zum Bahnhof Liverpool Street.
Kein Problem.
Am liebsten allein.

Wir steigen in den alten Wagen meines Bruders Simon. Großzügigerweise habe ich ihn bekommen. Es ist ein zwölf Jahre alter flaschengrüner Audi Kombi und wie fast alle Sachen meines Bruders ein Oberklassemodell. Der Wagen hat breite bequeme Sitze und eine Klimaanlage. Simon hatte den Motor »chippen« lassen, um die Leistung zu erhöhen, dazu eine spezielle Aufhängung eingebaut, damit der Wagen schneller um die Kurven kommt und »in der Spur bleibt«. Simons Wagen ist mit Abstand das schönste Auto, das ich je hatte, und für die Fahrt nach Berlin ist es ideal.

Ich öffne Google Maps auf meinem Handy und verfolge die Route unserer bevorstehenden Reise, meine Finger schnippen die Karte übers Display. Zuerst die Straße nach Harwich, wo wir die Fähre nehmen, dann über die Nordsee nach Hoek van Holland, dann die Straße nach Norden in Richtung Amsterdam, weiter in gerader Linie nach Deutschland und schließlich immer genau nach Osten bis Berlin. Ich zeige es meinem Vater.

Deine Fahrt, in umgekehrter Richtung.
Ja, genau. In umgekehrter Richtung.

Ich höre, wie ihm der Atem in der Kehle stockt. Das Geräusch seiner inneren Hunde. Sie sind aufgewacht. Haben gewittert, wie angeschlagen ihre Beute ist. Und sie haben lange genug auf diese Reise gewartet, folgen ihm in ihren dunklen Röcken, mit ihren Schwalbenschwänzen und Vatermördern.

Da war eine Blütenglocke.
Wie bitte?
Eine Blütenglocke.
Eine was?
Eine Glocke in Form einer Blüte.
Wo?
Am Bahnhof.

1.5

Als ich noch klein war, sprach mein Vater nie direkt über seine eigene Kindheit, auch über seine deutschen Wurzeln verlor er nie ein Wort. Fast schien es, als wäre er nie ein Kind gewesen. Er sprach nie von seinem Vater oder seiner Mutter, nie von seinen Großvätern und Großmüttern. Er erwähnte keine Freunde, auch nicht, wo er gespielt oder gelebt hatte oder wo er zur Schule gegangen war, und genauso wenig erzählte er irgendwelche Einzelheiten aus seinen prägenden Jahren. Eines Tages, ich war acht Jahre alt, sagte mir schließlich meine Mutter, dass mein Vater wenige Wochen nach seinem zwölften Geburtstag Berlin allein und mit nur einem kleinen Koffer verlassen hatte. Mehr wusste sie selbst nicht – die genaueren Umstände hatte mein Vater nicht einmal ihr erklärt. Sie sagte nur, während ich in meinen Socken auf dem kalten grauen Schieferboden unserer Küche stand: »Darüber spricht er nicht gern.«

Schnipsel aus seiner Vergangenheit schimmerten auf, wenn mal Verwandte von ihm, die ebenfalls aus Deutschland geflohen waren, zu uns nach Wales kamen, aber solche Besuche waren selten und allenfalls Stippvisiten, und auf Fragen bekam ich immer den Satz zu hören: »Das geht dich nichts an.« Ab und zu sickerte unerwartet doch etwas durch. So erinnerte er sich einmal, als meine Mutter gerade einen Biskuitkuchen auftischte, an die Konsistenz des Mohnkuchens seiner Mutter; ein andermal machte er eine Bemerkung darüber, wie seine Mutter es schaffte, alle Teller warm zu halten, wenn sie das Abendessen servierte, während meine Mutter schon ihre liebe Not hatte, das gekochte Essen auf kalten zu verteilen. Eines Tages bekamen wir eine große Kiste mit kaputtem Besteck zugeschickt. Auf den Griffen war eine Gravur, der Buchstabe »L«, es waren die Reste irgendeines Familiensilbers. Die Kiste kam in die Garage, so sehr regte sich mein Vater darüber auf, als Kind verstand ich gar nicht, warum. Auch sonst konnte ich sein Verhalten nicht immer nachvollziehen. Er hasste Volkswagen und verabscheute Mercedes, und wenn er mal ein Exemplar sah – wahrlich ein Ereignis, da es damals in Wales kaum welche auf den Straßen gab –, rief er »Grässliches Auto!«, und dabei spuckte er die Wörter fast aus. Er war strikt dagegen, dass eins seiner Kinder in der Schule Deutsch lernte, ließ keine Bücher über den Zweiten Weltkrieg ins Haus, machte nie eine Bemerkung über Hitler, erwähnte den Holocaust mit keinem Wort und sagte uns immer wieder unmissverständlich, wir sollten »um Menschenmengen einen Bogen machen«.

Die Mutter meines Vaters, meine Großmutter Ruth, hatte den Krieg überlebt, und da die Eltern meiner Mutter beide starben, als ich zwei war, war Ruth die Einzige von meinen Großeltern, die noch lebte. Aber sie wohnte in Ostberlin und durfte nicht »hinter die Mauer«, außerdem ertrug mein Vater sie nicht und telefonierte nur einmal im Jahr mit ihr, im Winter, ich bin ihr überhaupt nur dreimal begegnet, einmal mit dreizehn, als mein Vater mich mitnahm, sie in Ostberlin zu besuchen, und dann noch zweimal in Wales, als sie für einen Besuch meines Vaters die DDR verlassen durfte, da war ich schon über zwanzig. Bei diesen Gelegenheiten war ich ein paar Stunden mit ihr zusammen, wenn auch nie allein. Sie sprach kein Wort mit mir, weil sie kein Englisch konnte und ich kein Deutsch. Damals hatten sich meine Fragen an sie noch nicht herausgeschält, ich wäre also, selbst wenn wir eine gemeinsame Sprache gehabt hätten, gar nicht in der Lage gewesen, ihr sinnvolle Fragen zu stellen.

Die Abwesenheit meiner Großmutter und das Schweigen meines Vaters zu all diesen Dingen war der Grund, weshalb wir als Familie für lange Zeit unbewusst in einer uns fremden, unerklärlichen Welt lebten, die geprägt war von Nichtgesagtem und von unausgesprochenem Verlust.

1.6

Durch den Vorgarten des Cae Hyfrydd führte ein Weg, und da er sich schon auflöste, wurde Mr Bubyage gebeten, einen neuen anzulegen, vom Törchen bis zur Haustür. Mr Bubyage war ein kleiner, rundlicher polnischer Witwer, der uns irgendwann vor Weihnachten immer ein Glas Honig brachte, und wenn es an mir war, die Finger zu strecken, um die cremeweiß-schwarze Haustür zu entriegeln, hielt er mir das Honigglas wortlos hin, mit seiner uralten Farbe leuchtete es im Winterlicht. Während er es mir in die Hand drückte, sagte er etwas, was ich nicht verstand, die Worte waren voller Atem und von einer seltsamen Eindringlichkeit. Und wenn ich den Honig dann nahm und meinem Vater gab, schaute der auf das Glas hinunter und sagte: »Mir wäre es verdammt noch mal lieber, er würde das lassen«, worauf er es in den Schrank stellte.

Die Art und Weise, wie Mr Bubyage den Weg machte, war wunderschön. Zuerst setzte er von der Haustür bis zum Törchen lange Bretter auf den Boden und befestigte sie sorgfältig mit Holzpflöcken, die er in die Erde rammte, so markierte er den Grundriss des Wegs. Das war »die Schalung«, sagte er mir, war »die Form, die der Beton später bekommt. Beton ist die Form zwischen den Innenseiten der Schalbretter.« Sehr viel später, als der Weg fertig und der Beton ausgehärtet war, zog er die Schalbretter ab und zeigte mir die Spuren, die die Maserung des Holzes hinterlassen hatte und die dem Beton jetzt eingeprägt waren:

»Das Muster des Holzes, nur spiegelverkehrt.« Seine handwerklichen Fertigkeiten waren beeindruckend, trotzdem war das Ergebnis am Ende so schlicht, wie ein kurzer, schnurgerader Gartenweg aus Beton nur sein kann, tadellos konstruiert, aber in den Grenzen seiner trüben Außenflächen. Mr Bubyage kam immer schon frühmorgens, wenn es noch kalt war, und dann schwang er seine Kelle gleichmäßig über das feuchte Grau, ritzte ein Kreuzmuster, schuf eine leichte Wölbung, damit sich bei Regen keine Pfützen bildeten. Er war fleißig und arbeitete konzentriert, bat nie um eine Tasse Tee, und manchmal sagte er rasch ein paar Worte zu mir, aber die konnte ich nicht verstehen, seine Art der Kommunikation war das Betonieren.

Das Baumaterial für den Weg brachte Mr Bubyage nach und nach auf einem schwarzen Tourenrad. In einem kleinen, an den rostigen geschwungenen Lenker geschnallten Flechtkorb kam der Zement, und das Werkzeug steckte in einer ausgebleichten roten Satteltasche hinten. Der Fahrtwind wirbelte immer etwas Zement aus dem Sack im Korb heraus und bedeckte Mr Bubyage von seinem Filzhut bis zu den geputzten schwarzen Schuhen mit einem feinen Hellgrau, wobei die besondere Trockenheit des Zementstaubs über den Kapillareffekt dafür sorgte, dass der Haut die Oberflächenfeuchtigkeit entzogen wurde. Er sah aus wie ein Relikt aus einer vergangenen Zeit, wie etwas Hereingewehtes aus einer anderen Welt, etwas fremd Gewordenes, auf den Schultern der gesammelte Kummer, die Wirkung seiner einsamen hellen Augen noch betont von dem Stumpfen seiner grauen Haut. Er brauchte Wochen für das Anlegen des Wegs, seine Art des Transports war so ineffizient, dass man kaum hinsehen konnte, aber irgendwann war es geschafft, und zur Verblüffung meiner Eltern wollte er trotz der vielen Arbeit keine Bezahlung annehmen.

1.7

Wir lassen das Haus hinter uns und fahren langsam die Cefnllys Lane hinunter. Weiter geht es über die ruhigen Straßen von Wales, die Hecken sind hoch, die nahen Hügel wie Balsam. In Llanelwedd biegen wir links ab und folgen der alten Eisenbahnlinie längs des Wye, umfahren Brecon, durch die Beacons hinauf, sehen den Pen y Fan, wo der SAS seine Leute ausbildet, fahren nach Abergavenny und dann das von Bäumen gesäumte Severn-Tal entlang. Wir kommen an der Klosterruine von Tintern Abbey vorbei, überqueren die alte Severn-Brücke und fahren weiter auf der M 4. In Reading halten wir an der Raststätte. Dort sind wir in einer anderen Welt. LCD-Bildschirme, Menschenmengen, gekühlte Lebensmittel. Wir fahren ab auf die M 25, im Bogen um London herum bis zur A 12, dann nordöstlich, bis wir uns dem flachen Küstenland bei Harwich nähern. Mein Vater sitzt ruhig auf dem Beifahrersitz, Blick nach vorn, Hals gereckt.

Als du vom Schiff gekommen bist, musst du als Erstes diese Landschaft hier gesehen haben.
Vermutlich, ja.
Durchs Zugfenster, auf dem Weg zum Bahnhof London Liverpool Street.
Ja.
Kommst du heute zum ersten Mal wieder hierher?
So ist es.

Erkennst du es wieder?
Eher nicht.
Wir sehen uns den Ort an, wo du zum ersten Mal englischen Boden betreten hast.
Beim Bahnhof? Parkeston Quay?

Wir fahren über die Sträßchen, die sich im nördlichen Essex durch die Dörfer winden. Die Häuser in der Ortsmitte haben Reetdächer, Fachwerk, bleiverglaste Fenster und Mauern aus Flechtwerk und Lehm, gekalkt in matten Rosa- oder Grautönen. Wo die Dörfer sich über ihren historischen Kern hinaus ausdehnen, werden die Häuser anders, sie wenden sich der Straße zu und säumen sie auf beiden Seiten. Es sind Doppelhäuser aus Backstein mit recht flachen Ziegeldächern. Neben den Häusern stehen Garagen mit lackierten Metalltoren. Weiter draußen ändert sich die Architektur noch einmal. Hier sind es Neubauten in kleinen Sackgassen, jedes Haus verkleidet mit weißen Brettern aus Faserholz oder Kunststoff. Die Kunststoffverkleidung ist eine jüngst aufgekommene Mode und eine Nachahmung der Architektur Neuenglands, die ihrerseits auf die langen Holzscheunen in der hiesigen Gegend verweist. Denn von hier stammten einige der allerersten englischen Siedler Amerikas, die Pilgrim Fathers, und ihre Bautechnik und den entsprechenden Jargon nahmen sie mit.

Wir kommen durch Elmstead Market, Little Bentley, vorbei an Horsley Cross und dann auf die Tinker Street, die breite Straße, die sich zu einer zweispurigen Schnellstraße mit Fugen in der Fahrbahndecke verbreitert, schmalen, mit Bitumen verfüllten Lücken im Beton.

Bald sind wir in Harwich. Wir fahren hindurch, vorbei am Ha'penny Pier, der in die Mündung hineinragt, dort, wo die

Fischer ihre langen Ruten auswerfen, um Kabeljau zu fangen, dann vorbei an dem Haus, wo Samuel Pepys in seiner Zeit als Parlamentsabgeordneter für Harwich wohnte, vorbei an der Werft, für die Pepys als hoher Beamter der Admiralität zuständig war, dann die King's Head Street hinunter zu dem Haus, in dem Christopher Jones zur Welt kam und lebte, Kapitän und zu einem Viertel Eigentümer der *Mayflower*.

Sein Haus ist eines in einer Reihe einfacher Häuser und weiß gestrichen. Wir steigen aus, um zu sehen, was auf einer Tafel an der Wand steht. Während wir lesen, kommt ein korpulenter Mann mit einem kleinen schwarzen Hund an der Leine und Fish and Chips in der Hand auf uns zu. Er bleibt stehen, spricht meinen Vater an, der Hund schnüffelt an seinen Füßen und seinen Waden.

Der Kapitän der *Mayflower* hat hier gewohnt.
Aha, interessant.
Sehen Sie die Tafel?
Ja.
Da steht's.

Worauf der Mann und sein Hund weiterziehen. Er ist noch nicht außer Sichtweite, als mein Vater loslegt.

Dass so einer Fish and Chips isst.
Wieso nicht?
Du hast ihn ja gesehen. Er ist übergewichtig.
Was hältst du von dem Haus des Kapitäns der *Mayflower*?
Runtergekommen.
Die *Mayflower* wurde in der Nähe von Harwich gebaut.
Ach ja?

Der ursprüngliche Name war *Mayflower of Harwich*. Als es nach Amerika segelte, kam der größte Teil ihrer Besatzung aus Essex.
Tatsächlich?
Bevor es nach Amerika fuhr, ist es die meiste Zeit zwischen Alicante und Rotherhithe gesegelt und hat spanischen Wein heraufgebracht, das Lieblingsgetränk von James dem Ersten.
Ich dachte, sie ist von Plymouth aus gesegelt.
Dort hat es ein paar Vorräte geladen und sich mit einem anderen Schiff zusammengetan, der *Speedwell*, das musste dann umkehren. Richtig losgefahren ist es aber von Rotherhithe.

Mein Vater geht zurück zum Auto. Er dreht sich zu mir um.

Von Schiffen, die Namen haben, spricht man als »sie«, nicht als »es«.
Ich weiß.
Warum sagst du dann immer »es«?
Einfach so.
Du hörst nie zu, stimmt's?
Weiß nicht.
Als hätte ich dir das nicht schon tausendmal gesagt. Und noch was.
Was?
Bevor wir zum Bahnhof gehen.
Ja?
Ich möchte Fish and Chips.

Wir gehen zum Pieseas Chippy in der West Street und bestellen Schellfisch mit Pommes frites. Dann gehen wir wieder die Straße hoch zum Ha'penny Pier, setzen uns auf eine Bank und essen

unsere in Papier eingeschlagenen Fish and Chips. Wir schauen über die große Bucht, wo sich die Flüsse Orwell und Stour an ihrer Mündung vereinen. Das Wasser wogt leicht und schimmert. Das Licht schwindet. Ein kühler Wind weht vom Meer herüber. Der Himmel ist noch hell, auch wenn es schon dunkel wird, und die Wolken stehen hoch. Auf der anderen Seite der Bucht, rechts von uns, sehen wir den Hafen Felixstowe, der Schiffe von mehr als vierhundert Meter Länge aufnimmt und wo jährlich vier Millionen Container umgeschlagen werden. Aus dieser Entfernung sehen die Hafenkräne, wenn sie die Container von den Schiffen entladen, wie riesige Amseln aus, die mit ihren Schnäbeln Würmer aus dem Boden ziehen.

Ich deute über das Wasser auf das gegenüberliegende Ufer.

Bartholomew Gosnold hat drüben auf der anderen Seite der Mündung gelebt, in Otley.

Wer?

Bartholomew Gosnold. Er ist mit Walter Raleigh gesegelt, und 1602 hat er zum ersten Mal eine neue Route nach Ame-

rika befahren. Er hat Menschen mitgenommen, um mit ihnen eine neue Siedlung zu gründen.
Tatsächlich?
Sie hat nur einen Monat bestanden, dann sind sie zurückgekommen. Sein Schiff hieß *Concord*. Es war nur zweiunddreißig Fuß lang.
Zweiunddreißig Fuß?
Ja.
Über den Atlantik?
Und wieder zurück. Christopher Jones hat die Seekarten benutzt, die Gosnold angefertigt hatte. Die *Mayflower* ist seiner Route gefolgt. Er und Gosnold haben sich wahrscheinlich hier in der Nähe getroffen.
Hier?
Ja.
Hast du auch Ketchup gekriegt?

Ich gebe meinem Vater mehrere Plastiktütchen Ketchup. Er legt seine Pommes frites ab, öffnet die Tütchen eins nach dem anderen und träufelt den Ketchup darüber.

Scheiß Plastikdinger, für nichts gut. Du musst fünf davon aufmachen, bis du eine anständige Portion hast. Warum können die nicht so wie früher eine ordentliche Flasche auf die Theke stellen? Die Welt wird immer verrückter.

Möwen kreisen über uns und halten Ausschau nach heruntergefallenen Fritten.

Als Gosnold zum ersten Mal in die Nähe von Land kam, hat er seine Netze ausgeworfen, und sie waren sofort voller Kabeljau. Deshalb hat er die Halbinsel danach benannt, Cape Cod.

Ach ja?

Und ein paar Tage später ist er auf eine Insel gestoßen, wo überall Weintrauben wuchsen, und er hat sie nach seiner Tochter Martha benannt, die mit zwei Jahren gestorben war, Martha's Vineyard. Die Tochter liegt in Bury St Edmunds begraben.

Ich will zum Bahnhof.

Wir essen unsere Fish and Chips und fahren das kurze Stück zum Bahnhof Harwich International, früher Parkeston Quay, wo mein Vater seine ersten Schritte auf britischem Boden gemacht hat. Wir gehen gemeinsam in den Bahnhof hinein. Zwar nennt er sich International, ist aber menschenleer. Jede Stunde fahren vier Züge, einer in Richtung London Liverpool Street und einer zurück, dazu zwei Nahverkehrszüge. Es gibt zwei Bahnsteige, die über eine Fußgängerbrücke miteinander verbunden sind. Die Fähre nach Hoek van Holland legt zweimal am Tag ab, und obwohl es eigentlich eine Verbindung zwischen Kontinentaleuropa und dem Vereinigten Königreich ist, hat der Name des Bahnhofs mit seinem Anspruch auf Internationalität und allem, was das Wort suggeriert, etwas von Angeberei, wenn nicht plumper Täuschung. Wir steigen die alte Treppe hinauf und überqueren die Brücke, um zu Gleis eins zu gelangen, Richtung London.

Ich bin über einen Steg runtergekommen.

Und dann bist du durchs Hafengelände zum Zug gelaufen?

Ja.

Dann hättest du hier auf dem Bahnsteig gestanden, für die Fahrt nach London.

Ja, richtig.

Hier hast du also deine ersten Schritte gemacht. Durch den Bahnhof und dann auf diesen Bahnsteig.

Wir stehen zusammen am Gleis. Ich schaue ihn an. Er macht einen ungerührten Eindruck. Keinerlei Reaktion. Kein bisschen aufgeregt. Offenbar nicht mal sonderlich interessiert. Seine Augen zucken nicht. Wenn er spricht, ist die Stimme klar. Der Atem geht gleichmäßig. Ich halte die Luft an. Mein Kopf deutet zum Boden. Ich spüre, wie sich mein Magen verkrampft. Mir wird schwindlig. Ich frage mich, was da gerade passiert.

Der Bahnsteig ist praktisch noch genauso, wie er bei seiner Ankunft ausgesehen haben muss. Die Platten am Bahnsteigrand sind original, auch die Ziegelsteine des Unterbaus. Als Modernisierungsmaßnahme hat man den Bahnhof mit klobigen Stahlelementen ausgestattet, wahrscheinlich in den 1980ern, der ursprüngliche Ziegelstein ist aber noch deutlich zu sehen, auch die große Uhr. Ich knie mich hin und küsse den Bahnsteig. Als ich aufstehe, klebt körniger Dreck an meinen Lippen. Er schmeckt bitter, und ich brauche eine Weile, bis ich ihn abgewischt habe.

Was in aller Welt machst du da?

Ich bedanke mich bei dem Boden hier, dass er dich gerettet hat.

Der Boden hat mich nicht gerettet. Warum küsst du ihn?

Ich küsse oft den Boden. Warum, frage ich mich selbst. Das habe ich schon immer gemacht, schon als Kind.

Warum machst du so ein Theater um Sachen, die dir nicht passiert sind?

Ich wünschte, ich wüsste es.

Seltsam ist das.
Ich weiß.
Sieh mal, da drüben.
Was?
Da.

Wir gehen auf die Glocke in Blütenform zu.

1.8

Der Widerwille meines Vaters, über seine Vergangenheit zu sprechen, war ein steter Begleiter meiner Kindheit und auch noch danach, als ich schon über zwanzig, dreißig, vierzig war. Wann immer ich wissen wollte, was damals gewesen war, ob in Deutschland oder nach seiner Ankunft in England, weigerte er sich schlicht, mir zu antworten. Dagegen sprach er recht offen über die Jahre, als er in den Zwanzigern war, über seine Zeit beim Special Air Service, als Arzt des SAS während des kommunistischen Aufstands in Malaysia, wo er mit dem Fallschirm über dem Dschungel absprang und sein Name in Depeschen erwähnt wurde.

Besonders stolz war er auf seine Rolle beim Aufbau der ersten Arztpraxis zur Behandlung der Orang Asli, der Ureinwohner Malaysias, zusammen mit seinem Kollegen Dr. Malcolm Bolton. Nachdem er den SAS verlassen hatte, wirkte er bei der Kampagne »Herzen und Köpfe« mit, in deren Rahmen die Orang Asli eine medizinische Versorgung erhielten. Sie war Teil einer Politik, die es den Menschen ermöglichte, aus den entsetzlichen Internierungslagern herauszukommen, in die die britische Regierung sie gesperrt hatte. Seine Zeit in Malaysia (damals Malaya) war auch der Grund, weshalb in unserem Haus in Wales ein Blasrohr an der Wohnzimmerwand hing und ein Köcher mit Giftpfeilen, die wir niemals anfassen durften: DAS GIFT AN DEN PFEILEN TÖTET EUCH!

Ein paarmal erwähnte er seine Arbeit auf der Baustelle für das Festival of Britain, seine Zeit am Trinity College in Cambridge, »wo ich nur mit großem Dusel reingekommen bin«, und auch die Armut während seiner Studienjahre: »Ich habe von Rindfleischextrakt gelebt.«

Mein Vater schaute immer nach vorn, er baute sich sein Leben auf, den Horizont fest im Blick. Er wollte einfach nicht auf die Vergangenheit zurückschauen, auch wenn sie ihn jede Nacht heimsuchte. Als Kinder wurden wir ständig aus dem Schlaf gerissen, wenn er wieder einen seiner Alpträume hatte und schrie. Danach hörten wir ihn durchs Haus laufen und Türen knallen, in den frühen Morgenstunden den Boden fegen, noch vor Tagesanbruch auf dem Treppenabsatz oder vor unseren Zimmern staubsaugen, hörten ihn Möbel abstauben, Wasserhähne aufdrehen und unaufhörlich mit einem Mopp und einem Eimer Wasser den Boden aufwischen, als könnten diese Tätigkeiten seine Dämonen vertreiben.

Seine Kindheit in Deutschland musste ich mir selbst zusammenpuzzeln, aus Andeutungen, abgebrochenen Erzählungen, Bruchstücken seiner Geschichte, die ihm schon mal herausrutschten, und den Erinnerungen anderer. Es dauerte Jahrzehnte, bis ich in groben Zügen verstand, was er erlebt hatte. Aber wenn ich verstehen wollte, welchen Einfluss seine Kindheit auf meine eigene hatte, musste ich es irgendwann herausfinden. Und ich wollte verstehen, warum ich bei allem versagte, warum ich nichts schaffte, warum ich mich weigerte, mit Menschen zu sprechen, warum ich die Welt oft hasste, warum ich tagelang unter verschwitzten Laken im Bett blieb und einfach nicht aufstehen konnte, warum ich mich stritt und Leute anschrie, ob Fremde oder Freunde, warum ich immer wieder Phasen hatte, in denen ich eine graue und unergründliche Abneigung gegen das Leben empfand, eine permanente Lustlosigkeit, warum ich tagelang keinen Bissen zu mir nahm, warum mich eine innere Stimme über Jahre hinweg in den unerwartetsten Momenten des Alltags hinterrücks überfiel und mir einzureden versuchte, ich wäre besser tot – nicht in naher Zukunft, nicht morgen, sondern jetzt, sofort.

2.1

Im Sommer weckte uns mein Vater manchmal morgens vor Tagesanbruch und fuhr mit uns nach Ynyslas, zu diesem langen, fahlgelben Streifen Sand an der Westküste von Wales. Von Llandrindod bis Ynyslas waren es zwei Stunden mit dem Auto, es ging über bergige Straßen, die man in die Flanken felsübersäter Hänge geschnitten hatte und wo Schilder die Autofahrer vor Steinschlag warnten. Auf der einen Seite der Straße wölbt sich das Land nach oben hin, zu den Gipfeln von Bergen, die die Sonne einfangen, die Abhänge bewachsen mit leuchtendem Farn und windgezausten Krüppeleichen. Über ihnen, jenseits der Baumgrenze, sieht man von Schafen abgegraste Wiesen und Felsen. Auf der anderen Seite der Straße geht es steil hinunter.

Damals waren die Bergstraßen schmal und ohne Leitplanken an den Rändern, und an manchen Stellen sahen wir tief unter uns das Wrack eines Autos, das von der Straße abgekommen und mehr als hundert Meter ins Tal gestürzt war. Dort unten lag es dann und rostete vor sich hin, denn ein Auto, das auf den Grund des Tals gestürzt war, konnte unmöglich geborgen werden. Das Ende der Insassen all dieser Autos war, wie mein Vater fröhlich anmerkte, praktisch garantiert. »So einen Unfall überlebt keiner – arme Schweine«, sagte er, und dabei schauten wir durchs Fenster. Da mein Vater nur einen Fahrstil kannte, nämlich »mit durchgedrücktem Gaspedal«, wie ein Freund von ihm es mal beschrieb, hatte keiner von uns, weder wir Kinder noch unsere Mutter, große Lust, für diese Tour mit ihm ins Auto zu steigen, auch weil er mit den Gefahren auf diesen Bergstraßen auf eine sehr eigene Weise umging, er tat nämlich so, als würde er die Kontrolle über den Wagen verlieren, während er auf eine besonders tückische Kurve zufuhr.

Am Straßenrand war eine weiße Linie, über die man nicht hinausfahren durfte, und genau dorthin lenkte mein Vater den Wagen und dann darüber weg, für eine Sekunde nahm er sogar die Hände vom Lenkrad, als hätte er die drohende Katastrophe nicht bemerkt. Und dann wedelte er mit den Händen vor der Windschutzscheibe und rief »Hilfe! Hilfe! Hilfe! Ich habe die Kontrolle über den Wagen verloren!«, und wir steuerten direkt auf den Abgrund zu, wo der Tod uns alle erwartete. Im letzten Moment riss er den Wagen herum, hinaus aus der Gefahr und auf den Teil der Straße, wo er hingehörte, und wir Kinder – ich, meine Schwestern Jane und Sarah, meine Brüder Simon und David – kreischten, meine Mutter auf dem Beifahrersitz war außer sich, sie kreischte und brüllte, weil er so leichtsinnig war, manchmal weinte sie auch, und mein Vater hatte seine Freude, er strahlte übers ganze Gesicht, so sehr belustigten ihn unsere Gefühlsausbrüche. Für ihn war es der beste Scherz überhaupt, und die ganze Fahrt machte er ihn immer wieder, all die Jahre, die wir nach Ynyslas fuhren, als hätte die Tatsache, dass er das Leben seiner Familie aufs Spiel setzte, etwas Erfrischendes. Wenn wir endlich zum Strand von Ynyslas kamen, wo sich der Sand kilometerweit erstreckte und der seltene, berauschende Anblick des Meeres für uns Binnenkinder aufgeladen war mit einer beißenden Luft, saß uns die Angst in den Knochen, wir weinten und stritten, von der Autofahrt war uns übel, für meinen Vater waren wir »verdammt anstrengende blöde verwöhnte Bälger«.

Die Bergstraße nach Ynyslas beginnt in Rhayader, es geht hinauf und an Stauseen vorbei, bis man den Pont Ar Elan erreicht, die kleine Steinbrücke über den Afon Elan. Das Flüsschen, das ursprünglich den Wye speiste, speist heute den Craig-Goch-Stausee, einen von mehreren Stauseen im Elan-Tal. Es ist ein ganzer Komplex von Dämmen und Seen, die Birmingham mit Wasser versorgen, über einen Kanal, der vom Craig Goch in gerader Linie zum Frankley Reservoir bei Birmingham führt. Diese steinerne Wasserleitung, die sich durch die Berge und über Täler zieht, wurde von viktorianischen Ingenieuren so konstruiert, dass der Höhenunterschied pro Kilometer weniger als einen halben Meter beträgt, ein so geringes Gefälle, dass es für das bloße Auge aussieht, als verliefe jeder Aquädukt und jeder Tunnel exakt horizontal. Aber das unmerkliche Gefälle reicht aus, damit das Wasser von allein und lautlos von Wales nach England fließen kann. Der Aquädukt verbindet das walisische Bergland mit den Fabriken, den Straßen und Häusern der Stadt in den Midlands, in viktorianischer Zeit bekannt als die Schmiede des Landes, und stellt ihre kontinuierliche Versorgung mit sauberem und weichem Wasser sicher.

Für die Stauseen hatte man die bewirtschafteten Höfe und kleinen Dörfer im Elan-Tal geflutet, die Bewohner waren von der Regierung zwangsumgesiedelt worden. Wenn es im Sommer sehr heiß war, sank der Wasserpegel, und die Seen leerten sich allmählich, sodass wir im Vorbeifahren Überreste dieser versunkenen Dörfer erkennen konnten. Firste von Schieferdächern und Kronen von Steinmauern ragten aus dem Wasser, alles stand noch, obwohl es seit Jahrzehnten überschwemmt war, die Tonnen von Wasser zerstörten ihre Substanz nicht, sie konservierten sie vielmehr. Ihre Anblicke waren eine gespenstische Erinnerung an ein früheres Leben, die Skelette der Kirchen und

Häuser eine einzige Anklage, die nassen Gerippe der Dörfer ein grelles Bild menschlicher Abwesenheit, plötzlich ertappt, konnte man meinen, so nackt wie tot. Gelegentlich brachte die Lokalzeitung Fotos der versunkenen Dörfer. Eins dieser Fotos, aufgenommen von einem Taucher, zeigte den alten Friedhof des Dorfes Nantgwyllt unter Wasser, verzerrt von den gebrochenen Lichtstrahlen, die Grabsteine schief im Schlamm des Seegrunds, aber noch klar konturiert. In Nantgwyllt konnten die Toten, die man an Land begraben hatte und die dann in den Fluten untergingen, von den Lebenden nicht mehr besucht werden.

Auf einer Postkarte aus viktorianischer Zeit, die unser Schulleiter Mr Timothy oft in der Klasse herumgab, war zu erkennen, wie das aufsteigende Wasser schon an ein Haus schwappte, das Cwm Elan, bevor es langsam versank. Und wir konnten sehen, wie das Wasser die Hänge hinaufstieg, nachdem man den Elan gestaut hatte. Mr Timothy sagte uns auch, wenn man sich die Postkarte aufmerksam anschaue, könne man zwei geisterhafte Erscheinungen sehen, ein Gesicht in den Bäumen über dem Haus und den Rumpf eines gut gekleideten Mannes im Wasser darunter.

Jahre bevor das Elan-Tal geflutet wurde, verbrachte Percy Shelley eine Zeit im Cwm Elan, zusammen mit seiner ersten Frau, Harriet Westbrook, der Mutter zweier seiner überlebenden Nachkommen. Er war neunzehn, als sie heirateten, sie sechzehn und ging noch zur Schule. Über das Elan-Tal schrieb er: »Felsen, aufgetürmt bis in gewaltige Höhen, Flüsse, die sich in Katarakte werfen, und waldbedeckte Täler, sie bieten ein zauberisches Bild.« Später nahm Harriet sich das Leben. Sie ging aus der Hans Crescent in Knightsbridge, wo sie wohnte, zum Hyde Park und dort ins Wasser des Serpentine-Sees. Sie wurde einundzwanzig. Percy Shelley hatte sie unlängst für Mary Godwin verlassen. Ihre Leiche wurde am 10. Dezember 1816 gefunden. Nachdem man sie aus dem Wasser gezogen hatte, stellte sich heraus, dass Harriet schwanger gewesen war. Ihr Abschiedsbrief ist erhalten geblieben, die Schrift gleichmäßig und wie gestochen, ihre Entscheidung sorgfältig begründet, die Linien auf dem Papier schnurgerade: »Dir, meiner lieben Schwester, hinterlasse ich alles, was ich habe, denn Dir steht es mehr zu als jedem anderen ...«

Keine sechs Jahre später, im Juli 1822, ertrank auch Shelley, im Golf von La Spezia vor Lerici. Er ertrank zusammen mit Edward Williams und Charles Vivian, als ihr Segelboot bei einem Sturm, der nahe der Küste plötzlich aufgekommen war, kenterte. Er hatte Byron besucht, der sich in Livorno aufhielt, ein Stück die Küste hinunter, und war auf dem Rückweg zu Mary.

Mr Timothy mochte die offizielle Version der Ereignisse nicht gelten lassen, und mit seiner tonlosen, ernsten Stimme bestand er darauf, dass Shelley ermordet worden sei. Und mit dem Stock in der Hand, mit dem er sich immer wieder ans Bein tippte, erzählte er uns:

> Shelleys Boot wurde absichtlich versenkt. Ein Akt der Piraterie. Ein Fischer hat auf dem Sterbebett ein Geständnis abgelegt. Er sagte seinem Priester, er habe Shelleys Boot steuerbord gerammt. Als man später das gesunkene Segelboot vom Meeresgrund hob, konnte man es sehen: an der Steuerbordseite leckgeschlagen.

Mr Timothy erzählte uns, wie Shelleys Leiche in der Nähe von Viareggio an Land gespült worden sei, wo man sie am Strand in Anwesenheit von Byron und seinem Freund Edward Trelawny einäscherte und wie

Trelawny Shelleys verkohltes Herz aus der eisernen Kammer barg, in der man ihn verbrannt hatte. Und er gab es Mary Shelley, die es ihr Leben lang aufbewahrte. Jetzt liegt sein Herz auf dem Friedhof der St Peter's in Bournemouth begraben, während seine Asche in Rom beigesetzt wurde.

Dann mussten wir Shelleys »Klage um das Jahr« auswendig lernen und aufsagen, wobei uns Mr Timothys Bambusrohr auf die Hände schlug, wenn wir einen Fehler machten.

So grau kommt er, der Januar,
Als wäre er ihr Totengräber;
Die Bahre trägt der Februar,
Vor Kummer heult und rast der Märzen,
In Tränen der April –

Die Sandstrände von Ynyslas liegen auf halber Höhe der Cardigan Bay, nördlich von Aberystwyth an der Flussmündung. Sie erstrecken sich über viele Kilometer, und überall sind hohe Dünen und seltene Gräser und Vögel, im Sommer auch kleine weiße Blumen. Dort sprangen wir von den höchsten Dünen, rannten auf die Kämme zu und warfen uns in die blaue Luft, bevor wir den heftigen Sog der Schwerkraft spürten, die unsere unkontrollierten Körper erfasste und uns die steilen Hänge hinab in den weichen, warmen Sand setzte, einen Sand, der unseren Flug jedes Mal unterbrach, egal von welcher Höhe aus wir sprangen. Dort lernte ich zu springen, lernte, nach vorn zu schauen und darauf zu warten, dass der Boden auf mich zukam und nicht ich auf den Boden, lernte, den Körper im Moment des Aufpralls weich werden zu lassen, damit er geknautscht werden konnte, »um die bei der Landung wirkenden Kräfte zu verteilen«, wie mein Vater uns bei jeder sich bietenden Gelegenheit einbläute.

Wenn ich dann wie eine Lumpenpuppe im Sand aufschlug, konnte ich den Rest der Düne hinunterpurzeln und verletzte mich nie. Meine Fähigkeit, zu fallen, ohne mich zu verletzen, verdanke ich meinem Vater, er hat uns beigebracht, zu fallen, als würden wir mit dem Fallschirm landen. Er hatte es in seiner Grundausbildung beim SAS gelernt, hatte sein Springerabzeichen mit Flügeln, und dieses Wissen gab er in gebührender Weise an seine Kinder weiter. Er zeigte uns, wie man beide Knie parallel beugt und dann in dieser Richtung entspannt eine Rolle macht, und immer betonte er, wir sollten uns beim Aufprall nicht versteifen. Einmal schleifte er uns zu Hause nach dem Abendessen vor die Tür und ließ uns auf dem Rasen neben dem Weg von Mr Bubyage Aufstellung nehmen, und dann belehrte er uns, »wie man so kontrolliert fällt, dass die Wucht des Aufpralls sich verteilt«. Ich übte die Technik monatelang, und ausgestattet mit diesem Selbstvertrauen, stellte ich fest, dass es mir möglich war, von den höchsten Dünen zu springen, ich rannte los und sprang so hoch und so weit, wie es nur ging, bis ich den Moment spüren konnte, in dem sich die Beschleunigungskräfte und die Schwerkraft für eine Mikrosekunde aufhoben und ich in der Luft stillstand.

2.2

Wir verlassen schweigend den Parkplatz, biegen an einem Kreisel links ab und fahren aufs Hafengelände. Unzählige Sattelschlepper – ihre Beschriftungen ein Kompendium europäischer Namen: De Haan, Hoyer, CvHeezik, Codognotto, Van Dulja, Schmidt – stehen Schlange, um an Bord der Fähre zu gelangen. Der orange Schein der Natriumdampflampen flutet die Nacht. Riesige Kräne lassen uns winzig klein erscheinen. Die Luft vibriert unter dem Getrommel der Motoren.

Ich fahre an den Schalter heran und lege unsere Tickets vor. Eine junge Frau mit rundem Gesicht begrüßt uns, lächelt. »Ah, die Lichtensteins«, sagt sie, als sie von ihrem Fenster zu uns herunterschaut. »Woher wussten Sie, dass wir es sind?«, frage ich. »Das Autokennzeichen«, antwortet sie. »Kennen Sie alle Ihre Passagiere mit Namen?«, frage ich. »Nicht wenige«, sagt sie. Wir fahren weiter zur Passkontrolle. Als ich dem ernst blickenden jungen Mann in seiner blauen Uniform unsere Pässe gebe, sagt er: »Ah, die Lichtensteins«, und auch er schaut von seinem Fenster herunter, auch er lächelt und sagt: »Gute Reise.« Wir fahren an der Anlegestelle entlang und eine Stahlrampe in Form einer Spiralrutsche hinauf, über eine rasselnde Stahlbrücke, die das Schiff mit dem Land verbindet, dann durch das Maul der *Stena Britannica* und hinein in ihren Bauch. Mein Vater kaut an den Fingernägeln, als wir unter Geschrei und Gefuchtel von Männern in orangen Overalls dicht an die Wagen vor uns heranmanövriert werden, obwohl auf dem Deck kaum andere Autos stehen. Es ist mitten in der Woche, November und eiskalt. Nicht viele Menschen machen heute Nacht die Überfahrt.

Wir nehmen unser Gepäck aus dem Wagen. »Ich kann deinen Koffer nehmen«, sage ich. »Danke, das kann ich sehr gut allein«, antwortet mein Vater und hebt ihn heraus. Er sieht müde aus, aber trotzig, wie er vornübergebeugt, den Kopf zu Boden, über das stählerne Autodeck geht, in den Eingangsbereich hinein und dann in den Aufzug, der uns zu unserer Kabine hochfährt. Als wir aus dem Aufzug treten, begrüßt uns jemand vom Kabinenpersonal mit einem Lächeln: »Willkommen an Bord.« Wir belegen die Kabine, vor einem Bullauge stehen zwei Betten. Sie stehen nah beieinander, und mir wird genau wie meinem Vater bewusst, dass wir seit über einem halben Jahrhundert nicht mehr im selben Raum geschlafen haben.

Als du nach England kamst, hast du bei einer amerikanischen Familie gewohnt, oder?

Ja, stimmt. Ein paar Wochen bei einer amerikanischen Familie.

Und dann sind sie zurückgegangen?

Richtig. Sie sind nach Amerika zurückgegangen und haben mich mir selbst überlassen.

Merkwürdig. Wer waren die Leute?

Wenn ich das wüsste.

Sehr merkwürdig.

Man hat mich nach Hastings geschickt, da war ich ganz allein in einer Wohnung. Als ich hinkam, bin ich im Meer schwimmen gegangen und habe dummerweise meine Sachen am Strand liegenlassen. Als ich zurückkam, waren die Decke und die Uhr meines Vaters, die mir meine Mutter mitgegeben hatte, geklaut.

Und dann?

Ich wurde abgeholt und in ein Internat gebracht. Jemand hat für mich bezahlt. Ich weiß nicht, wer. Ich habe es nie herausbekommen. Niemand wollte es mir sagen. Noch Jahre später habe ich versucht, es herauszufinden, aber keiner wollte es verraten. Ich dachte immer, es war die amerikanische Familie.
Jemand hat für dich das Schulgeld bezahlt?
Ja.
Die ganze Schulzeit?
Ja.
Erstaunlich.
Glück.

Mein Vater legt sich auf das weiße Bettzeug und blickt durchs Bullauge auf die Lichter an Land. Beide sehen wir zu, wie am Kai die Trossen losgemacht und auf das Schiff hochgezogen werden, und kaum ist die Vertäuung gelöst, treiben wir in die Flussmündung hinein. Harwich, die erste Stadt, die er bei seiner Ankunft gesehen hat, flimmert und schwindet. Die Dieselmaschinen der Fähre bringen uns sanft zum Vibrieren. Mein Vater schläft ein, Kopf auf der Seite. Mitten in der Nacht weckt er mich, stupst mich fest an.

Wo bin ich?
Wir sind auf einem Schiff.
Fahren wir nach Paris?
Nein, nach Berlin. Weißt du nicht mehr?
Ich muss mit dem Schatzmeister sprechen.
Später. Morgen.
Ich muss Geld wechseln.
Papa. Du hattest einen Traum. Wir fahren nach Berlin, weißt du nicht mehr?

Nicht nach Paris?
Nein, nicht nach Paris. Nach Berlin.

Er legt sich wieder ins Bett. Sein Gesicht ist verzerrt. Er zieht die Decke über sich. Ich beobachte ihn eine Weile. Seine Haut ist grau. Seine Fingerknöchel sind blau. Er zittert ein wenig, dann schläft er ein.

2.3

Als ich einmal im Vorgarten spielte, ich war acht Jahre alt und es waren Sommerferien, bemerkte ich auf der anderen Seite der Pentrosfa eine Frau, die zu unserem Haus herüberschaute. Sie hielt einen kleinen dunkelblauen Koffer in der Hand und rauchte eine Zigarette. Irgendwann kam sie über die Straße, blieb an unserem Törchen stehen und beobachtete mich. Sie war vielleicht Mitte vierzig, klein, schlank und dunkelhaarig, ohne ein Lächeln und mit festem Blick. Sie war ungeschminkt, trug Jeans und einen marineblauen Pullover mit Schal. Als sie aufgeraucht hatte, drückte sie die Zigarette auf dem Deckel der Zigarettenschachtel aus und zündete sich gleich eine neue an. Ihr Zeigefinger und die Finger daneben waren nikotingelb. Vom Törchen aus sprach sie mit leiser Stimme zu mir, sie hatte einen so schweren Akzent, dass ich sie kaum verstand.

Dein Vater? Ist da?
Er arbeitet.
Arzt? Ja?
Ja.
Sein Haus?
Ja.
Yonathan?
Was?
Jonathan?

Ja.
Ich bin Toni.
Tony?
Deine Tante. Die Schwester von deinem Vater.

Ich wusste in dem Moment nicht, was ich tun sollte, also ging ich ins Haus, um meine Mutter zu holen, und sie kam heraus in den Vorgarten und ging zum Törchen.

Ich bin Toni.
Hans' Schwester?
Ja.
Das ist ja ein Ding.
Eine Überraschung?
Allerdings. Bitte komm doch rein. Kommst du von weit her?
Israel.

Toni, die die ganze Zeit rauchte, ging über Mr Bubyages Weg aufs Haus zu, an der Tür stoppte meine Mutter sie.

Tut mir leid, aber du musst die Zigarette ausmachen. Hans will nicht, dass im Haus geraucht wird.
Ich bin seine Schwester.
Wirklich, er besteht darauf, dass drinnen niemand raucht.
Seine ältere Schwester.

Mit diesen Worten schob sich Toni an meiner Mutter vorbei und trat, die noch brennende Zigarette in der Hand, durch die Tür ins Haus. Sie schritt durch die kleine geflieste Diele in die Küche, setzte sich auf einen Stuhl neben dem Herd und blies Rauchringe an die Decke.

Sie blieb zwei Wochen bei uns und war tagsüber auf eine unheimliche Weise ruhig, sprach kaum mit jemandem und mit uns Kindern praktisch gar nicht, obwohl sie uns genau beobachtete. Wenn wir dann ins Bett gingen, war sie alles andere als ruhig. Bis spät in die Nacht konnten wir hören, wie sie mit meinem Vater heftig diskutierte, beide sprachen Deutsch, der Rhythmus und die Klänge dieser seltsamen, für unsere Ohren ungewohnten und offenbar an die Nerven gehenden Sprache hingen schwer in der Luft, und indem diese ursprüngliche Sprache seine Zunge in den Griff nahm, entfernte ihr Tonfall meinen Vater von uns. Ich hatte noch nie jemanden Deutsch reden gehört, zu Hause hatte er sich immer geweigert. Für ihn war es nach wie vor die Sprache der Unterdrückung, und wenn er jetzt sprach, klang es, als wollte er zu sich selbst auf Distanz gehen.

Am Morgen sahen meine Eltern und auch Toni müde aus, fix und fertig. Trotz der Bitten meines Vaters rauchte sie im Haus stur weiter. Er fügte sich, womit Toni die einzige Person war, die je im Haus rauchen durfte. Einmal fragte ich meinen Vater:

Worüber redest du abends mit ihr?
Nichts.
Ihr redet die ganze Zeit.
Still jetzt.

Toni sprach weiterhin tagsüber kaum mit uns, dafür abends umso mehr mit meinem Vater, und wir alle konnten ihm ansehen, wie sehr es an seinen Kräften zehrte.

Da Sommer war, fuhr sie mit uns nach Ynyslas, sie saß hinten im Wagen und rauchte die ganze Zeit, wir bekamen kaum Luft. Als es durch die Berge ging und an den Stauseen vorbei, bemerkte sie ihre Erhabenheit und Schönheit, nur sagte sie es nicht mit Worten, sondern still, ihre dunklen Augen verschlangen die karge Landschaft, ihr Kopf drehte sich leicht, sobald wir am Wasser vorbeikamen, die Zigarette ruhig in der Hand, die Asche schwebte in Schwaden, ehe sie, während wir an den Dämmen mit ihren Türmen und Steinschrägen vorbeifuhren, auf die Sitze sank. Manchmal schloss Toni langsam die Augen, ließ ihre Lider über die Hornhaut gleiten, wie um sich ihrer körperlichen Anwesenheit zu vergewissern, verwundert, dass sie mit ihrem jüngeren Bruder zusammen war, Traum einer Überlebenden. Seltsamerweise fand sie die Bergstraße nicht gefährlich, sie wirkte vielmehr entspannt, betrachtete durchs Fenster die Landschaft jenseits der Stauseen und sog die Bilder, wie es schien, mit ungeheurer Konzentration tief in sich auf, als wollte sie etwas ausfüllen. Selbst als mein Vater die Hände vom Lenkrad nahm und schrie, machte sie sich nur über ihn lustig, und statt sich zu erschrecken, versuchte sie die Namen der Dörfer auf unserem Weg auszusprechen – Cwmystwyth, Pont-rhyd-y-groes, Abermagwr, Rhydyfelin.

Als wir zum Strand kamen, ging ich mit ihr schweigend hinunter ans Meer. Ich zeigte ihr die Dünen und stand neben ihr im Wind, während sie versiert ihre Zigaretten anzündete. Wir kletterten auf den Kamm der höchsten Düne und schauten zusammen aufs Meer hinaus, sahen, wie sich die Wellen weit draußen an einer Sandbank brachen, ehe sie sanft über die seichten Stellen wogten und eine ausgedehnte feine Schicht brodelnden Wassers über den glatten Sand schoben. Und während wir dort standen, drehte sie sich zu mir, und mir fiel auf, dass sie fast die gleichen Augen hatte wie mein Vater, ein ungewöhnlich strahlendes, fast Vergissmeinnichtblau. Sie sagte:

Wenn du lange genug träumst und Geduld hast, kannst du alles haben.

Ich war überrascht, aus ihrem Mund einen ganzen Satz zu hören, und wusste nicht, was ich auf diese merkwürdige Erklärung sagen sollte. Also lächelte ich nur nervös und lehnte mich in den Wind, die nackten Füße aufeinander. Ich hatte keine Ahnung, was sie damit meinte, aber mir war klar, dass es ein Versuch war, an mich heranzukommen, und dass sie mir etwas hinhielt. Nur was, das wusste ich nicht. Nach einem Zug an ihrer Zigarette sagte sie noch einmal:

Du musst Geduld haben.

Da mir keine Antwort einfiel, ich aber ein Gewicht auf mir spürte, das mich drängte, etwas zu tun, zeigte ich ihr, wie man eine korrekte Fallschirmlandung hinlegt, und ich ermunterte sie, mit mir vom Dünenkamm zu springen. Die Dünen waren vielleicht sechs oder acht Meter hoch, und sie weigerte sich mit einem Lachen, also zeigte ich ihr meinen Trick, wie man rennt und sich dann hoch in die Luft wirft. Nachdem ich in einer Wolke von aufspritzendem Sand gelandet war und ruhig dalag, drehte ich mich um und schaute zu ihr hinauf, und ich sah, wie sie oben auf der Düne stand, mit wehendem Haar und brennender Zigarette, die Sonne hoch am Himmel, ihr Blick von mir abgewandt, zum Meer hin. Offenbar war sie kein bisschen beeindruckt von dem, was für mich eine der größten Leistungen meines Lebens war.

Auf der Fahrt nach Hause war sie ein einziges Schweigen. Sie schien sich in ihre eigene Welt zurückgezogen zu haben, aufgesaugt von etwas, wozu wir keinen Zugang hatten – meine

Tante, die ich in diesen zwei Wochen meines Lebens so oft sah und dann nie wieder.

2.4

Ich wache plötzlich auf, mit trockenem Mund von der Klimaanlage, und schaue von meinem Bett hinüber zu meinem Vater. Er schläft, flach auf dem Rücken, das Kinn gereckt, die Haut fahl, die Zehenspitzen deuten zur Unterseite der mit blauem Serge-Stoff bespannten Matratze in der Koje über ihm. Die weiße Baumwoll-Bettdecke liegt wie ein Zelt auf ihm, sodass seine Füße darunter hervorlugen; splittrige zitronengelbe Nägel, eigenartige, viel zu weit vorstehende Knöchel, genau wie bei mir, der Mund offen, der breite Brustkorb straff wie eine Trommel, die unteren Zähne krumm, abgebrochen. Ich mustere ihn, stütze mich auf und schaue ihn ruhig an, beobachte, wie er schläft, ein forensischer Blick. Er ist kleiner geworden, sein Haar dünner und weiß, die Haut hängt an den Ellenbogen schlaff herunter, die Kiefermuskeln starr wie Stein, ausgeprägte, steife Nackenmuskeln, verblasste Pockennarben auf der oberen Wangenpartie, die Haut dort, wo sie sich am Schädelansatz spannt, von der Sonne geschädigt, ein zuckender Adamsapfel, rauf und runter über der Luftröhre, die Fußsohlen in einem dunkelgoldenen Wachston. Wovor hatte ich Angst? Ich blicke zum Meer hinaus. Hinter dem dicken, doppelverglasten Bullauge sind die Wellen weit unten. Still gleitet das erste Morgenlicht übers Wasser, zurückgeworfen, gebrochen, sich krümmend, Pirouetten drehend, Unmengen Licht, ausgegossen auf jede Welle, jeden Spritzer.

Die Dieselmotoren der *Stena Britannica* stampfen mehr als 35 Meter unter uns; unvorstellbare mechanische Riesen, vier Stück, elf Decks tiefer, ein jeder mit dem Schiffsrumpf verschraubt. Sie sind genauso konstruiert wie ein Automotor, nur sehr viel größer, und zusammen bringen sie es auf 49 080 Pferdestärken. Ich versuche mir das Bild einer entsprechenden Anzahl von Pferden vor dem Schiff vorzustellen und wie sie uns ziehen, gegen die Strömung, vorbei an Bojen, die Schifffahrtswege entlang, durch das verblüffte Wasser, in sprühendem Tempo galoppierend, selbst überrascht von ihrer Anzahl, mitgerissen und sich ausdehnend, so weit das Auge reicht, Pferde in allen Farben und Größen – Grubenpferde und Zugpferde, Schecken, Shires und Suffolks, Wallache und Hengste und Stuten, ihre unpaarigen Hufe ins Wasser schlagend, ihre Spuren aus Leder miteinander verbunden, quadratkilometerweit Pferde, die das Seil, das unsere Fähre zieht, spannen, ein Schiff von der Größe eines ausgewachsenen Dorfes einschließlich Verkehr und allem, was man zum Leben braucht, eine Stadt von Pferden, ein Meer von Pferden, die Hafer und Gras fressen und ihre uringelben Äpfel scheißen.

Er wacht auf, hebt unmerklich den Kopf, löst ihn vom Kissen. Ich beobachte seine Augen, während er zu Bewusstsein kommt, ein Auf- und Abflackern. Beobachte, wie überrascht er reagiert bei seinem Übergang in die Welt. Er liegt eine Weile da, ohne etwas zu sagen, starrt hinauf, und dann schlüpft er in seinem weißen Slip wortlos aus dem Bett, der Rücken bedeckt von dunklen Haaren, an beiden Oberschenkeln große Vertiefungen, die Krater von Geschwüren aus seiner Kindheit. Als wir noch klein waren, hat er immer gelächelt, wenn er sie uns zeigte, vor Freude fast gekichert, jede Delle im Bein eine Geschichte. Jetzt schimmern sie im Licht der Kabine, Albinoflecken, die fehlende Pigmentierung der Narben Hautsprenkel aus einer anderen Zeit, die Geschichte Europas seinem Körper aufgeprägt.

Überaus vorsichtig, die Hände leicht ausgestreckt, die Füße nach innen gekehrt, geht er zur Dusche im hinteren Teil der Kabine, wo es nach Chlor und Reinigungsmitteln riecht. Ich höre das Aufdrehen der Wasserhähne, die Toilettenspülung. Dann ist er wieder draußen und setzt sich aufs Bett, noch nass, Tropfen rinnen an ihm herab. Ich hatte vergessen, dass er sich nach dem Baden oder Duschen nie mit einem Handtuch abtrocknet, er hat immer darauf bestanden, sich anzuziehen, solange er noch nass ist. Er sitzt in sein Handtuch gewickelt, um die Taille geknotet wie einen Sarong, und nimmt langsam seine Anziehsachen aus dem riesigen Koffer – beige Baumwollsocken, für die er eine Ewigkeit braucht, bis er seine Füße behutsam hineingeschoben hat, ein schickes kariertes Hemd, das jetzt an ihm klebt, weil seine Haut noch nass ist, handgefertigte Manschettenknöpfe, mit zittriger Präzision und ungeheurer Konzentriertheit durch die Umschlagmanschetten gefädelt, eine Moleskinhose von Ede & Ravenscroft in verwaschenem Dunkelgrün, per Post zugeschickt und akkurat gebügelt, braune geputzte Schuhe, zum Glänzen gebracht mit einer Mischung aus Schuhcreme und Spucke, eine Angewohnheit aus seiner Zeit beim Militär. Es ist die legere Garderobe eines fiktiven Engländers eines bestimmten Alters aus einer bestimmten Schicht. Für ihn ist sie ein akribisch zusammengestelltes Kostüm, alles Teil einer Verkleidung. Sie erweckt einen falschen Eindruck, ist ein Schutzschild aus Stoffen, eine elegante Rüstung, ein Ablenken von seiner Geschichte der Einwanderung und des Verlusts. Er schweigt. Ich erzähle ihm von der Leistung der Dieselmaschinen und komme ihm, so wie er mir, als ich noch ein Kind war, mit Zahlen.

Neunundvierzigtausendachtzig Pferdestärken.
Tatsächlich?
Kannst du dir vorstellen, wie alle diese Pferde aussähen, wenn sie das Schiff ziehen würden?
Wovon redest du?

Ich mache stur weiter. Ich weiß nicht, warum. Aber etwas in mir will nicht aufhören, schubst mich durch die Verlegenheit über sein mangelndes Interesse, meine Stimme klingt, als wollte sie sich distanzieren, nervös, müde, ein wenig zu schrill, ein unheimliches Gefühl der Beschämung überkommt mich, bringt meinen Verstand zum Rasen, macht sich leise lustig über diesen Versuch einer Verständigung, weiß genau, dass das ein Irrweg ist, kann aber offenbar nicht anders. Meine Ehrfurcht vor ihm ist immer noch da. In seiner Gegenwart bin ich immer noch schwach.

Was schätzt du, wie viele Tonnen die Propeller wiegen?
Keine Ahnung.
Es sind zwei. Schätz mal.
Das ist mir wirklich egal.
Jede 22 Tonnen, und die ganze Fähre 64 000.
Woher weißt du das?
Ich habe mich vorher schlaugemacht.

Er räuspert sich. Die Augen gesenkt. Die Lippen zusammengepresst. Fast fertig angezogen. Auf der Bettkante sitzend.

Trockene Luft hier drin.
Das ist die Klimaanlage.
Kratzt im Hals. Gehn wir einen Kaffee trinken.

Wird noch eine lange Fahrt.

Sieht so aus.

Fast achthundert Kilometer von Hoek van Holland bis Berlin.

Achthundert?

Und wieder zurück. Schaffst du das?

Woher soll ich das wissen?

Erinnerst du dich an den VW Passat, den du mal hattest?

Klar.

Schwarz-weiß karierte Sitze.

Sehr bequem. Wäre perfekt gewesen für die Fahrt.

2.5

Ich bin sechzehn und stehe neben meinem jüngeren Bruder Simon, zwölf Jahre alt und so krank, dass er nur noch ein Strich in der Landschaft ist. Simon ist groß für sein Alter, abgemagert bis aufs Skelett, mit den tiefsten und schwärzesten Kohleringen unter seinen beiden braunen, aus dem Schädel hervorspringenden Kürbisaugen, auf dem ganze Körper sprießen grausame Ekzeme, eine juckende, immer juckende Haut, kratz-kratz-kratz. »Hör auf zu kratzen! Hör auf zu kratzen!« An den dunkler werdenden Armbeugen zeigen sich kleine Blutbläschen, auf den Wangen hängt abgestorbene Haut wie weißer Staub, das Knochengerüst ist deutlich zu erkennen, sein ewiges Kranksein ein beständiger Hintergrund unserer Kindheit. Die Arztbesuche nehmen kein Ende. Sein trockener Atem verfängt sich in der Speiseröhre, im Badezimmer stapeln sich seine Mittelchen und Wässerchen und Cremes und Spezialshampoos und Asthmamedikamente und Tabletten in allen möglichen Farben. So geht das, seit er nach der Geburt aus dem Krankenhaus kam, wo er erst noch bleiben musste wegen »Komplikationen« und Atembeschwerden. Wir stehen bei meinem Vater, der seinerseits bei dem nagelneuen VW Passat Diesel steht, den er gerade abgeholt hat. Der Wagen hat schwarz-weiß karierte Sitze mit Stoffbezug und silberne »Stargaze«-Alufelgen. »Der Vorteil der hervorragenden Straßenlage rechtfertigt den Aufpreis«, sagt er, als hätte er den Verkaufsprospekt auswendig gelernt.

Unglaublich, eine Gallone auf 50 Meilen, nicht zu fassen, unglaublich!

Die Minis haben schon vor Jahren ausgedient, die Land Rover wurden verkauft, die Vernarrtheit in alte, kleine, billige gebrauchte Renaults ist auch vorbei, und jetzt ist dieses Auto da: endlich, zum ersten Mal ein stinknormales nagelneues hochseriöses Auto. Bis auf eins – es ist ein VW.

Du hast immer gesagt, du könntest nie einen VW kaufen.
Habe ich.
Warum hast du dann deine Meinung geändert?
Das Auto sieht sehr gut aus.
Aber du hast gesagt, du würdest diese Autos hassen.
Sei einfach still.

Und Abmarsch. Eine Erinnerung. Eine Erschütterung. Ich hätte es nicht antippen dürfen, was immer es ist. Ich kann nur raten, ich weiß es nicht. Dann ist er wieder zurück. Riegel gezogen, Motorhaube geöffnet, Motorhaube auf selbsttätigen Stützen aufgeklappt.

Unglaublich. Hydropneumatische Federn für eine Motorhaube! Die halten sie von allein oben!

Er lehnt sich weit in den Motorraum hinein, hängt halb unter der Haube, seine kobaltblaue Wollkrawatte flattert, seine Arme wedeln, zeigen Simon und mir die Einspritzpumpe und die Kraftstoffleitung und »die Düsen, die den Diesel in die Zylinder einspritzen, während die Kolben die Luft verdichten«. Seine Hände zeigen in alle Richtungen gleichzeitig. »Das ist der

Keilriemen für die Wasserpumpe, das ist der Keilriemen für die Servolenkung, das ist der Ansaugstutzen.« Ich sehe seine abgebissenen Nägel, abgebissen nicht von den Spitzen weg nach innen, sondern von der Oberseite hinein ins Nagelbett eines jedes Fingers, immer wieder daran gekaut, winzige Stückchen abgebissen und ausgespuckt oder verschluckt, bis die Nägel bluten, und jetzt sind sie alle, obwohl noch genauso groß wie normale Fingernägel, voller Löcher und Krater und funkeln im Dunkellicht unter der Motorhaube. Als ich ebenfalls meinen Kopf in den Motorraum stecke, sehe ich sie aus nächster Nähe. Sie haben dieselbe Farbe wie immer – Stroh und Urin mit einer Spur Safran und Blut. Sie sind eine einzige Kerbenlandschaft, ein daliesker Traum, ein Detail von Pieter Bruegel dem Älteren, ein Ausstellungsstück von Louise Bourgeois in *The Return of the Repressed*. Sie würden hervorragend zu ihren riesigen zusammengeschweißten Spinnen passen, zu ihren dunklen Tableaus der Unterdrückung. Ihr Titel wäre »Die Nägel eines äußerst schweren Leidens«. Sie sind das düstere Gegenteil dessen, was ein Nagelstudio verspricht – der Maniküren schlimmster Alptraum.

Fangt bloß nicht mit Nägelkauen an! Versprecht mir das! Ihr seht ja, wie das bei mir war! Ich kann nicht mehr aufhören! Seht sie euch an!

Das gibt er uns oft mit auf den Weg, wenn wir beim Essen am Küchentisch sitzen, und dabei wird er laut und hält die Hände hoch, die Nägel vor unser aller Augen, erstes Beweisstück in einer polizeilichen Ermittlung zu Fingernagelfolter. Mein Vater erklärt weiter.

Diesel zünden spontan unter Druck. Benzinmotoren brauchen einen Funken.

Ich schaue auf das Gewirr von Leitungen und Schläuchen im Motorraum und sage nichts. Für mich ist das ein einziges unverständliches Durcheinander. Simon mag krank sein und dem Tod auf der Schippe stehen, aber er ist viel aufgeweckter als ich, dabei bin ich fast fünf Jahre älter. Er lässt nicht locker.

Du meinst, Papa, wenn man Dieselkraftstoff mit Luft mischt, zündet er von selbst?
Nur, wenn man die Luft auf ein Zwanzigstel ihres ursprünglichen Volumens komprimiert.
Und durch den Druck zündet das Gemisch?
Komprimierte Luft erhitzt sich. Reduzierst du sie auf ein Zwanzigstel ihres ursprünglichen Volumens, erhitzt sie sich so stark, dass der eingespritzte Dieselkraftstoff spontan entflammt. Deshalb haben Dieselmotoren ein Verdichtungsverhältnis von zwanzig zu eins.
Haben Dieselmotoren deshalb keine Zündkerzen?
Genau.

Motorhaube zugeschlagen, Autotür geöffnet. Mein Vater wirft sich hinein und lässt die Sitzfederung zeigen, wozu sie gut ist, in seiner Tweedjacke in den Farben herbstlichen Laubs mit senfgelbem Überkaro und seinen geputzten mahagonibraunen Schuhen, die ihm ein Schuhmacher irgendwo auf dem Land jeden Sommer zu einem festen Termin per Post schickt, keiner von uns weiß, woher genau, denn das verrät er uns nicht – »Kosten ein kleines Vermögen – nur Schuhe, die mir passen – sechsundzwanzig Knochen in jedem Fuß – kann mir nicht leisten, da etwas falsch zu machen!« Andere Schuhe trägt er nicht, und er weigert sich, die alten wegzuwerfen, »für den Fall, dass ich sie mal brauche«. Was zur Folge hat, dass immer mindestens neun oder zehn Paar im Haus stehen, ein jedes in abgestuftem Maße verschlissen. Die Palette reicht vom nagelneuen, tadellosen »besten« Paar, getragen zu Festen, offiziellen Anlässen und Beerdigungen, bis hin zum ältesten Paar, über zehn Jahre alt, in desolatem Zustand, mit aufgebogener Zunge, halb abgelöster, flappender Sohle, ohne Schnürsenkel, vom Schuster mehrmals neu besohlt und jetzt nur noch für die Gartenarbeit. Seine Schuhe sind eine lebendige Illustration des Wegs von kurz nach Schuhgeburt bis kurz vor Schuhtod, das gesamte Schuhleben, alle Abschnitte des Wegs vertreten, sämtlich aufgereiht in einem Fach im Schrank unter der Treppe. Die meisten werden täglich mit Kiwi-Schuhcreme und zwei Rosshaarbürsten geputzt, »eine zum Auftragen, eine zum Entfernen«, vorne, hinten, an den Seiten und auch darunter, von der Sohlenspitze bis zum Absatz. »Daran sieht man, ob ein Paar Schuhe richtig geputzt ist.«

Er dreht den Schlüssel, schlägt die Tür zu, kurbelt das Fenster herunter, lässt den Motor aufheulen (82 PS), die Räder drehen sich für den Bruchteil einer Sekunde auf dem Schotter und spucken Reifenabrieb, muss los, hab Wichtiges zu tun / kann nicht den ganzen Tag verquasseln / hab Mr Jones versprochen, nach seiner Lungenentzündung zu sehen / Blut spenden / Drachenfliegen / eine Narkose im Krankenhaus für eine Leisten-OP / zur Sprechstunde / Müsli holen in Van's Naturkostladen – »Ist das nicht ein toller Geschäftsmann, so einen Laden in einer so kleinen Stadt aufzuziehen? Da sieht man, was jemand mit Unternehmergeist erreichen kann.«

Kaum ist er gefahren, versinken mein Bruder und ich wieder in unseren eigenen Welten. Nicht ein Wort zwischen uns. Es gibt nichts zu sagen, während sich um uns herum die Staubwolke von dem aufgewirbelten Abrieb langsam setzt. Mein Vater ist so voller hitziger und fiebriger Energie, dass ich jetzt, wo er weg ist, merke, dass ich den Atem angehalten habe und nicht imstande bin, die notwendige Menge Sauerstoff aufzunehmen, damit mein Gehirn sich nicht länger dreht, wie es mir immer passiert. Ich habe Angst, bin aber auch aufgekratzt und fühle mich lebendiger an diesem fragilen Rand seiner Stürme, wie Licht, das auf Wasser trifft, ein Leben in Kaskaden. Der Wagen heult in der Ferne auf, der Motor hochgejagt bis an seine Grenzen, die Reifen kaum noch mit Bodenhaftung auf dem schwarzen Asphalt, und dann werden, je weiter sich das neue Auto entfernt, die Geräusche immer schwächer, und schließlich sind die Stimmen der Vögel zu hören, Drosseln und Spatzen, Tauben, der Wind in den Büschen, auf unseren Gesichtern ein kühler Hauch. Wir gehen schweigend unserer Wege, mein abgemagerter Bruder und ich, er in sein Zimmer, das gepflastert ist mit Bildern von Luftfahrzeugen – Flugzeuge, Hubschrauber und Tragschrauber, Jets, Turboprops, die wildesten selbstgebauten Flugkisten aus Sperrholz oder Balsaholz oder Kupfer oder irgendeinem anderen lächerlichen, ungeeigneten Material, ihre Fahrwerke mit Schubkarrenrädern, »Luftbereifung natürlich«, wie mein Bruder mit vollem Ernst sagt, »für eine sanfte Landung«.

Und ich raus. Egal wohin. Hauptsache, raus – bei jedem Wetter, nach draußen, an die Luft, allein, weit weg, über die Feldwege, den Sauerstoff schmecken, ein-aus, ein-aus, meine Brust ein Heben und Senken, die Hecken entlang, an meinen Halsbeugen ein Pulsen. Und weiter, vorbei an den taufrischen Wolken von Weißdorn im Frühling, unerwarteten Massen, die urplötzlich da sind, und jedes Jahr wieder, der reine Segen, und trotzdem, im Winter halb tote dunkelgraue Zweige, getaucht ins absorbierte Licht. Und weiter noch, sicheren Fußes, fest aufgetreten und hinein in die wogenden Hügel mit ihrer Stille und ihrem Zuspruch, ich allein, weiter über die Anhöhen, springend, stolpernd, fallend, rollend, im federnden Gras ein Spiel der Füße, hinaufstoßend durchs Farnkraut, hinter die Waldgrenze, über Felsen, rauf bis ganz oben, unbehindert von den nicht eben subtilen Testfragen zu den tieferen Geheimnissen des verdammten Verbrennungsmotors, ob Benzin oder Diesel.

2.6

Abgeschiedenheit und Einsamkeit sind ein eigenwilliges Gespann, und sie kamen erst allmählich und dann sehr schnell über mich. Nachdem ich die Schule beendet hatte – irgendwie hatte ich es geschafft, bei fast allen Prüfungen durchzufallen –, nahm ich einen Job als Landarbeiter in Bedfordshire an, wo ich allein in einem kleinen Wohnwagen mit einem goldgelben Himmel lebte. Der Wohnwagen war im Sommer brütend heiß und im Winter eiskalt. Im Winter schlief ich in einem Schlafsack, mit all meinen Sachen auf dem Leib und obendrauf ein paar dünnen Jacken. Morgens musste ich das Eis in der Spülschüssel aufbrechen. Da ich weder Freunde noch Familie in der Nähe hatte und die meiste Arbeit allein zu verrichten war, zog ich mich immer mehr zurück und hatte zunehmend Mühe, mit Menschen zu reden, meine Kiefermuskeln schienen mangels Gebrauch schon zu verkümmern.

Der Wohnwagen war alt und hatte weder Toilette noch Dusche, weshalb ich die Räumlichkeiten im Haus benutzen durfte. Außerdem bekam ich jeden Abend eine Mahlzeit, nachdem alle anderen aus der Bauernfamilie gegessen hatten. Dann saß ich in der Spülküche und aß allein, danach ging ich durch die Felder zurück zum Wohnwagen, im Winter im Stockdunklen. Am Anfang fand ich die Arbeit auf dem Hof angenehm und ruhig. Meine Kollegen Mr Laird und Cyril Serjeant behielten mich im Blick. Mr Laird hatte einen Herzschrittmacher, einen Leistenbruch, war Diabetiker und auf einem Auge blind. Er brachte mir bei, Geduld zu haben, die Dinge langsam anzugehen, und er zeigte mir, wie man einen Nagel einschlägt, Holz richtig sägt, wie man einen Vorschlaghammer hält, einen Torpfosten setzt, Schafe hütet, das Zutrauen der Rinder gewinnt, bevor man sie irgendwo hintreibt, wie man den Boden eines Silos betoniert oder das Getriebe eines Massey Ferguson-Traktors repariert, und das alles fast im Stillen.

Einmal saß ich abends im Bauernhaus beim Essen und las in der *Evening Post and Echo* die Meldung des Tages. Ein Mann hatte seine Frau mit einer Stricknadel ermordet. Er war jetzt auf der Flucht, und eine Warnung auf der Titelseite wies die Bevölkerung darauf hin, dass er sich noch in der Gegend aufhalte, man dürfe sich ihm auf keinen Fall nähern. In der Nacht wachte ich auf, weil etwas an der Tür des Wohnwagens ruckelte, und ich erstarrte vor Angst, der Stricknadelmörder könnte bei mir einbrechen. Das Ruckeln ging weiter, und dann drehte sich der Türgriff. Ich hatte schon einmal einen Job gehabt und einen Hubschrauberhangar gestrichen, in Sumburgh auf den Shetlands, dort hatte ich mit einem Mann zusammengearbeitet, der Leute für Geld zusammenschlug. Er meinte, wenn man nachts jemanden vor die Finger bekomme, solle man, bevor man zuschlage, sein Opfer blenden, am besten mit Autoscheinwerfern, dann könne es einen nicht sehen. Mit diesem Gedanken im Kopf tastete ich lautlos nach der Taschenlampe. Mein Plan war, das Wohnwagenfenster neben meinem Bett aufzudrücken, dem Mörder die Lampe ins Gesicht zu halten und loszurennen. Ich wartete, bis es wieder an der Tür ruckelte, und stieß das Wohnwagenfenster auf. Aber nicht das Fenster ging auf, sondern mein Arm flog hindurch, und das Glas ging zu Bruch. In meinen Ohren war nur Krach, die angeknipste Taschenlampe leuchtete über die dunklen Felder, auf dem Boden unter mir glitzerten die Scherben, und meine Hand und mein Arm waren blutig von den Schnitten, Glassplitter steckten noch darin. Aber nirgendwo ein Mörder. Nur ein paar Schafe waren an der Tür gewesen, und ich sah, wie sie vor mir davonliefen. Ich war in Schweiß gebadet, einen Schweiß, wie man ihn im Moment der größten Angst schwitzt. Als ich die Splitter aus meinem Unterarm und dem Handgelenk zog und sah, wie das Blut jetzt in Streifen über meine Haut rann, wusste ich, dass etwas mit mir nicht stimmte, dass etwas tief in mir zerbrochen war, nur was, das konnte ich nicht sagen oder fassen, denn ich hatte keine Sprache, in der ich es mir hätte mitteilen können.

2.7

Wir verlassen die Kabine und gehen durch das fensterlose Innere des Schiffs, ein Schild weist uns den Weg über eine Treppe hinauf zum »Lounge-Restaurant«. Jede Stufe hat an der Kante geriffelte Lichter und ist ausgelegt mit papageienblauem Teppich. Während wir hochgehen, kommen wir an einer Tür mit einem Schild vorbei, darauf steht »Truckers' Café« und, in kleinerer Schrift, »Truckers Only«. Durch die Tür erblickt mein Vater, wofür er eine besondere Vorliebe hat – ein warmes Frühstück.

Hast du reingeschaut?
Habe ich.
Ein warmes Frühstück.
Ich weiß.
Das komplette englische.
Hab's gesehen.
Gehn wir rein.

Er ist auf einmal kaum noch zu halten. Ich sage:

Das dürfen wir nicht.
Warum nicht?
Weil wir keinen Lkw fahren. Das Café heißt »Truckers' Café«, weil es für Trucker ist.

Trucker. Ein scheußliches Wort. Trucker. Was bedeutet das eigentlich? Das Wort ist einfach falsch. Wahrscheinlich ein Amerikanismus.

Wörter setzen sich im Alltagsgebrauch durch. Die englische Sprache ist sehr flexibel. So etwas wie eine starre, dauerhafte Sprache gibt es nicht. Bedeutungen ändern sich ständig und …

Ich höre meine Stimme mit ihrem hohlen, erzieherischen Ton und wie sie ebendrum mitten im Satz, ein plötzlicher Vertrauensverlust, abbricht. Ich verfalle in ein merkwürdiges Schweigen, das mich oft überkommt, und weil ich auch nach all den Jahren noch nicht weiß, wie ich da rausfinden soll, wird die Stille zu einer angespannten, quälenden Pinterschen Pause. So stehen wir schweigend am Eingang des Trucker-Cafés, zwei auf einem Teppichboden abgestellte Beckettsche Figuren – Pozzo und Lucky.

Es gibt Speck, Ei, Würstchen, Black Pudding, geröstetes Brot und Tomaten.

Seine Augen lachen vor Glück.

Wir dürfen hier nicht rein, das ist für die Lkw-Fahrer.
Kümmert das wen?

Ich sehe eine Kraft in ihm aufsteigen, die ihn stützt, die ihn aufrechter dastehen lässt, der Umriss seines Körpers hebt sich deutlich ab von der Schiffseinrichtung im Hintergrund. Er mobilisiert alle Energie seiner inneren Welt. Er hat beschlossen, ins Trucker-Café zu gehen, ob wir dürfen oder nicht. Ich sage:

Das wäre mir unangenehm.
Quatsch.
Da drinnen zu sitzen.
Wen interessiert das.
Man könnte uns jeden Moment bitten, zu gehen.
Warum machst du dir so viele Gedanken?

Mein Vater tritt ausgreifenden Schrittes ins Trucker-Café, dabei drückt er erstaunlich fest gegen die Doppelschwingtür, die sofort aufgeht. Man könnte meinen, er wäre der Sheriff in einem Western. Ich folge ihm so unentschlossen, dass eine der Türen beim Zurückschwingen gegen meine rechte Schulter schlägt und mich fast aus dem Gleichgewicht bringt. Ich befinde mich in einem Parallelfilm zu dem Western, in dem er die Hauptrolle spielt. Der Film läuft praktisch gleichzeitig, an denselben Sets, er läuft sogar in derselben Geschwindigkeit. Nur spiele ich meine Rolle in einer Tragikomödie über lähmende Unsicherheit und Dinge, die nie richtig klappen.

Er nimmt sich ein Tablett, wischt es, eine auftrumpfende Demonstration von Hygienebewusstsein, mit dem Ärmel ab und schiebt es über die verchromten Rohre der Rutsche auf das Frühstück zu. Ich folge ihm zu den einzeln angestrahlten Steingutschüsseln mit gebratenen Champignons, Speck, Black Pudding, geröstetem Brot und Ei. Fernfahrer sitzen in aller Ruhe im Raum und lesen. Im Hintergrund läuft ein Fernseher. Am unteren Bildschirmrand erscheinen in einem flimmernden roten Streifen die Nachrichten auf Englisch, während der Sprecher sie auf Niederländisch verliest. Hinter mir höre ich eine Stimme.

Haben Sie ein Lkw-Ticket?
Nein, haben wir nicht.

Dann können Sie hier nicht essen, das ist das Trucker-Café.
Ach so, ja.

Ich schaue auf zu einem großen, distinguierten Holländer Ende fünfzig in schwarzer Weste. Er spricht ruhig, geduldig.

Das Lounge-Restaurant für das allgemeine Publikum ist eine Treppe höher auf dem nächsten Deck.
Wie bitte?

sagt mein Vater laut und umklammert sein Tablett, als wäre es eins der kostbarsten Dinge, die er je besessen hätte. Der Mann wiederholt noch einmal:

Das ist das Café für Trucker.
So ein Schwachsinn.

Ich sehe, wie mein Vater in die Höhe wächst, wie sich seine Wirbelsäule streckt, sein Atem tiefer geht.

Scheiß Trucker, was ist das überhaupt?
Jemand, der einen Lastkraftwagen fährt.
Reimt sich auf Fucker.
Gewiss.
Das ist doch alles völlig inakzeptabel. Mir ist schleierhaft, wieso man nicht das Standardenglisch nehmen kann.
Die anderen Passagiere erhalten ihr Frühstück im Lounge-Restaurant.
Das sagten Sie bereits.
Es befindet sich eine Treppe höher rechts, Deck zehn. Es gibt einen Aufzug, wenn Sie einen benötigen.

Ich brauche keinen scheiß Aufzug, vielen Dank. Ich bin sehr wohl in der Lage, die Treppe zu nehmen.
Jawohl, Sir.
Wer die erfunden hat, diese scheiß Dinger, völlig ungesund.
Jetzt hör auf, Papa.

Mein Vater schaut zu mir, dann zu dem großen Mann in seiner gebügelten Weste.

Ich schreibe der Geschäftsleitung und beschwere mich.
Worüber?
Dass ich nicht ins Trucker-Café darf.
Dagegen hätte niemand etwas einzuwenden, Sir.

Der Mann antwortet ohne die kleinste Aggressivität, sein Gesicht zeigt ein freundliches Lächeln, die hellbraunen, schwerlidrigen Augen teilweise verborgen hinter seiner reflektierenden Nickelbrille, über den Brauen müde Falten, eine Folge des Drucks, dem er standhalten muss, um Menschen wie meinem Vater ein »einzigartiges Kundenerlebnis« zu bieten. Auf dem Treppenabsatz bleiben wir kurz stehen. »Einen Versuch war's wert«, sagt mein Vater, sein Gang jetzt fast jugendlich federnd, die spinnwebartigen Kapillaren auf seinen Wangen haben Farbe angenommen. Wir gehen eine weitere Treppe hinauf, er flinker jetzt, die Beinmuskulatur tut ihr Werk, das Blut pumpt, das Adrenalin strömt, die Spannung während des Geplänkels im Trucker-Café ist für ihn ein belebendes Tonikum gewesen.

Kurz vor dem Eingang zum Lounge-Restaurant kommen wir an zwei wuchtigen elektrischen Massagesesseln vorbei. Mein Vater bleibt stehen und starrt hin. »Sieh dir die an«, sagt er, als wären es seltene Tiere aus der Savanne. »Massagesessel.« Er wirft einen Blick auf den Werbetext, gedruckt in Violett und Magenta und in Bubble-Schrift. Und wie ein weiser Mann, der den wartenden Massen sein profundes Wissen kundtut, liest er Sekunden später vor: »Diese Sessel halten ihr Versprechen.« Er unterbricht, räuspert sich, senkt die Stimme um einen Halbton und setzt wieder an: »Diese Sessel halten ihr *Versprechen*, eine Massage in Schwerelosigkeit zu bieten. 3D-Körperwohl für Ihren ganzen Körper.« Auf der Treppe ziehen Leute an uns vorbei, Familien und Gruppen von Freunden, manche fertig angezogen, andere im Pyjama. Ein kleines Mädchen hält eine große Plüschgiraffe mit kaputtem Hals im Arm und geht langsam die Stufen hoch. Zwei Jungen in Superheldenkostümen flitzen vorbei, der eine mit langem rotem Haar, der andere mit braunem, beide mit großen Spielzeugbaggern in den Händen. »Was für ein kotzerbärmlicher Satz, wer immer diesen Quatsch geschrieben hat, sollte erschossen werden«, sagt mein Vater laut, die Augen zusammengekniffen, versteift in blinder Konzentration.

> Diese Sessel halten ihr *Versprechen*, auf die Bereiche abzuzielen, die eine feste, entspannende Massage benötigen, statt wahllos Bereiche zu treffen, die Zentimeter von Ihren Problemzonen entfernt sind.

Er hält inne, dreht sich zu mir um und sagt: »Ich probier's. Klingt überzeugend. Kostet vier Pfund. Hast du vier Pfund?«

Die Sessel sind überzogen mit feinen Schweißspuren und abgestorbenen Hautzellen. Ein leichter Geruch geht von ihnen aus. Es ist sechs Uhr morgens. Ich sage:

Vier Pfund?
In Münzen.
In Münzen?
Sieht so aus.
Ja, hab ich.

Mein Vater schwingt sich auf den nächststehenden Sessel. Das Ding ist so groß, dass er darin zu schrumpfen scheint, vor der Masse des schwarzen Polsters in Lederoptik sind seine Arme und Beine auf einmal winzig. Ich bin mir sicher, dass die beiden Sessel eine Atmosphäre potenzieller Gewalt ausstrahlen, aber dann wird mir klar, dass das nichts mit den Geräten zu tun hat. Es ist in mir selbst, ein Gefühl von unterdrückter Wut. Ich projiziere die Gewalt in mir auf zwei schwarze Plastik-Massagesessel, zurückzuführen auf die mir schmerzhaft vertraute Situation – ich muss meinem Vater seinen Willen lassen, muss mich ihm fügen und seinen Gehilfen spielen. Ich komme mir vor wie jemand vom Sozialamt. Oder als müsste ich gemeinnützige Arbeit ableisten. Verurteilt vom örtlichen Gericht. Ich verbüße eine Strafe für ein minderschweres Delikt.

Ich stecke die Münzen in den silbernen Metallschlitz in der Sessellehne. Jede Pfundmünze klackert durch eine Reihe mechanischer Hebel. Wenn sie am Boden der Box auftreffen, machen sie *pling*. Es sind beruhigende Laute, eine Erinnerung an die Zuverlässigkeit der Schwerkraft. Nach dem Einwurf der letzten Münze mache ich rasch einen Schritt zurück und frage mich, was wohl passiert. Aber es passiert nichts. Der Sessel regt sich kein Stück. Mein Vater donnert wütend mit den Fäusten auf ihn ein, dann mit beiden Beinen. Er steht auf, stellt sich daneben, tritt dagegen. Ich sage:

Der ist kaputt.
Das hat gerade vier Pfund gekostet.
Gehn wir frühstücken.
Wirklich.
Bitte – ich brauche einen Kaffee. Du nicht?
Okay.

Wir gehen weiter die Treppe hoch, stoßen durch weitere hölzerne Doppeltüren und treten in das Lounge-Restaurant. Es ist noch nicht mal Viertel nach sechs, und ich bin schon erschöpft, bin schon der, zu dem ich werde, wenn ich mit meinem Vater zusammen bin. Ein seelisches und körperliches Wrack.

2.8

Meine Mutter fand Mr Bubyages Weg fürchterlich. Für sie war er zu gerade und zu grau und zu aufdringlich und viel zu breit im Verhältnis zu dem kleinen Rasen, durch den er verlief, und deshalb war er unfreundlich und ruinierte den Vorgarten. Sie hatte sich einen Plattenweg gewünscht, aus walisischem Schiefer, keinen Weg aus Beton. Wochenlang hatte sie mit meinem Vater darüber gestritten, und als es mit den Arbeiten dann losging, wurde sie, während wir Kinder zuschauten, noch ein bisschen trauriger und zog sich Stück für Stück immer mehr in sich zurück. Und als wir einmal von einer langen Fahrt im roten Mini zurückkamen und vor dem schwarzen Holztörchen parkten, blickte sie zu dem Weg auf und tat einen tiefen Seufzer.

Aber wir wussten alle, warum meine Mutter, diese schöne und großherzige Frau, traurig war. Meine Schwester Ruth war gestorben. Ich sah oft, wie sie vor einem Foto von Ruth saß und weinte. Ruth war in ihrer Babytragetasche gestorben, hinten im Wagen – plötzlicher Kindstod. Damals hatte mein Vater einen MG-Zweisitzer. Jane und ich saßen vorne bei meiner Mutter, wir waren auf dem Rückweg von einem Besuch bei Verwandten und hielten an einem Rastplatz mit ringsum hohen Kiefern. Es war Abend. Meine Mutter schrie und schrie. Erst Jahre später erzählte mir mein Vater, was passiert war.

Wir hatten Beryls Bruder George besucht und waren auf dem Weg nach Hause. Ruth lag in einer Babytragetasche hinter den Sitzen. Ich wollte wissen, ob es ihr gutging, und habe hinter mich gefasst, und da habe ich gemerkt, dass sie kalt war. Ich habe auf einem Rastplatz angehalten und sie herausgeholt, aber da war sie schon tot. Sie war im Auto gestorben.

Das muss schrecklich gewesen sein.

Ich würde heute kein Baby mehr so ins Auto legen. Heute wissen wir mehr über den plötzlichen Kindstod.

Mein Vater ging am Tag nach Ruths Tod wieder zur Arbeit. Ich war zweieinhalb und meine Schwester Jane vierzehn Monate. Später sagte man mir immer wieder, ich hätte unmöglich davon wissen oder mich erinnern können, aber erinnert habe mich sehr wohl. Ich habe mich daran erinnert, weil ich den Schrei meiner Mutter gehört hatte, einen Schrei, wie man ihn nie vergisst. Jahre später sollte ich den gleichen Schrei noch einmal hören.

2.9

Das Lounge-Restaurant ist ein großer, einladender Raum. Die Decke ist hoch und spannt sich über die ganze Schiffsbreite. An beiden Seiten sind große Bullaugen, und nach vorne hin sind große Fenster, eine gläserne Wand, durch die wir den Horizont sehen und den anbrechenden Morgen. Um uns herum ist der Nordseeverkehr: eine erstaunliche Anzahl größerer und kleinerer Schiffe, viele ganz in der Nähe, alle mit eingeschalteten Positionslichtern, rot für Backbord, grün für Steuerbord. Wir gehen zu einem der Tische mit Resopalplatte und setzen uns auf die kanariengelben Polstersessel. Das Material, mit dem die Sitze bezogen sind, taucht unsere Haut in einen gelben Schein, es hat etwas von Gelbsucht. »Ich habe Hunger«, erklärt mein Vater. »Einen Mordshunger, ich sterbe vor Hunger.« »Ich hole uns was«, sage ich und gehe zur Frühstückstheke des Lounge-Restaurants. Ich nehme Rührei, geröstetes Brot, Champignons, Tomaten, Toast, ein paar Scheiben Salami, verschiedene Käsesorten, Croissants, Orangenmarmelade in Portionspackungen aus Plastik und zwei große Tassen Kaffee. Ich muss zweimal gehen, um alles zu holen, jede Ladung auf einem großen braunen Tablett. Wir essen schweigend. Neben uns geht die Sonne auf, gießt immer mehr Morgenlicht auf das Wasser. Manche Wellenkämme scheinen zu glühen.

Die Fähre nähert sich der Küste. Wir dringen ein in das System von Fahrrinnen, die im Bereich der Mündungsarme des

Rheins angelegt wurden. Überall, so weit das Auge reicht, sind Molen, Häfen und Kais zu sehen, Schiffe, Kräne, Container. Zu unserer Linken liegt Hoek van Holland und zu unserer Rechten eine künstliche Insel mit zahllosen Docks und Kanälen. Wasser und Land sind auf komplexe Weise miteinander verbunden, und das Licht ist so allgegenwärtig, dass es wie eine Haut anmutet – ein geballtes Licht, ein Helldunkel um die Gegenstände und die Menschen, ein Füllhorn, an seiner Oberfläche lebt das Meer.

Auf den Wasserstraßen wimmelt es von Schiffen; Schlepper ziehen lange Reihen ziegelroter, rostiger, mit Steinen und Erde beladener Leichter, obenauf Bagger wie in Lauerstellung, die Kapitäne an ihren Steuerrädern, lässig an niedrige Metalltüren gelehnt, die Fenster geöffnet, eine Hand am Ruder. Am Heck Matrosen, fast auf Höhe des Wassers, das über die Bordkante und um ihre Füße schwappt. Der Schwerpunkt ihrer Körper liegt tief, ihre Füße und Waden geben ihnen Halt, die Sohlen fest auf dem rutschigen Holz der Achterdecks der Schlepper, die Beine abgespreizt, halbhohe, gelbbraune Sicherheitsstiefel, die Zehen zusammengekrallt unter Stahlkappen; ein Treiben wie auf einer Avercampschen Landschaft.

In der Ferne aneinandergereiht Schiffe, die von Kränen entladen werden, Brüder und Schwestern der Kräne im Hafen von Felixstowe. Die Container werden auf die Kais gehoben und dann von Portalkränen bewegt, verteilt und aufgestapelt. Jeder einzelne kommt auf einen der Lastwagen, die anstehen, um sie aufzunehmen, die Container salzgebleicht, mattgrün, blassblau, rostbraun, mit Gütern aus der ganzen Welt. Danach machen sie sich auf den Weg über die Straßen Rotterdams, es ist der größte Hafen Westeuropas.

Nicht nur das Licht oder die Form des Landes überrascht. Auch nicht das geschäftige, bienenstockgleiche Treiben. Erstaunlich ist, in welchem Maße die Menschen dem Land und dem Meer ihren Willen aufgezwungen haben. Alles wurde für die Schifffahrt verändert und umgestaltet. Man hat den Meeresgrund ausgebaggert, die Kanäle vertieft, hektarweit Land gewonnen; hat künstliche Seen angelegt, Flussläufe geändert, gewaltige Dämme errichtet und Hunderte von Kilometern Deiche gebaut. Das alles ist nicht nur das Ergebnis ungeheurer Aktivität, sondern auch gedanklicher Kühnheit. Jahr für Jahr wurde die Fläche ausgeweitet, über Jahrhunderte hinweg, beginnend mit der kleinsten Landgewinnung an der Küste, bis ein ganzes Land entstand, die Niederlande, die Hälfte weniger als einen Meter über und ein Viertel unter dem Meeresspiegel. Ein versunkenes Land, aus der Vorstellung in die Wirklichkeit geholt.

Unglaublich, nicht?
Das Frühstück?
Der Hafen. Erinnerst du dich an irgendetwas davon?
Eher nicht.
Wie sah er aus, als du mit dem Kindertransport hier durchkamst?
Die Schiffe waren damals viel kleiner. Und auf den Kais Hunderte von Männern, die die Güter transportiert haben. Bevor es die Container gab.
Haben Menschen dir zugewinkt, als du an Bord gegangen bist?
Nein.
Auf Bildern über den Kindertransport sind oft Erwachsene zu sehen, die ihnen aufmunternd zuwinken.
Keiner hat uns groß beachtet.
Das ist verwunderlich.
Eher nicht.

Erinnerst du dich an noch etwas?
Ja, da waren Tausende von Fahrrädern, und irgendwann gab es einen Stau. Ich erinnere mich an einen Polizisten, der musste den Verkehr regeln. Und die Radfahrer mussten ewig stehen, mit einem Fuß auf dem Pedal und dem anderen auf dem Boden.

Er nimmt seinen Kaffeebecher und betrachtet ihn.

Ist dir klar, dass die uns Geld gestohlen haben?
Die Nazis?
Die Massagesessel.
Ist doch egal.
Ich werde mich beschweren.
Das waren nur vier Pfund.
Es geht ums Prinzip.

Am Boden der Tassen sammeln sich die Reste – kalter, brauner Kaffeesatz. Die Untertassen wirken auf dem marmorierten Resopaltisch wie verblüffend weiße Scheiben. Unsere Frühstücksteller sind ausgekratzt, geblieben sind nur Streifen von orangem Ei und Tomatensoße. Die beiden rechteckigen braunen Tabletts mit ihren abgekanteten Rändern liegen übereinandergestapelt auf dem Boden. Das Besteck ist auf den Tellern zusammengelegt, die Gabeln mit den Zinken nach oben, die Messer auf den Seiten, die Teelöffel in Ruhestellung auf dem Tisch. Draußen kreisen Mantelmöwen in der Luft, ihr Flügelschlag zeugt von unglaublicher Kraft, die stumpfen gelben Schnäbel sind nach unten gebogen. Und dieser alltägliche Moment ist so erfüllt und gegenwärtig, dass ich endlich die Frage stelle, die Jahre gebraucht hat, bis sie in mir zu einer Form fand.

Und die anderen Kinder auf dem Kindertransport?
Was ist mit denen?
Was haben die gemacht? Auf Fotos sieht man sie Geige spielen oder in fröhlichen Grüppchen einander trösten.
Nicht in meinem Zug.

…

Sie haben geweint.

…

Die ganze Fahrt.

…

Unendlich traurig.

…

Ich habe nicht geweint.

…

An der Grenze sind die Nazi-Wachen ausgestiegen.

…

Ich habe das Fenster aufgemacht. Habe gesehen, wie die Landschaft vorbeizog.

…

Meine Mutter hatte mir gesagt, ich würde in die Ferien fahren.

…

In ein paar Wochen würde ich wieder nach Hause kommen.

…

Und ich habe ihr geglaubt.

…

Er hält inne. Er kann den nächsten Gedanken nicht denken. Der Gedanke kann von ihm nicht gedacht werden. Wir sitzen schweigend da. Immerhin. Manches ist gesagt. Wörter haben sich gefügt und sind aus ihm herausgekommen. Haben die Luft durchquert. Er hebt seine Tasse und starrt auf die Reste am Boden. Schweigen. Etwas dickt ein.

Als die Fähre sich ihrem Liegeplatz nähert, drehen die Maschinen auf, während sich gleichzeitig die Propeller in die Gegenrichtung drehen, um das Schiff abzubremsen. Beim Bug bilden sich große Wirbelbuckel an der Wasseroberfläche. Das Schiff bebt und vibriert, lässt nicht nur die Kaffeetassen und die Teller klappern, sondern rüttelt auch am Tisch und schickt kleine Wellen durch den Rumpf, es hört sich an wie ein letztes Röcheln, Tonnen von Stahl, die gegen die Richtungsänderung protestieren. Dann bewegt sich das Schiff langsam seitwärts. Die *Stena Britannica* hat Bugstrahlruder, die vorne in den Kiel eingebaut sind, so kann sie sich selbst seitwärts zur Anlegestelle hin schieben. Mit ungeheurem Feingefühl bewegt sich die Fähre auf ihren Liegeplatz zu, ein Riese auf Zehenspitzen. Wir sehen, wie die Trossen auf den Kai gehoben werden.

In Holland gab es keine Schilder.
Was für Schilder?
Keine Schilder mit der Aufschrift »Keine Juden«.
Ach so, ja.
Und als wir nach Amsterdam kamen, keine gelben Sterne an den Geschäften.
...
Keiner hat mich angespuckt.

Über Lautsprecher werden die Autobesitzer aufgefordert, sich zur Ausschiffung auf Ebene sechs zu begeben. Wir holen unsere Koffer aus der Kabine und lassen uns im angezeigten Wartebereich auf den blauen Plastiksitzen nieder. Andere Passagiere sind bereits dort. Sie haben sich auf ihre Koffer gesetzt oder hängen zusammengesunken auf den Sitzen, gähnen, der Schlaf ist aus ihren Körpern noch nicht gewichen. Die Fernfahrer haben sich in der Nähe versammelt, zappelig, ihre Füße tippen auf den Boden. Eine weitere Ansage, die Lkw-Fahrer werden zu ihren Wagen gerufen, dann geht eine Kette hoch, und wir, die Autofahrer, begeben uns zum Autodeck. Der Aufzug ist heute kaputt, was heißt, dass alle die zwölf Treppenläufe zum Autodeck hinuntergehen müssen. Ich biete meinem Vater an, seinen Koffer zu nehmen, aber er lehnt ab und trägt ihn selbst. Er ist immer noch kräftig genug, um die Menschen vor uns einzuholen, die Energie, die er aufbietet, entspricht keineswegs seinem Alter. Wir kommen zum Autodeck, laden unsere Koffer in den Wagen meines Bruders, starten und fahren langsam durch den fast leeren Bauch des Schiffes. Seine Eingeweide hallen wider, und wir schmecken die Autoabgase auf der Zunge, als wir durch das Maul der Fähre hinausfahren, vorbei an den Männern in Orange, die uns signalisieren, auf der richtigen Straßenseite zu fahren, dann über die braunen Stahlrampen, durch die Tore der Hafenanlage und hinein nach Holland.

2.10

Als Mr Bubyage einmal krank war und ins Krankenhaus musste, sprach er meinen Vater an und bat ihn, die Bienen aus seinen beiden Stöcken schwärmen zu lassen. Mein Vater sagte es ihm zu, und dann nahm er mich mit zum Haus von Mr Bubyage, ich saß wortlos grübelnd auf den grauen Kunststoffsitzen des neuesten Mini. Zuerst wartete ich vorne vor dem Backstein-Reihenhaus, während mein Vater hineinging. Aber die Neugier war stärker, also ging ich über Mr Bubyages eigenen, akkurat angelegten Betonweg, vorbei an seinem schwarzen Fahrrad, und wagte mich in die kleinen dunklen Räume, die sein Zuhause waren. Sie waren praktisch leer. Auf dem Bett lagen keine Decken, sondern Mäntel, und er nahm Kerzen, um nachts etwas zu sehen. Alles war picobello, aber es gab nichts außer einem kleinen Eisenbett, nicht mal einen elektrischen Ofen oder ein Foto. Ich ging vorsichtig durchs Haus, es roch nach Karbolseife, aber nirgendwo war irgendwas, abgesehen von zwei weißen Netzhemden auf einem Drahtbügel, der im Schlafzimmer an einem Haken an der Wand hing. Doch als ich in der Küche eine kleine Tür öffnete, stand ich in einer winzigen Vorratskammer mit Regalen. Ich schaute hoch und sah, dass die ganze Wand voller bernsteinfarbener Honiggläser war, vielleicht hundert, übereinandergestapelt und mit Datum versehen und funkelnd in dem Licht, das oben in der Ecke der getünchten Kammer durch ein vergittertes Fensterchen hereinschien.

Später am Nachmittag stand ich dann auf einem leuchtenden Sommerfeld bei den Bienenstöcken von Mr Bubyage. Mein Vater hatte seinen Freund Mr Jones gebeten, ihm mit den Bienen zu helfen, und als wir kamen, war er schon da, von Kopf bis Fuß in seiner Imkerausrüstung mit weißem Netz und rundem Hut. Mr Jones wollte mit den Bienen aus Mr Bubyages Bienenstock zu seinem eigenen umziehen. Seine Bienen waren bereits ausgeschwärmt, die Stöcke waren nun leer. Mr Jones' Bienenvolk befand sich mehr als die notwendigen drei Meilen von Mr Bubyages Volk entfernt, die erforderliche Distanz, um sicherzustellen, dass die Bienen nach einem Umzug nicht in Verwirrung gerieten. »Die Regel besagt«, erklärte Mr Jones,

> dass Bienen, wenn sie von einem Stock in einen anderen umziehen sollen, entweder weniger als drei Fuß oder mehr als drei Meilen bewegt werden müssen. Weitere Umzüge sind erfolgreicher als kürzere. Nahe Umzüge sind zu verwirrend, da die Bienen bekannten Markierungen von ihrem Stock weg oder zu ihm hin folgen. Wurde der Eingang verlegt, können sie ihn einfach nicht mehr finden. Normalerweise sind die Bienen auch erschöpft, wenn sie Pollen gesammelt haben. Die nächsten Generationen kennen dann nichts anderes mehr.

Nachdem Mr Jones seinen Vortrag beendet hatte, überprüfte er seinen Imkeranzug, trat vorsichtig an den Bienenstock heran und holte die eingehängten Rähmchen eins nach dem anderen heraus, bis er zur Königin kam. Trotz seiner ruhigen Hand wurden die Bienen nervös und gaben ein tiefes Brummen von sich. Das ging eine Weile so, bis auf einmal eine neue, jungfräuliche Königin aus dem Stock entflog, hinaus ans Licht, sie stieg mit erstaunlicher Geschwindigkeit in die Luft auf, die Drohnen folgten ihr in einem rasenden, hin- und herwogenden Tanz und versuchten verzweifelt, sich mit ihr zu paaren und zum Begründer eines neuen Volks zu werden. Die Königin und ihr Gefolge flogen so hoch, dass sie für Minuten am Himmel verschwanden, höher, als man mit dem bloßen Auge sehen konnte. Dann begannen die übrigen Bienen – die Arbeiterinnen – in großer Zahl und unter bedrohlichem Lärm den Bienenstock zu verlassen, sie fielen in scheinbar endlosen, unglaublichen Strömen aus den kleinen Eingängen und flogen aufgeregt umher, bis es so viele waren, dass sie das Sonnenlicht über dem Feld verdunkelten. Ihr energisches Treiben schwoll auf beängstigende Weise an, das vereinte Gebrumm schlug alles in die Flucht, den Vögeln war deutlich anzusehen, wie verwirrt sie waren, sie riefen einander zu und flogen höher, hielten großen Abstand. Mr Jones mahnte uns, erst einmal reglos stehen zu bleiben, bis sich die Bienen schließlich auf einem von Efeu überwucherten Baumstumpf in der Nähe sammelten. Es dauerte lange, bis die Bienen sich beruhigten, bis sie sich zusammengedrängt und einander in einer dichten Masse bedeckt hatten. Mr Jones erklärte, sie hätten die Stelle gefunden, wo die neue Königin gelandet sei, und dort würden sie sie jetzt beschützen. Er sagte uns auch, dass Bienen nicht durch Stechen töteten, sondern indem sie ihr Opfer erstickten. Sie würden einem in die Nase krabbeln, durch den Rachen und in die Lunge. Wir sollten uns also von dem Baumstumpf fernhalten.

Trotzdem gingen mein Vater und ich auf den Schwarm zu, ich hielt die Luft an, und zusammen standen wir minutenlang davor. So konnte ich sie aus nächster Nähe beobachten, diese ungeheure, dunkle, sich windende, furchterregende Macht eines Schwarms.

3.1

Als wir mit der *Stena Britannica* auf Hoek van Holland zufuhren, war noch strahlender Sonnenschein, aber dann ist von Land her Küstennebel aufgezogen, mit dem Wagen fahren wir direkt hinein. Der Nebel ist so dicht, dass man meinen könnte, wir wären unter Wasser, das Licht ist diffus, alles verschwimmt. Nach der klaren Helligkeit draußen auf See kommt das Trübe überraschend, aber in dieser Jahreszeit passiert das manchmal an der Küste, wenn eine heiße Sonne ein kaltes Herbstmeer aufheizt. Ich lasse das Fenster herunter, halte die Hand in den Wind, spüre die Kühle, während mein Handrücken eine Linie durch die einlullende Atmosphäre zieht. Wir fahren gemütlich, lassen den Nebel herein, bis es eisig wird. »Erinnert mich an das Wetter in Wales«, sagt mein Vater.

Da kaum ein Schild zu erkennen ist und ich außerdem eine Katastrophe bin, sobald es um Richtungen geht, weiß ich nicht, wo wir sind. Es liegt auch nicht nur am Nebel, die niederländischen Schilder selbst verwirren mich, die Straße, über die wir fahren, hat immer wieder eine andere Nummer.

Wo zum Teufel sind wir?
Ich bin mir nicht sicher.
Sag mir nicht, dass du das nicht weißt.
Könnte die N 211 sein oder die E 30. Oder die A 4.
Kann nur eine davon sein.

Offenbar alle drei.

Wie soll das gehen, alle drei!

Keine Ahnung.

Hast du keine Karte mit?

Doch, habe ich.

Und wo ist sie?

Auf der Karte, die ich mitgenommen habe, ist dieser Teil der Niederlande nicht drauf.

Wovon redest du?

Auf der Karte, die ich dabeihabe, ist nur halb Holland drauf.

Du hast eine Karte von halb Holland gekauft?

Ich habe eine Karte von Deutschland gekauft, wo auch die östliche Hälfte von Holland drauf ist. Leider sind wir noch in der westlichen Hälfte. Ich habe mir eine Wegbeschreibung notiert.

Und warum benutzt du sie nicht?

Ich habe sie mir angesehen, das bringt nichts. Wegen des Nebels.

Ich halte am Straßenrand und steige aus, zum einen, weil ich herausfinden will, wo wir sind, zum anderen muss ich mich wieder in den Griff bekommen.

Nirgendwo sind Menschen, auch kein Verkehr. Es ist eine friedliche Welt, während ich mit dem Arm auf dem Wagendach dastehe und die Wassertröpfchen, die mich in ihre Decke hüllen, kaum einen Laut durchlassen, die dumpfen, metallischen Geräusche des Schiffes sind weit weg, die sanfte Nebelluft ist freundlich zu meiner Lunge und zu meiner Haut. Die Häuser in der Nähe haben große, mit roten Tonziegeln gedeckte spitze Dächer. Ihre Vorsprünge werfen schwache Schatten auf den oberen Teil der Wände. Andere Häuser haben die Form traditioneller holländischer Scheunen. Alle sind aus Backstein, viele weiß gestrichen oder grau, schwarz, dunkelbraun. Alle haben kleine Vorgärten, knöchelhohe Hecken, Rasenstreifen, Blumenbeete mit dunkler Erde, beschnittene Bäume. Vor einem Haus stehen vier Birnbäume, die an einem Drahtspalier an der Wand hochwachsen. Die Zweige sind dunkel und unbelaubt, sie sehen aus wie eine Tuschezeichnung auf weißem Papier. Die Häuser weiter hinten sind nur Andeutungen – ein Schimmer von Fenstern, ein geheimnisvolles Flackern von Lichtern, zarte Aureolen, perlmutterne Luft. Ich steige wieder ein. Wir fahren weiter, Molenweg, Haagweg, Molenslag, Schelpenpad. Die Straßen werden immer schmaler und mit einem Mal auf beunruhigende Weise sandig. Die Straße hört auf. Es gibt kein Weiter. Ich halte an, steige aus und trete auf eine dünne Sandschicht, es ist ein Sand, wie er von einem Strand herübergeweht wird. Vor uns erhebt sich ein Deich zehn Meter in die Höhe, Stufen führen hinauf.

Ich steige die Betonstufen hoch auf die Deichkrone, um das Meer zu sehen, auf dem wir vor kurzem noch schlingernd und in dichtem Nebel getrieben sind. In der Ferne höre ich das gedämpfte Blöken eines Nebelhorns. Unter mir glätten kleine Wellen einen flachen Strand. Ich gehe auf der anderen Deichseite hinunter, trete auf harten, nassen Sand. Gischtige Massen haben sich am Ufer abgesetzt. Gelber und weißer Schaum. Mein Vater steht hinter mir.

Wie kann das sein, dass du keine Karte mithast?

Wir gehen wieder zum Wagen. Ich versuche, die Strecke irgendwie zurückzufahren. Nebelfetzen wabern über dem Boden. Es sieht aus, als hätte sich zu Beginn eines Theaterstücks der Vorhang etwas gehoben und brächte die Füße und die Knöchel der Personen zum Vorschein, die untersten Teile des Bühnenbilds. In Essex kennt man einen solchen Nebel als *fret*, und »Ärger, Kummer« bereitet er mir ganz sicher. Ein seltsames Omen für den Beginn unserer Fahrt.

Eine Vermenschlichung der Natur.
Was?
Der Nebel am Anfang einer Reise. Er symbolisiert unsere Konfusion.
Wenn du das sagst.
John Ruskin.

Wir fahren auf einspurigen Straßen über Deiche, ihre beträchtliche Höhe über dem Land zu beiden Seiten überrascht.

Warum nimmst du nicht dein Handy?
Ich habe vergessen, dem Mobilfunkanbieter mitzuteilen, dass ich ins Ausland fahre. Das Handy funktioniert nicht.
Wie du es schaffst, durchs Leben zu kommen, ist mir ein Rätsel.

Durch die weiße Luft sind unter uns die Ränder der Felder zu sehen. Sie sind bepflanzt mit Grünkohl und Rosenkohl. Lange Reihen stehen in der schwarzen Erde, auf einem dem Meer abgerungenen Land.

Wir verlassen die Deiche, fahren vorbei an langgestreckten Gewächshäusern. Bei vielen sind die Dachfenster geöffnet und brechen das immergleiche Muster der Satteldächer. Der Rhythmus dieser ausgedehnten Glaskonstruktionen erinnert an die sich wiederholenden Akkorde minimalistischer Musik, Gewächshausdächer als ein Konzert von Philip Glass. Manchmal stehen sie beiderseits der Straße, dann sieht es für einen Moment aus, als würden wir durch eine glasüberdachte Landschaft fahren, bewohnt mit ihrem dichten Blattwerk von den dort wachsenden Pflanzen in einer windstillen Parallelwelt aus Wärme und Feuchtigkeit.

Irgendwann lichtet sich der Nebel. Jetzt kann ich die Straße sehen, und ich halte an einer Tankstelle, um eine Karte zu kaufen. Leider gibt es an dieser Tankstelle keine Straßenkarten von den Niederlanden, also frage ich den Mann, der mich bedient, ob er mir sagen kann, wo wir sind. Er holt einen alten, abgegriffenen Atlas hervor und schaut hinein. Er sieht sich die Seiten an, blättert rasch vor, dann wieder zurück, bis er ohne große Begeisterung mit dem Finger auf eine Stelle zeigt und sagt: »Wir sind hier.« Ich schaue länger hin, kann mir aber keinen Reim darauf machen. Er nimmt den Atlas wieder von der Theke, und so wie er den Einband hält, wird mir klar, dass er ihn verkehrt herum aufgeschlagen hat. Er hat nur so getan, als könnte er Karten lesen. Dabei ist die Fahrt schon bizarr genug, auch ohne Wegweisung durch einen Mann, der keine Karten lesen kann und sie verkehrt herum hält. Zum Glück hilft uns eine Frau, die ebenfalls auf der Tankstelle arbeitet. Sie nimmt den Atlas, dreht ihn um und zeigt uns, wo wir sind und wie wir auf die Straße nach Deutschland kommen.

Wir fahren durch die sauberen Straßen von Den Haag, unter Brücken mit efeuberankten Böschungen hindurch, vorbei an den Rückseiten von Häusern und Wohnungen, die Hauswände aus gelbem und rotem Backstein in symmetrischen Mustern, vorbei an kleinen Parks, an Gässchen und an Geschäften, die noch nicht geöffnet haben. Wir kommen durch eine Reihe von Unterführungen, das Dunkel darin immer wieder getüpfelt von dem Licht, das durch Öffnungen in der Decke scheint, Oberlichter, die in die Straßen darüber eingelassen sind. Wir kommen an großen Gebäuden mit Glasfassaden vorbei, sehen hier und da Menschen auf Hollandrädern, ein paar Hundesitter, den unvermeidlichen Jogger, bis wir aus dem Stadtzentrum hinausfahren in Richtung Vororte und dann weiter, zuerst an vereinzelten Feldern vorbei und schließlich aufs Land.

Bald biegen wir auf das holländische Autobahnnetz ein, das sich in einem harmonischen Muster durch die Niederlande zieht. Aufgrund der besonderen Mischung, die man für den Belag verwendet, sind die Autobahnen hier besonders leise. Die Ausschilderung ist klar und durchdacht platziert, die Kurven weisen bestimmte Radien auf, was beruhigend ist und beim Fahren zu reflektiertem Denken anregt. Die Landschaft erstreckt sich nach allen Seiten in die Ferne, eine minimale, unaufdringliche Landschaft, die ihren Himmel zur Schau stellt, ihre himmelblaue Luft.

Wir fahren ab zu einer Tankstelle, der AVIA in Oldenzaal. An der Dieselzapfsäule tanke ich den Wagen voll. Dann gehen wir ins Bistro und setzen uns an einen kleinen quadratischen Tisch mit rot-weiß karierter Tischdecke. Die Frau, die uns bedient, ist groß und freundlich und schenkt meinem Vater ein kleines Lächeln. Sie trägt eine Arbeitskleidung mit einem Kopftuch aus dem gleichen Stoff wie die Tischdecken. Wir nehmen Kaffee und holländischen Apfelkuchen. Ich genieße das Bittere des Kaffees, stark und schwarz, das Zitronige des Kuchens und den luftigen Teig. »Ausgesprochen lecker«, sagt mein Vater, während er ihn verschlingt. »Zimt und Muskat«, sagt er noch, bevor er ihn aufisst und seine Gabel auf den Teller legt.

Bald sind wir in Deutschland.

3.2

Es gab zwei Arten, mit dem Auto die Pentrosfa hochzufahren. Die erste, übliche war, auf der Wellington Road abzubremsen und im rechten Winkel in die Pentrosfa einzubiegen, dann anzuhalten, sachte in den ersten Gang zu schalten und langsam, mit kaum mehr als Schrittgeschwindigkeit, hinaufzuschleichen, sich vorsichtig von einer Seite der Straße zur anderen schlängelnd, immer um die Schlaglöcher herum. Alle fuhren so die Pentrosfa hoch, außer meinem Vater. Die von ihm gewählte Methode war die Nummer zwei, und er war der Einzige, der sich darauf einließ. Dazu gehörte es, kurz vor der Abzweigung zu beschleunigen, mit rasch stampfenden Füßen mehrmals auf die Bremse zu treten, die Gänge runterzuknallen und gleichzeitig mit hektisch wirbelnden Händen und Ellenbogen das große Zweispeichenlenkrad des Mini scharf herumzureißen. Bei diesem Manöver schleuderte er den Wagen mit quietschenden Reifen um die Ecke, worauf er die Steigung in Angriff nahm. Während alle anderen über die Straße kurvten, immer auf der Suche nach der glattesten Stelle, brachte mein Vater den Wagen auf eine Gerade, setzte den Fuß flach aufs Gaspedal und jagte den Mini, Löcher und Steine ignorierend, genau auf sie zu, manchmal hob er gar vom Boden ab, fast wie ein Stein, den man übers Wasser titschen lässt. Die Folge war, dass der Motor loskreischte, denn der Motor eines Autos ohne ein einziges Rad auf dem Boden jault wie unter Schmerzen auf, und während der Mini so von einem Loch zum nächsten flog und knallte, stieß er sein schrilles Heulen aus.

Die Jammerlaute des blessierten Metalls, dazu der Anblick meines Vaters, wie er im Wagen hüpfte und mit dem Kopf gegen das Dach schlug, flößten meinen Freunden ein Gefühl von Ehrfurcht ein und ihren Eltern ein Gefühl von Ungläubigkeit. Da der Krach des Mini, wenn wir auf der Straße spielten, zu hören war, bevor wir ihn sahen, sprangen wir sicherheitshalber zur Seite und sahen uns das Spektakel an, wie er zu uns heraufschoss. Wenn er dann in einer Staubwolke schlitternd zum Stehen kam, immer an genau derselben Stelle, stieg mein Vater rasch aus, schlug die Wagentür zu und ging lässig, aber zielstrebig durchs Törchen, Mr Bubyages Weg hinauf und durch die cremeweiß-schwarze Tür ins Haus, sein Körper vor Kraft strotzend, das Haar zerzaust, die braunen Schuhe geputzt.

Es waren die Jahre, als Paddy Hopkirk mit dem Mini Rallyes gewann, aufgrund seiner geringen Größe und seiner unglaublichen Kurvenlage war der Mini weitaus stärkeren Autos in den walisischen Bergen überlegen, dreimal gewann ein Mini sogar die Rallye Monte Carlo.

Nur gab es einen grundlegenden Unterschied zwischen den Minis meines Vaters und der Rennversion des Mini. Die Rallye-Wagen waren an den Innenseiten der Türen mit Holmen verstärkt und hatten einen Überrollkäfig, Unterfahrschutz und andere konstruktive Verstärkungen. Da die Minis meines Vaters Serienmodelle waren und daher ohne solche Verstärkungen, fuhr er sie regelmäßig zu Klump, etwa weil er mit der Ölwanne aufsetzte, sodass das Öl aus dem Motor auslief, und einmal knallte er so heftig auf, dass ein Vorderrad abfiel. Auch baute er immer wieder Unfälle. Nach einem seiner schwersten Unfälle, einem Zusammenstoß mit einem Traktor in Llanelwedd, den er zum Glück überlebte, packte er die ganze Familie in den neuen grünen Mini und fuhr hin, damit wir uns die Bremsspuren ansahen, die er beim Schrotten des alten roten Mini hinterlassen hatte. Er hielt am Straßenrand, stieg aus und ging bis zur Straßenmitte, und dort schritt er dann, nicht ohne Gefahr für sich selbst, die langen schwarzen Bremsspuren ab, gewundene Lakritzschnüre, die sich vor ihm hinzogen. Die ganze Familie saß im Mini und sah ihm durch die kleine Windschutzscheibe zu, während er vorsichtig und bedächtigen Schrittes mitten über die Straße lief und den seltsamen Schlangenlinien folgte. Als er seine Messung beendet hatte, kam er wieder zu uns, zog die Fahrertür auf, ließ sich auf den roten Stoff des Sitzes fallen und verkündete im Ton allergrößter Zufriedenheit:

Die sind 33 Yards lang! Ich muss mindestens 70 Meilen draufgehabt haben.

Und damit fuhren wir wieder los, über die kurvige Straße am Wye entlang, von Llanelwedd nach Llanfaredd und weiter nach Aberedw, über kleine genietete Stahlbrücken und solche aus Stein. Der Wye ist an dieser Stelle breit und daher seicht, und so gluckert er dahin, wenn er über die Steine in seinem Bett fließt, unterhält sich leise, wie so oft im Sommer, mit dem dichten, über sein Wasser gespannten Laub.

Die Unfälle meines Vaters blieben nicht ohne Auswirkung auf mich. Als ich zum Geburtstag ein Tretauto bekam, fuhr ich damit sofort die Pentrosfa hinunter und krachte gegen den Pfosten unseres Törchens. Aber es war ein altes Tretauto, aus dickem Metall, und es verbeulte sich nicht. Ich musste erst ganz oben starten und dann die Kiste mit, wie mir schien, einem Affenzahn gegen den Pfosten steuern. Der Aufprall war so heftig, dass ich gegen das Lenkrad schlug, und es tat so weh, dass ich weinte, aber ich war stolz, dass ich das Tretauto verbeult hatte. Komischerweise konnte mein Vater keine Verbindung herstellen und begriff dieses zerstörerische Verhalten nicht, er war vielmehr sauer und gekränkt und wollte wissen, wieso ich mein neues Geschenk unbedingt kaputt machen wollte. Aber für mich hing das alles logisch zusammen. Autos waren dazu da, dass man sie schnell fuhr. Und kaputt machte.

3.3

Als wir uns bei Luttermolen der niederländisch-deutschen Grenze nähern, kreuzt in spitzem Winkel die Bahnstrecke Amsterdam–Berlin die Autobahn. Die Brücke liegt auf einer Reihe runder Betonpfeiler auf, und während wir auf sie zufahren, erscheint mit hoher Geschwindigkeit ein weißer ICE, die lange, abgeschrägte Nase des Triebwagens verdrängt große Luftmassen, die Wagen sind eine ganze Weile auf der Brücke zu sehen, in einer sanft fließenden, gelassen in die Kurve gehenden Bewegung, ehe sie wieder Geländeniveau erreichen, worauf die Gleise ein kurzes Stück direkt neben der Autobahn verlaufen. Der Zug ist schneller als unser Auto, und während wir unter der Brücke hindurchfahren, die er gerade überquert hat, verschwindet er in die Ferne. Ein paar Minuten später fahren wir unter einer weiteren Brücke her, es ist eine hellgrüne, mit Überwachungskameras bestückte Gerüstkonstruktion, die Grenze zwischen Holland und Deutschland.

Deutschland?
Ja.

In Deutschland ist die Autobahn schmaler. Sie hat engere Kurven als die holländischen oder britischen. Geplant wurde sie bereits in den 1930er-Jahren, viel früher als vergleichbare Straßen in anderen Ländern, unter der Leitung von Fritz Todt, Generalinspektor für das deutsche Straßenwesen und ab 1940 Reichsminister für Bewaffnung und Munition. Die Straße ist holpriger und lauter, der Belag aus Beton mit Pressfugen. Auf Schildern, an denen wir vorbeikommen, steht Bad Bentheim.

In Bentheim sind die Nazis aus dem Zug ausgestiegen.
Ach ja?
Bentheim ist der letzte deutsche Bahnhof vor Holland.
Sollen wir anhalten?
Wenn du möchtest.

Wir nehmen die Ausfahrt nach Bad Bentheim und fahren sofort in einen dichten Wald hinein. Vor uns tanzt das Licht auf der Straße. Wir fahren ein paar Kilometer, kommen unter einer Eisenbahnbrücke hindurch, biegen rechts ab auf den Parkplatz des Bahnhofs von Bad Bentheim und steigen aus. Wir gehen über den Parkplatz zu den Gleisen. Das Bahnhofsgebäude ist aus Backstein. Manche der Steine sind in einem Muster verlegt und eingefasst in dunkelbraunes Holz.

Hier haben wir gehalten. Ich erinnere mich noch.

Wir gehen ans Ende des Bahnsteigs. Stillgelegte, von Büschen und Dornensträuchern überwucherte Schienenstränge verlieren sich im Wald. Weißbirken drängen sich an den Rangiergleisen. Ihre Äste zeigen zum Himmel hinauf. Ein paar Rangierloks sind dort abgestellt, an den Vorderseiten auf massiven Platten dicke gelb-schwarze Streifen in Form eines umgekehrten »V«. Ein Gleis zieht sich in die Ferne. Mein Vater fasst sich an den Bauch.

Ich muss aufs Klo. Schnell.
Draußen auf dem Parkplatz gibt es eins. Habe ich gesehen, als wir reingefahren sind.

Wir gehen rasch zurück zu den öffentlichen Toiletten. Mein Vater verschwindet in einer. Ich mache kehrt und gehe wieder zum Bahnsteig. Ich lege mich auf den Boden, mit dem Gesicht nach unten. Ich spüre, wie die Kälte des Bahnsteigs in meinen Körper und in mein Gesicht dringt. Ich lege meine Wange auf den körnigen Grund. Ich spüre etwas Schweres auf meinem Rücken. Es drückt mich nach unten. Ich kann nicht aufstehen. Wieder bin ich wie angeschraubt. Der Boden ruft mich. Ich küsse ihn, stoße mich mit den Händen vom Bahnsteig ab und stehe wieder auf. Mein Vater kommt von den Toiletten, geht auf mich zu. Er ist klein und gebeugt.

Ich war vorne im Zug.
Also hier?
Wir hatten alle Durst.
War es heiß?

Sehr heiß. Der Zug hat Stunden gebraucht. Damals haben die Züge geruckelt.

Weißt du noch den Tag?

Der letzte Samstag im Juli 1939.

Während mein Vater spricht, zieht sich sein Körper zusammen, seine Augen versinken, die Schultern gehen hoch. Er zittert. Nimmt eine andere Farbe an. Kaut an den Nägeln.

Hier habe ich zum letzten Mal Nazis in Uniform gesehen.

…

Sie hatten Hunde.

…

Ich muss mich setzen.

Ich deute auf das Hotel jenseits der Gleisanlagen, den Bentheimer Hof. Wir gehen unter der Eisenbahnbrücke hindurch, ganz langsam, mein Vater zuckt zusammen, als Lastwagen an uns vorbeifahren, sie sind beladen mit Baumstämmen aus den umliegenden Wäldern. Wir betreten das Hotel und stehen vor einer Rezeption aus dunklem Holz. Wir läuten eine Glocke. Niemand kommt. Wir gehen durch das verlassene Haus in einen großen Speisesaal, die Tische gedeckt mit Servietten und Gläsern. Die Wände haben einen dunklen Ockerton, die Decke ist rahmweiß. An den Fenstern hängen schwere Vorhänge, rotbraun und bestickt. Eine der Innenwände ist mit Buntglas verziert, die Rahmen aus Eichenholz. Schimmer von Rubin und schwarzer Johannisbeere tüpfeln die Luft.

Wir setzen uns an einen der Tische, mein Vater kann nicht mehr vor Müdigkeit, seine Beine spielen nicht mehr mit. Er lässt sich schwer in einen Stuhl sinken. Eine große Frau erscheint wie aus dem Nichts. Sie trägt eine Brille mit Silberrand und hat kieferorthopädisch gerichtete Zähne. Mein Vater bestellt, »*ein Kaffee schwarz*«. Wir trinken schweigend. Seine Hände zittern. Die aufgebissenen Nägel sind blutig.

3.4

Paul war mein Freund. Er wohnte gegenüber von uns, auf der anderen Seite der Pentrosfa. Sein Vater hieß Bryn, und alle wussten, dass Bryn während des Krieges mit einem Lancaster-Bomber geflogen war oder, wie er immer sagte, mit einer Avro Lancaster. Bryn war der Mann gewesen, erzählte Paul mir im Vertrauen, der sich um alle vier Motoren kümmerte, wenn das Flugzeug am Himmel war, und er lebte »auf einem Luftwaffenstützpunkt«. Bryn war ein zierlicher und vornehmer Mensch. Er war so kommunikativ und auf so charmante Weise bewandert, dass man hätte meinen können, er wäre mit seinem fertigen, geschliffenen Wesen dem braun-cremefarbenen Bakelit-Fernseher in der Ecke seines pastellgelben Wohnzimmers mit Erkerfenster und Bilderleiste entstiegen. Ihn umgab etwas, was eine solche Sicherheit und ein solches Vertrauen ausstrahlte, dass er zu einer anderen Welt zu gehören schien. Seine Stimme war volltönend und kannte keinen Zweifel. Jeder seiner Sätze ruhte auf einer festen Überzeugung. Er trug weiße Flanellhosen mit cremefarbenen Hemden und geputzte braune Lederschuhe, dazu hatte er eine ganze Palette von Strickjacken mit Rautenmuster, beige, kornblau oder mauve, manche auch mit einem Hauch von Fandango-Pink, alle mit Hornknöpfen. Sein Haar war dicht gelockt und blond, und er trug eine Hornbrille. Er war wirklich lässig-elegant. Und obwohl er es nie erwähnte, wusste die ganze Nachbarschaft, dass er auf einem dieser braunen Ledersitze in einem dieser Cockpits gesessen und durch eine dieser dicken Glasscheiben hinausgestarrt hatte, während der Bomber seine Munition über Berlin abwarf und die Straßen in Schutt und Asche legte, womit er und seine Kameraden die schändliche Geschichte der Stadt Bombe für Bombe auslöschten und dabei gleichermaßen Schuldige wie Unschuldige terrorisierten und töteten.

Und doch waren sie jetzt hier zusammen, mein Vater und Bryn, standen auf Mr Bubyages Weg und plauderten, das beruhigende Murmeln ihrer Stimmen erfüllte die Abendluft, während die Spatzen im trockenen Staub der Pentrosfa badeten und die ein oder andere Blaumeise an den Versiegelungen von Milchflaschen pickte, die nach der morgendlichen Lieferung noch nicht zur Tür hereingeholt waren. Zusammen standen sie dort, kraftstrotzend, taff, im Saft ihres Lebens, ihre Schatten wurden immer länger, ihre weich fließenden Stimmen strömten durch ihre Körper, die Beine fest auf dem Boden, Hüften gerade, Schultern nach hinten, ihr fröhliches Lachen wallte durch ihre Brustkörbe und sprühte durch die Fältchen um die Augen, und was machte es schon, dass der eine an der Zerstörung der Stadt beteiligt gewesen war, aus der der andere hatte fliehen müssen, es war das Band zwischen ihnen, für das es keine Worte gab.

Paul selbst zeigte mir eines Abends, was ein Geheimnis war – die Hundepeitschen an der Wand des Gartenschuppens. Kurze Lederpeitschen, fünf Stück, in einer Reihe an die Wand genagelt. Und er selbst erzählte mir auch, dass sein Vater ihn wählen ließ, mit welcher er geschlagen werden wollte, sobald er das Geringste falsch gemacht und eine Strafe zu erwarten hatte. Jetzt verstand ich auch die erstickten Laute, die ich manchmal nachts durch die dünne Fensterscheibe in unserem Kinderzimmer hörte. Sie kamen von Paul, der im Schuppen des Gartens gegenüber ausgepeitscht wurde – kurze, unterdrückte Schluchzer, und es war kalt, das Eis, das sich aus dem gefrierenden Atem von mir und meiner Schwester bildete, kroch schon über die Scheibe.

Bryns Wohnzimmer war eine einzige Fotogalerie, Fotos von ihm und der ganzen Besatzung vor seinem Bomber und in einer Pose, die man nur als dekorativ bezeichnen kann. Nirgends in diesem Zimmer sprach irgendetwas von Angst oder Unvernunft. Seine Avro Lancaster war edel und heldenhaft, genauso wie seine Kameraden, ihre ungerührt lächelnden Gesichter glänzten in den Bilderrahmen und blickten zu uns herüber, während wir unser Glas Gerstenwasser mit Zitrone tranken und Weißbrotscheiben aßen. In diesem Zimmer erinnerte nichts an den Geruch von Adrenalin oder die brutale Kälte in 16 000 Fuß Höhe oder die Tatsache, dass mehr als die Hälfte der Männer, die in diesen Avro Lancastern geflogen waren, den Tod gefunden hatte, die meisten waren im freien Fall durch die Luft gerauscht, eingeschlossen in dem, was zu ihrem genieteten Leichentuch werden sollte, ihre Gehirne beim Absturz auf Hochtouren, in ihren Köpfen das Brummen der Triebwerke und sehr wohl wissend, während sie kurz vor dem Verbrennen vergeblich aus ihrem herabsinkenden Inferno herauszuklettern versuchten, dass die Konstrukteure die Luke für den Notausstieg in den Avro Lancastern so klein entworfen hatten, dass die meisten Männer mit einem Fallschirm auf dem Rücken nicht hindurchpassten.

Einmal hatte ich sogar gegen Paul mit den Fäusten gekämpft, in unserem Garten auf Mr Bubyages Weg und umringt von den älteren Kindern, die zu uns gekommen waren, um den Kampf zu organisieren und Paul anzufeuern. Ich verstand gar nichts mehr. Bisher waren wir die besten Freunde gewesen, aber aus irgendeinem Grund hasste er mich auf einmal, so wie meine Freunde mich auf einmal ebenfalls hassten. »Warum willst du dich prügeln?«, fragte ich ihn. »Du bist Jude«, sagte er, »darum.« Ich weiß noch, wie er sein Hemd auszog, genau vor der roten Backsteinmauer mit ihren zitronenschnitzförmigen Ziegelsteinen obendrauf, und wie ich meine Brille abnahm und ihn schlug und wie merkwürdig sich das anfühlte, als meine Faust in ihn stieß, und wie ich dann von ihm getroffen wurde und dabei gar keinen Schmerz spürte, es war mehr etwas Warmes, wir bluteten beide, und der Kampf ging immer weiter, der Schmerz störte mich überhaupt nicht. Schon damals war mir klar, dass das merkwürdig war – die blauen Flecken machten mir nichts aus, denn durch die blauen Flecken fand ich zurück in meinen Körper, weit weg von meinem Verstand mit seinen sturzbachgleichen Ängsten, seiner ewigen Unruhe. Blaue Flecken waren eine vorübergehende Ruhepause, ich musste vor ihnen keine Angst haben. Im Gegenteil, sie waren willkommen.

3.5

Als wir den Bentheimer Hof verlassen, sehen wir gegenüber einen Weg, der direkt in den Wald führt. Wir beschließen, einen Spaziergang zu machen, das Licht winkt uns zu, Blätter fallen, unter unseren Füßen die Steine, hier und da ein durch die Luft schneidender Vogellaut, die dichter werdenden Bäume schaffen eine düstere Atmosphäre. Im Wald stoßen wir auf eine große Sandsteinstele, »Pyramide« genannt. Sie ist etwa 12 Meter hoch. Auf einer der Seiten eingemeißelt steht C. F. B. S. LANDKREIS GRAFSCHAFT BENTHEIM. Eine andere Seite zeigt das Relief eines Mannes, der einen Drachen totschlägt. Sein mächtiger Körper windet sich von den Füßen bis zum Hals, die Schultern schwenken herum, sein Auge richtet sich genau auf die Stelle, wo er den Drachen gleich trifft, die große, mit Metallspitzen versehene Keule hoch erhoben, so wie ein Baseballspieler oder eine Baseballspielerin aussehen mag, wenn er oder sie den Ball schlagen will. Der Drache duckt sich am Eingang einer Burg, schon verwundet. Auf der dritten Seite stehen die Worte ERECTA PERENNAT, dazu das Relief von fünf Männern, die die Pyramide aufstellen. Das Schild daneben besagt, dass die Pyramide 1710 errichtet wurde und zu einer Reihe von Monumenten gehört, die sich in diesem Forst befinden.

Wir gehen weiter bis zum Ende des Wegs, er mündet in einen kleinen gepflegten Park mit Skulpturen und Springbrunnen. Ein paar Leute laufen dort herum, alle weiß gekleidet, manche allein, manche rauchend, manche mit ihren Handys, andere sitzen auf Bänken und starren ins Leere. Eine magersüchtige Jugendliche geht zwischen ihren Eltern, die Hüften steif, die Füße platt, der Haltung der Eltern ist der Kummer anzusehen, so tapfer ihre Gesichter, der Tochter zugewandt, auch lächeln.

In der Ferne hören wir ein Stimmengewirr. Wir gehen darauf zu und kommen an einen Zaun, dahinter ist ein beheiztes Freibad. Fünfzig oder sechzig Personen machen in dem gechlorten blauen Wasser Übungen. Sie strecken sich und springen. Werfen einander Bälle zu. Einige sitzen auf Schwimmreifen, andere am Beckenrand. Manche sind in mehrere Lagen Handtücher gewickelt, alle lachen und reden, Dampf steigt aus dem warmen Wasser auf, kondensiert in der kalten Luft darüber, die Stimmen sind hell, wie Vogelgezwitscher. »Das ist ein Heilbad«, sagt mein Vater. »Bad Bentheim bedeutet, dass es ein Kurort ist. Der Park muss dazugehören.«

Wir gehen weiter zu einem kleinen weißen Gebäude und sehen durch eins der Fenster Gäste, die aus hohen Gläsern Bier trinken. Andere essen Sandwichs oder Kuchen. Wir gehen um das Haus herum und dann wieder zurück, über den Weg aus Rindenmulch durch den Wald und noch einmal vorbei an der Pyramide. Dann gehen wir weiter nach Bad Bentheim hinein, durch den Stadtpark und zur mittelalterlichen Burg.

Wir setzen uns nebeneinander auf eine der zinnenbewehrten Mauern, hoch oben und mit Blick auf die Landschaft unter uns.

Die Reichsbahn hat für jeden Juden und jede Jüdin, die sie in die Konzentrationslager transportiert hat, eine einfache Fahrt in Rechnung gestellt. Unter zwölf halber Preis. Kinder unter vier Jahren frei. Für die Nazi-Wachen Rückfahrkarten.

Wir gehen zum Wagen und fahren wieder auf die E30 Richtung Hannover. Mein Vater wird ständig von Bauchschmerzen gepackt. Wir halten oft an, fahren auf Rastplätze mit öffentlichen Toiletten und warten mit anderen Verkehrsteilnehmern, bis wir an der Reihe sind. Einmal geht er hin, kehrt zum Wagen zurück, setzt sich auf den Beifahrersitz, steigt gleich wieder aus und stellt sich erneut in die Schlange, um noch einmal auf Toilette zu gehen. »Ich hatte schon immer eine empfindliche Verdauung«, sagt er, als er wieder da ist. Tatsächlich war meine Kindheit eine einzige Unterbrechung durch seine plötzlichen Rufe »Aus dem Weg, ich habe Dünnpfiff!«, und schon marschierte er zur nächsten Toilette. Obwohl er nie und nimmer »Toilette« gesagt hätte. »Toilette ist etwas, was man macht, nicht, wo man hingeht«, meinte er und bestand darauf, »Klo« zu sagen.

Er kommt zum Wagen.

Zwei von der Baader-Meinhof-Bande waren aus Bad Bentheim, zwei Schwestern.

Ach ja?

Ich erinnere mich, dass ich vor Jahren mal darüber gelesen habe. Eine von ihnen hat diesen Industriellen ermordet.
Wirklich?
Sie haben ihn entführt und dann hingerichtet. Seine Leiche wurde in einem Kofferraum gefunden.

3.6

Wenn es geschneit hatte, wehte der Wind den Schnee die Felder hinunter, manchmal lag er dort meterhoch. Dann wühlten wir uns so lange hinein, bis er uns an die Brust reichte und wir uns nicht mehr bewegen konnten, seine unglaubliche Masse hielt unsere Beine fest, und wir lachten, standen einer neben dem anderen und sahen zu, wie das kalte weiße Pulver in der Luft tänzelte und sich auf uns legte. Oben auf den Feldern war die Schneeschicht dünner. Da rannten wir dann, liefen einander und unseren Hunden nach, warfen Schneebälle, fuhren mit dem Holzschlitten, kugelten den Hügel hinunter, über und über voll Schnee, der als harte silberne Eisklümpchen an unseren Sachen hing. Um seine Ankunft zu feiern, blieben wir fast den ganzen Tag draußen, in Wollmänteln, Handschuhen und Mützen. Einmal blieb ich zu lange draußen. Und erlaubte der Kälte, mir in die Knochen zu kriechen, bis das Mark wund lag, auch tief in den Brustkorb. Die Kälte ließ sich in mir nieder. Danach war es mir unmöglich, sie zu vertreiben und wieder warm zu werden. Später am Abend ging mein Atem immer schwerer, er schnürte mir die Brust zusammen und schickte mich still und leise in die Küche an den Herd, wo ich mich mit dem Rücken an ihn drückte, seine Stabilität war beruhigend, die abstrahlende Hitze ein Trost für jeden einzelnen Muskel zwischen meinen Rippen.

In dem Moment schien die leichte Beengtheit, die ich in meiner Brust spürte, nicht von Bedeutung zu sein, mein Rücken spielte noch mit, ich hielt mich nur leicht vorgebeugt, und obwohl die Luft, die durch meinen Körper strömte, in der Brust kribbelte, konnte ich damit umgehen, es machte mir keine Angst. Auch als ich dann in der eisigen Luft meines Zimmers lag, niedergedrückt vom Gewicht der Decken und Federbetten und fest eingewickelt in zwei Handtücher, eins um die Brust und das andere um den Kopf, schien es kaum etwas Ernsteres zu sein. Deshalb stand ich am nächsten Morgen auch auf und ging zur Schule. Und selbst dort, zwischen den staubigen Gesangbüchern, den in grobes Leinen eingeschlagenen Rechenfibeln und den vergilbten Seiten der Grammatiken, deren Wörter mir schon vor Augen tanzten, hielt meine Brust noch durch, ein leichtes Kratzen in meiner Lunge, mehr nicht. Es war, als würde jedes Eingeständnis, dass ich krank zu werden drohte, meine Brust sofort mit der klebrigen gelben Flüssigkeit überschwemmen, die sich später tatsächlich in meiner Lunge sammeln sollte, und es kam in Wellen, die Infektion machte mich schwer, ein Sack Steine, der mich zu ertränken versuchte, ein Kampf, so schien es, um mich aus dieser Welt zu schaffen und langsam, immer ein Stückchen weiter, ins Grab zu befördern.

Also stellte ich mich, wann immer ich konnte, an die gusseisernen Schulheizkörper und drückte meine Beine dagegen, bis die Haut rot wurde, schaute auf meine Füße in ihren straff über die Knie gezogenen Wollstrümpfen und hielt meinen grün gestreiften Pullover mit V-Ausschnitt eng um mich geschlungen. Auch lernte ich, den Atem so lange wie möglich anzuhalten und nur langsam auszuatmen, denn gerade das Ausatmen fiel mir schwer. Das Ausatmen wurde zu einem koordinierten Akt des Willens, während mir das Einatmen seltsamerweise keine Mühe bereitete, die verfügbare Luft, die in meine Lunge strömte, war kühl und klar, und obwohl sie die respiratorischen Bronchiolen und Alveolen reizte, verursachte sie noch keine Krämpfe. Später las ich irgendwo, dass der dünnste Teil der Lunge, nur ein Fünftel von einem Millionstel Meter dick und damit so fein, dass die Sauerstoffmoleküle hindurchgehen und in den Blutkreislauf gelangen, unter dem Mikroskop nicht zu erkennen ist und elektromagnetisch gemessen werden muss. Durch diese hauchdünne Wand gelangt das Kohlendioxid dann in die andere Richtung, vom Blut in die Luft. Das gesamte Leben der Säugetiere wird aufrechterhalten durch diese allerfeinste Membran, ein Häutchen, das so lange gedehnt wird, bis es eine Zelle dick ist.

Das Ausstoßen der Luft erforderte ungeheure Konzentration, um sie durch die Entzündung, die die Membranen erfasst und überzogen hatte, hinauszupressen. Ständig musste ich die Form und die Haltung des Brustkorbs im Auge behalten, musste das Pfeifen, wenn die Luft durch diese Verengungen zog, möglichst reduzieren. Also lernte ich, meine Rippen so wenig wie möglich in Bewegung zu versetzen, und entwickelte eine Methode, aus dem obersten Teil der Lunge heraus zu atmen, indem ich bewusst in kurzen, flachen Zügen hechelte, wie ein Hund, der mit allzu großer Hitze zurechtzukommen versucht. Es half mir zu verhindern, dass die in der Lunge angesammelte Flüssigkeit Seen bildete.

Irgendwann fing ich an zu husten und konnte nicht mehr aufhören. Meinen Vater beeindruckte das nicht, er sagte nur: »Meine Güte, huste ab und spuck aus.« Ich tat, was er mir sagte, und spuckte grünliche kleine Schleimklumpen, manche davon mit Streifen von Blut, spuckte sie auf den Rasen, auf die Straße oder in die Spüle. »Gut so, besser so«, ermunterte mich mein Vater. »Hau ordentlich rein.« Irgendwann schrie meine Mutter ihn an, sie bestand darauf, dass er mir die Brust mit seinem Stethoskop abhörte. Nachdem er mir die kalte Metallscheibe vorsichtig auf die Brust und auf den Rücken gesetzt hatte, erklärte er: »Ja, da ist ein Knistern.« Und so wurde ich am späteren Nachmittag in das kleine Krankenhaus gebracht, wo mein Vater arbeitete.

Wir traten in das rote Backsteingebäude und gingen über die langen Flure, bis wir zu einem Schild kamen, das in roten Großbuchstaben klarmachte: ZUTRITT VERBOTEN. ACHTUNG, STRAHLUNG, LEBENSGEFAHR. Sowohl die Größe des Schilds als auch die bedrohliche Schrift ließen mich sofort stehen bleiben. »Warte hier«, sagte mein Vater. »Ich hole Mr Williams. Er ist der Röntgenassistent und schließt die Tür auf.« Ich stand vor der weißen Eisentür, mein Kopf reichte gerade bis über den langen Messinggriff, und ich sah die vorstehenden Türangeln, die drei abgestoßenen Vorhängeschlösser. Krankenschwestern in blauen Kitteln gingen wie auf Watte an mir vorbei und schoben Rollwagen mit großen schwarzen Gummirädern, darauf alle möglichen medizinischen Geräte, Verbandszeug, Nierenschalen, Skalpelle, Sauerstoffflaschen. Eine nach der anderen zogen sie den Flur entlang, dessen Boden mit Hunderten von kleinen quadratischen Fliesen ausgelegt war, in Creme- und Minztönen und mit himmelblauen Tupfen, die Muster fast wie die Federn eines Pfaus.

Mr Williams kam mit einem großen Schlüsselbund. Er war ein kräftig gebauter, schweigsamer Mann mit dichtem schwarzem Haar. Über seine hohe Stirn zogen sich weiße Narben, als hätte ein kleines Kind sie ihm mit einer dünnen Füllerspitze auf den Schädel gekritzelt, und er trug eine große Brille mit dickem schwarzem Gestell und dunkel getönten Gläsern, durch die ich das Weiße seiner Augen sehen konnte, offenbar war es besonders hell, ein weißer Ring um die Iris.

Er nahm behutsam die Schlösser von der Tür. Seine schwarzen Lederschuhe waren genau wie bei meinem Vater und nach Art eines ehemaligen Soldaten auf Hochglanz poliert, die Spitzen blitzblank, seine Fingernägel waren gefeilt und gleichmäßig gerundet, die Halbmonde leuchtend weiß. Schließlich drückte er die Tür auf und sagte mit leiser Stimme, ich solle mich bis auf die Unterhose auszuziehen, und so machte ich es, ich faltete alles akkurat und legte es über den Stuhl aus Metall und Leinen in einer Ecke des Raums. Dann zeigte er auf den Apparat in der Mitte, und ich ging hin, davor war eine große Metallplatte. Eine weitere Platte, befestigt an einer Klappe, schwenkte hinter mir herein, sodass ich zwischen ihnen eingezwängt war. Nachdem Mr Williams beide Klappen sorgfältig platziert hatte, gingen er und mein Vater von mir weg, und mir wurde mulmig, als sie in diesem großen Raum, in dem ich nun stand, in eine kleine Kabine traten. »Wir gehen nur für alle Fälle in die Kabine hier in der Ecke«, sagte Mr Williams. »Welche Fälle?«, fragte ich. »Für den Fall, dass wir im Laufe der Zeit zu viel von der Wucht der Strahlen abbekommen. Das sind X-Strahlen, die kumulieren sich, musst du wissen.« Ich nickte, dabei verstand ich gar nicht, was kumulieren bedeutete, aber ich fühlte mich noch einsamer und hatte noch mehr Angst als sonst. »Wenn ich auf den Schalter hier drücke, gehen die X-Strahlen durch deinen Körper durch«, sagte Mr Williams und lehnte sich ein Stück aus der Kabine, seine getönten Gläser hatten auf einmal etwas seltsam Geheimnisvolles. »Durch meinen Körper *durch*?«, fragte ich. »Richtig.« »*Ganz* durch?«, wollte ich wissen. »Ganz durch, außer wenn sie an deinen Knochen hängen bleiben«, sagte Mr Williams, die Augen nun abgewandt, die Hände mit den gefeilten Nägeln hingen seitlich an ihm herab. »Sie bleiben an meinen Knochen hängen?«, fragte ich. »An deinen Knochen und an jeder Infektion, die du vielleicht hast, wenn die Sache wirklich ernst ist«, fuhr er fort. »Wirklich ernst?« Irgendwo in mir hatte sein Tonfall Zweifel gesät. »Du darfst dich nicht bewegen, wenn ich auf den Schalter drücke«, sagte er, lauter jetzt, damit ich ihn auch deutlich hörte. »An der Tür steht Lebensgefahr«, sagte ich, mit so fester Stimme, wie ich konnte. »Aber nur, wenn du zu viel davon abbekommst«, antwortete Mr Williams, nach wie vor mit gesenktem Blick. »Wo sind die denn, die X-Strahlen?«, fragte ich weiter. »Das ist alles recht kompliziert«, sagte Mr Williams, »halt einfach still.« Ich stellte mir vor, wie die X-Strahlen aufgeregt darauf warteten, durch meinen Körper zu sausen und dann hinaus durch die Wände und die Fenster, und wie sie in ihrer fröhlichen neuen Freiheit einander zukreischten und ihre Freude hatten an ihrem Spitznamen »X«, mehr als an einem zurückhaltenden und vernünftigen »P« oder einem starken, standhaften »A«. »Aber heißt das, dass es ein bisschen gefährlich ist?«, fragte ich. »Ja, ich muss sehr vorsichtig sein«, erklärte Mr Williams weiter, vielleicht weil ihm seine Zukunft vor Augen stand und ihm klar war, dass Schritt für Schritt, während er mit mir sprach, über sein Schicksal entschieden wurde.

Der Raum, in dem ich stand, roch von den Jahren des ständigen Desinfizierens nach Seife und war umgebaut worden. Das untere Drittel der Wände war mit weißen quadratischen Keramikkacheln gefliest, die Fugen dazwischen waren dunkelgrün. Die oberen zwei Drittel der Wände zeigten die ursprünglichen, nun freigelegten Ziegel dieses Krankenhauses aus viktorianischer Zeit, sie waren weiß überstrichen, und rings um die hohen Fenster mit ihren senkrechten Gitterstäben blätterte die Farbe stellenweise ab. Die ganze Atmosphäre hatte etwas Schweres, Beklemmendes. Als würde man eintauchen in eine Suppe aus grüner Luft, hinterlassen von all den Menschen, die im Laufe der Jahre hier durchmarschiert waren, aufgeregt, mehr oder weniger nackt, in Erwartung ihres Urteils und im Wissen, dass etwas mit ihnen nicht stimmte, nur wussten sie nicht genau, was. »Nicht husten, wenn wir die Aufnahme machen«, sagte Mr Williams, aber seine Anweisung löste bei mir, kein Wunder, ein Husten aus, und das genau in dem Moment, als er den Schalter losließ und die Platten des Röntgengeräts ein leises Brummen von sich gaben. Weil ich im falschen Moment gehustet hatte und Tröpfchen durch den Raum geflogen waren, musste Mr Williams das Gerät neu einstellen. »Du hast gehustet, ich muss es noch einmal machen. Versuch, nicht zu husten«, sagte er, diesmal sehr bestimmt, während er die Metallplatten um mich herum richtete, aber es war zwecklos – als er wieder auf den Schalter drückte, spritzte meine Lunge Rotz und Schleim. »Er kann nicht stillhalten«, sagte Mr Williams zu meinem Vater, »wahrscheinlich nicht seine Schuld, aber ich denke, wir sollten ihn keiner weiteren Strahlung aussetzen.« »Wenn Sie meinen«, sagte mein Vater. »Man kann nicht vorsichtig genug sein«, sagte Mr Williams, »die behördlichen Richtlinien sind viel zu lax, wenn Sie mich fragen, sie lassen eine viel zu hohe Belastung zu.« »Ich denke, Sie müssen sich keine Sorgen machen«, sagte mein Vater, und damit durfte ich meine Sachen nehmen und mich anziehen. Danach stand ich mit meinem Vater und dem grabesernsten Mr Williams in der geschützten Kabine und sah direkt vor mir, wie das Röntgenbild vom Inneren meines Körpers entwickelt wurde, die dabei verwendeten Chemikalien schnappten nach meiner Zunge und stachen mir in die Augen.

Der fotografische Film kam zuerst in verschiedene Flüssigkeiten, dann wurde er getrocknet und an einen Leuchtkasten an der Wand gehängt, wo sich jetzt die Aufnahme meiner Rippen und meiner Lunge zeigte, ein Blick in mein Inneres, die Umrisse waren eigenartig und gespenstisch. Mein Vater und Mr Williams waren auf einmal ganz ruhig und schauten konzentriert hin, und dann deuteten sie auf einen bestimmten Teil des Bildes von meinem Körper. »Hier«, sagte mein Vater und durchbrach aufgekratzt die Stille, »da sind dicke Flecken auf deiner Lunge. Die X-Strahlen sind dort hängen geblieben und haben es nicht ganz durch dich hindurchgeschafft, genau wie bei deinen Knochen – siehst du?« »Und die anderen sind alle ganz durch mich durch?«, fragte ich. »Richtig«, sagte mein Vater. »Am besten gehst du jetzt mal für eine Minute raus«, sagte er noch. »Sieht nicht gut aus«, hörte ich Mr Williams, als ich die Kabine verließ. »Nicht allzu schlimm«, meinte mein Vater. »Eine Lungenentzündung«, sagte Mr Williams. »Die Aufnahme ist zwar verwackelt, weil er sich bewegt hat, aber die Schatten auf seiner Lunge sind zu erkennen. Er ist ernsthaft krank.«

Danach gingen mein Vater und ich schweigend über den gefliesten Flur zurück, immer wieder glitt einer der gummibereiften Rollwagen auf uns zu und zog ruhig an uns vorbei, die Räder unheimlich leise, ein jeder geschoben von einer Krankenschwester, die Hände auf der Metallstange. Weiter hinten im Flur trafen wir eine Schwester mit einer Haube in Weiß und Dunkelblau, und wie sich herausstellte, war sie die Oberschwester. »Wie geht es ihm?«, fragte sie meinen Vater. »Es geht ihm gut«, antwortete mein Vater, »ein Fleck auf der Lunge, das ist alles.« »Er ist blass um die Nase«, sagte die Oberschwester, ihre großen braunen Augen waren freundlich und sanft. »Wird schon wieder, er wird wieder gesund«, sagte mein Vater. »Was willst du denn mal werden, wenn du groß bist?«, fragte die Oberschwester wie aus dem Nichts. »Ich weiß nicht«, sagte ich und hustete. »Arzt, wie dein Vater?«, fragte sie weiter. Ich wich der Frage aus, indem ich weiter über den Flur ging, mein Vater kam mir nach, seine

Schritte klapperten hörbar, wenn seine Fersen auf die pfauengemusterten Fliesen schlugen. Wir traten durch die dunkle Holztür des Krankenhauses in die kalte Luft, und wieder fing ich an zu husten. »Also«, sagte mein Vater, auf einmal gereizt und ungeduldig, »würde man das Innere deiner Lunge auseinanderziehen und auf dem Boden ausrollen, wäre die Fläche so groß wie das Feld eines Tennisplatzes, so ein kleiner Schaden an ein paar Stellen bringt dich schon nicht um, ich habe Schlimmeres gesehen. Jetzt mach kein Theater.« Kein Theater zu machen war für meinen Vater besonders wichtig. Theater musste tunlichst vermieden werden. Er selbst wollte nie um etwas bitten und hielt uns an, das auch nicht zu tun. »Komm, steigen wir ein.«

Auf der Fahrt nach Hause sprach er nicht mit mir. Es war nicht seine Schuld, dass ihm andere Dinge durch den Kopf gingen. Und mir genauso, Narben und Lungen von Tennisplatzgröße und X-Strahlen, die direkt durch mich durchflogen und von denen einige in meinen Knochen stecken geblieben waren und also vermutlich, auch wenn ich nicht gern daran dachte, immer noch da waren. So unerreichbar er für mich war, so fern war ich für ihn, und obwohl ich diese Last seit meiner frühen Kindheit auf den Schultern trug und mir große Mühe gab, zwischen unserem beiderseitigen Schweigen ein Korrektiv zu finden, war es, wie es war. Selbst als ich ihn nach der vernarbten Stirn von Mr Williams fragte, ging er kaum darauf ein. »Dünkirchen«, sagte er, als würde das irgendwas erklären, und ich löcherte ihn nicht weiter, während er den eigenartigen Hang vor dem Krankenhaus hinunterfuhr.

Er blieb stumm, als wir dann in dem grünen Mini zügig durch die Stadt vorankamen, sagte keinen Ton, als er beim Einbiegen in die Pentrosfa um die Ecke schleuderte, blieb ruhig, als er hinauf zu unserem Haus beschleunigte und der Wagen bedenklich rüttelte. Er blieb in Gedanken versunken, während der lange Schaltknüppel des Wagens flatterte und das angestrengte Heulen des Motors auf unsere Ohren traf, auf die metallenen Zierleisten im Inneren des Mini, auf den kalten Kunststoff der Autositze, bis in unseren Köpfen nichts anderes mehr war.

3.7

In Bad Oeynhausen hört die Autobahn an einer Ampelkreuzung mit einem Mal auf. Sehr ungewöhnlich, aber aus der Autobahn ist eine Straße in einer Provinzstadt geworden. Wir halten an einer JET-Tankstelle, daneben ist ein längliches flaches Gebäude mit Glasfront, wo Autos gewaschen werden – die *Waschstraße*. Sie zeigt ein knalliges Froschgrün und die Aufschrift *power sauger, jetzt bei jeder autowäsche.*

Ich tanke Diesel, und wir gehen zusammen in den Tankstellenshop. Mein Vater geht in die Bistro-Ecke, wo aufgewärmte Backwaren und Sandwichs angeboten werden, und nimmt zwei Frankfurter. Die Speisen liegen unter orangen LED-Leuchten, sie tauchen die mit Schinken und Scheibenkäse belegten Brötchen in den Schein eines Nachtclubs aus den Siebzigern. Mein Vater gibt seine Bestellung auf Deutsch auf, der Klang der Stimme, wenn er in seiner Muttersprache spricht, ist mir noch fremd. Die Frau hinter der Theke fragt, ob er Engländer ist. »Sie denken, ich bin Engländer?«, sagt er, entzückt über die Frage. »Ja«, sagt sie und reicht ihm zwei riesige rötlich braune Würstchen, die an beiden Enden aus glänzenden, länglichen weißen Wattebrötchen herausstippen. Erfreut darüber, dass er als Engländer durchgeht, hält er die Würstchen hoch in die Luft und trägt sie rasch durch den Shop, und nicht ohne Mühe, da in jeder Hand ein Würstchen, tritt er durch die mit einer Schließfeder versehene Tür in den Außenbereich der Tankstelle. Dort beißt er, zwischen den Zapfsäulen und der Autowaschanlage, in das Würstchen in seiner Rechten. Er hat sich auf beide Würstchen ordentlich Senf getan und isst, während er das zweite in der Linken hält, in Ruhe das erste, auf seinem Gesicht breitet sich ein zufriedenes Lächeln aus. Ich kann sehen, wie der Geschmack ihn in der Zeit zurückversetzt. »Ich hab auch eins für dich«, verkündet er mit vollem Mund, und dabei streckt er das linke Würstchen vor und deutet auf mich, das gebleichte weiße Brötchen fängt die Sonne ein, das Würstchen selbst sieht aus, als käme es von einer billigen Sonnenbank mit defektem Timer.

Nein danke.
Warum nicht?
Ich bin Vegetarier.
Vegetarier?
Ja.
Das warst du früher nie.
Ich weiß, früher nicht.
Schwer in Mode. Vegetarier zu sein.
Das bin ich seit zehn Jahren.
Im Ernst?

Mein Vater mampft sich durch die Wurst, wischt sich den Mundwinkel mit einer Papierserviette ab.

Vegetarier sind ein bisschen scheinheilig, wenn du mich fragst. Aber aus irgendeinem Grund hattest du so was schon immer an dir.

Sein Kopf geht jetzt in Richtung des zweiten Würstchens, und er hat es noch schneller verputzt als das erste, man könnte meinen, ein Hund beim Fressen, gierig, schlingend, auf dem Weg in den Magen streift das Essen kaum seinen Rachen. Er leckt sich die Finger.

Ich brauche einen Kaffee.
Ich geh rein und hole einen.
Schwarz.

Ich komme mit zwei Kaffee wieder. Beide stehen wir auf der Tankstelle und nippen an unseren wachsbeschichteten Pappbechern. Sie haben dünne weiße Plastikdeckel, ein Teil ist erhöht und hat drei kleine Trinklöcher. »Wie die Brustwarze einer Mutter«, sagt mein Vater. »Zum Nuckeln, als wären wir scheiß Neugeborene.« Und aus einem unerklärlichen Grund spüre ich, wie uns ein Gefühl der Zufriedenheit überkommt. Wie Balsam legt es sich über das Gelände der JET-Tankstelle an der Kanalstraße in Bad Oeynhausen. Der Verkehr ruht, bei der Ampel an der Kreuzung stehen die Fahrzeuge dicht an dicht und warten. Vor uns ist eine weitere Schlange, für die Waschstraße, und noch eine vor den Zapfsäulen. Die Schadstoffemissionen sind so geballt, dass man sie sehen kann. Die Luft schmeckt nach Abgasen. Sie tönen das Sonnenlicht grau. Es gibt keinen Ausblick, kein Grün, keine frische Luft und keine Häuser von irgendeinem architektonischen Wert, und trotzdem ist da eine Zufriedenheit, die uns beide durchdringt, während wir bei den Zapfsäulen stehen, wo die Autofahrer sich verrenken, um die wirbelnden Zahlen auf den Anzeigen im Auge zu behalten.

»Die Deutschen haben ihre Autos gerne sauber«, bemerkt mein Vater vergnügt, während wir durch die Glasfront der Waschstraße den Männern und Frauen in ihren froschgrünen Overalls zusehen. Sie sprühen jedes Auto mit einem flüssigen

Mittel ein, spritzen es mit Hochdruckreinigern ab und trocknen es mit Ledertüchern, bevor sie im Innenraum saugen und Staub wischen. Die Autos fahren an der einen Seite schmutzig in die Waschstraße hinein und kommen fünfzehn Minuten später blitzblank wieder heraus. Der Lack glänzt, die Reifen glänzen, die Windschutzscheiben glänzen, selbst auf den Gesichtern ihrer Besitzer scheint ein Glanz zu liegen. Man könnte meinen, sie wären in der Waschstraße getauft worden, Autos und Fahrer wie neu, wenn sie zurück in die Welt fahren, alle mit einem grünen Stück Pappe in Form eines Tannenbaums, Symbol des Heidentums und getränkt mit einem starken Duftstoff, ein »Wunderbaum«, der an den Innenspiegeln hängt und hin und her schwingt.

Mein Vater sagt etwas.

Nur zur Klarstellung.
Was?
Dein Großvater hat sich umgebracht.
Ich weiß.
Meiner auch.

Ich halte inne.

Dein Großvater?
Ja.
Mein Urgroßvater?
Ja. Siegfried. Der Vater deiner Großmutter.
Selbstmord in beiden Linien deiner Familie?
Könnte man so sagen.
Und wie?
Er hat sich erhängt.

Die Lippen meines Vaters haben sich geschlossen. Seine Wangen sind hochgezogen, die Augen zusammengekniffen.

Steigen wir ein.

Wir gehen zurück zum Wagen meines Bruders. Ich greife mit beiden Händen nach dem Lenkrad. Packe fest zu, lege den Gang ein und fädle mich in den Verkehr.

Und jetzt sieh zu, dass wir uns nicht wieder verfahren.

3.8

Dem Gesicht meiner Mutter war ihre Wut anzusehen, als sie, kaum dass wir zur Tür reinkamen, von meiner Krankheit hörte. Sie machte mir eine heiße Tasse Tee und schickte mich ins Bett, wo ich dann in Schweiß gebadet lag, der Welt entzogen, ich konzentrierte mich auf jedes Ausatmen. Später weckte mich mein Vater und sagte, ich solle wieder zur Schule gehen, in der Annahme, das wäre meiner Genesung förderlich. Nie wäre ihm in den Sinn gekommen, dass Passivität und Ruhe besser sein könnten als irgendeine Aktivität, denn er glaubte, der Körper sollte, geleitet von den Wünschen des Verstands, dem Kopf einfach gehorchen. In seinen Augen tat Bewegung gut, Trägheit zeugte von Schwäche und Nachgiebigkeit und war ein Zeichen für einen dekadenten und ermatteten Willen. »Der Wille zieht dich durch«, sagte er zu mir, als wäre eine Lungenentzündung eine Schwäche und, wer weiß, vielleicht sogar das erste Anzeichen eines Sichgehenlassens oder, noch schlimmer, einer Neigung zum Bohemeleben, ein Schicksal, das er fürchtete und von dem er hoffte, dass es seinen Kindern um jeden Preis erspart bliebe. Irgendwie zeigte sich in seinen Ermahnungen, ich solle trotz Lungenentzündung funktionieren, aber auch ein Bewusstsein dafür, dass ich mich bald von seinen Vorstellungen, wie ich in der Welt zu sein hätte, verabschiedete und später weit weg von ihm wäre. Vielleicht sah er auch schon damals, dass ich abdriftete, bis ich mich von allen Menschen entfernt hatte, und dann weiter noch, bis ich weit weg sogar von mir selbst war, abgetaucht in die dunkleren Tiefen, wo ich die Stimmen meines Großvaters und meines Urgroßvaters hörte, die jeder an einem Ohr nach mir riefen.

Ich lag wochenlang im Bett. Jeden Abend hatte ich fürchterliche Angst, ich würde am Morgen nicht mehr leben. Ich bekam schlicht die Luft nicht durch die verengten Bronchiolen heraus. Ich tat alles, um bis spät in der Nacht wach zu bleiben, hörte auf die Geräusche der samtweichen Winterluft, hörte, wie meine Brust knirschte, und hatte Angst vor dem Einschlafen. »Er muss ins Krankenhaus«, sagte meine Mutter manchmal abends zu meinem Vater. Dann horchte er mir die Brust mit seinem Stethoskop ab und sagte: »Es ist nicht allzu schlimm.«

Während ich den ganzen Tag im Bett lag, schwebte ich in einer Art Zwischenzustand und hörte die dumpfen Geräusche des Tages durchs Fenster hereindringen, hörte den Milchmann mit seinem Kastenwagen und die Anlieferung von Lebensmitteln, den Sohn der Evans beim Kickstarten seines Motorrads, die anderen Kinder auf dem Weg zur Schule. Einmal schaute ich zu, wie Kohlen gebracht wurden. Von meinem Fenster aus konnte ich rußbedeckte Männer sehen, die Zentnersäcke von einem Pritschenlaster auf ihre Schultern hoben und zur Hintertür gingen, wo sie die Kohlen in unseren Kohlenkeller schütteten, worauf sie die leeren Jutesäcke wieder zum Lkw brachten, die Säcke zusammenfalteten und vorne am Laster festbanden, damit sie nicht wegflogen. Mein Vater zählte die Säcke, für die er bezahlt hatte, vielleicht zwanzig Stück, den Satz »Zwei für dich und einen für den Kohlenmann« kannte er nämlich sehr gut. Als ich später in Decken gewickelt die Treppe runterkam, ging ich in den Keller, um die Kohlen im Dunkeln schimmern zu sehen, diesen minikleinen, in Stücke gebrochenen Teil zusammengepresster Urwälder, der jetzt bei uns im Haus war, jeder schwarze Stein erstaunlich leicht und kalt und doch, kaum zu glauben, voll potenzieller Wärme.

Es dauerte, bis es mir besserging. Ich füllte weiße Emailleschälchen mit blutigem Schleim. Als ich für eine weitere Untersuchung zu Mr Williams kam, stellte sich heraus, dass ich bleibende Narben in der Lunge hatte. Mein Vater sagte fröhlich: »Da, nur ein paar Narben, könnte schlimmer sein. Du hast Glück gehabt.«

Ein paar Jahre später passierte dasselbe mit Simon. Auch er war im Winter einmal viel zu lange draußen im Schnee gewesen und hatte sich eine Lungenentzündung geholt, und auch er musste zu Mr Williams in das Gerät mit den X-Strahlen. Aber meinem Bruder ging es viel schlechter als mir jemals, und er blieb im Krankenhaus, neben ihm eine Sauerstoffflasche, die auf einem dieser gummibereiften Rollwagen an sein Bett kam. Manchmal nahm meine Mutter mich mit, um ihn zu besuchen. Seine Haut war durchsichtig, sein Ausschlag zog sich über den ganzen Körper, die Sehnen traten dort, wo sein Hals in die Brust und die Schultern überging, hervor, die Krankenhauskissen umrahmten sein dunkles Haar baumwollweiß. Wenn wir kamen, schlief er, oder er döste vor sich hin und kratzte sich, an den Armbeugen die gewohnten Blutstropfen, die Haut an den Fingern rissig und aufgeplatzt, unter den großen dunkelbraunen Augen schwarze Ringe, die Wimpern unendlich lang, die Nägel weiß, weiße Flecken und Streifen, neben seinem Bett ein Buch über Selbstbauflugzeuge. Und meine Mutter bei ihm auf dem Krankenhausstuhl, die Lippen fest zusammengepresst, das Gesicht ein Sorgenmeer, die Augen rot, ab und zu setzte sie ihm die Sauerstoffmaske auf. Mein Bruder sagte nie etwas. Ich konnte sehen, wie er kämpfte. Seine Augen hatten sich weit in den Schädel zurückgezogen. Er hatte einen Ort in sich selbst betreten, einen Ort, den auch ich ein paar Jahre zuvor aufgesucht hatte, in fieberhaftem Dialog mit Träumen und Bildern und womöglich auch mit Gespenstern, mit diesen verborgenen Teilen unserer selbst, die in den Worten der Toten zu uns sprechen.

Als mein Bruder wieder zu Hause war und auch wieder sprechen konnte, fragte ich ihn nach Mr Williams und wie es für ihn gewesen war, zwischen den Metallplatten des Geräts mit den X-Strahlen zu stehen. Ihn hatte es genauso beunruhigt, wie schnell Mr Williams in die Kabine verschwunden war und was für einen traurigen Eindruck er gemacht hatte. »Und die weißen Narben auf seiner Stirn, als hätte man ihn defenestriert«, sagte mein jüngerer Bruder mit seinem blöden Wortschatz für Fortgeschrittene. »Ich weiß«, sagte ich. »Aber er hat im Krieg gekämpft.« Ich sagte es im selben Ton, den auch Papa mir gegenüber angeschlagen hatte, und dann, bedeutungsschwer und mit großem Ernst: »Dünkirchen.«

Obwohl er schwer krank war («Ich habe mich mehrmals gefragt, ob er die Nacht wohl übersteht«, sagt meine Mutter und zittert bei dem Gedanken noch heute), hatte er Phasen, in denen er aus dem Bett herauskam. Dann bastelte er irgendwas, zum Beispiel spannte er eine Schnur mit einer Dose an jedem Ende vom Schlafzimmer bis in die Küche, »ein Schnurtelefon«, so konnte er mit meiner Mutter kommunizieren und sie um Wasser oder ein gekochtes Ei bitten. Die Schnur lief durch Ösen und um Ecken und war für ihn ein wertvolles Hilfsmittel, denn jetzt war es ihm möglich, meine Mutter mit ständigen Bitten um Tee oder Limonade aus der Ferne zu verfolgen. Er las Bücher über Flugzeuge und Hubschrauber, schnitt Bilder aus und heftete sie bei sich an die Wand, Bilder der Freiheit, im krassen Widerspruch zu seiner eigenen Unbeweglichkeit.

Später, wir waren schon erwachsen, sprach ich mit ihm über die gemeinsame Krankheit in unserer Kindheit. Wir liefen in Ynyslas über den Strand, er auf den Fersen ausschreitend, die langen Oberschenkelknochen unter der Jeans deutlich erkennbar, das Haar kurz geschnitten, das Gesicht zum Himmel hin, der Hintergrund eine einzige weite Sandfläche. Und da erzählte er von dem seltsamen Nebel, der eines Abends, als er im Krankenhaus von Llandrindod lag, um ihn herum aufgestiegen war. Und mit seiner kräftigen, vom walisischen Akzent gefärbten sonoren Stimme, die über dem Meeresrauschen erklang, sagte er:

> Ich wusste damals, dass ich auf der Grenze zwischen Leben und Tod stand. An diesem Abend habe ich einen anderen Raum in mir betreten. Alles war still und ruhig, und mir ist klargeworden …
> Was?
> Dass ich, wenn ich wollte, am Leben bleiben konnte.
> Du hast dich für das Leben entschieden?
> Nein.
> Für den Tod?
> Ja.
> Das wusste ich nicht.
> Irgendwann bin ich aufgewacht.

Ich sah das Gesicht meines Bruders, seine strahlenden Augen, seine dunkle Haut, seinen direkten Blick, seine geraden Schultern, seine unbedeckte Brust, seinen aufrechten Hals und wie die Sonne auf ihn herabschien. Er strotzte vor Leben, und sein Lachen breitete sich aus, über den Strand und über die Wellen.

3.9

Wir reihen uns wieder in den Verkehr ein, mühen uns durch das restliche Bad Oeynhausen, fahren auf die A 2 Richtung Berlin. »In fünf oder sechs Stunden sollten wir da sein«, sagt mein Vater.

Übrigens.
Was?
Hast du heute deine Tabletten genommen?
Jetzt fang nicht an. Ich bin kein Kind.
Für deinen Blutdruck und die Augen?
Heute Morgen beide genommen.

Um Hannover herum ist die Autobahn dreispurig. Wir fahren auf einen Parkplatz, um auf die Toilette zu gehen. Die Toilette ist ein kleines Holzhäuschen, dahinter ist ein Feld mit Pferden. Alle haben die gleichen burgunderroten gesteppten Pferdedecken, alle grasen, ihre Köpfe tief über dem Boden. »Edle Pferde«, sagt mein Vater, »und sehr gepflegt.«

In den Schulferien habe ich mich um die Pferde gekümmert.
Tatsächlich?
Ich mochte ihre Gesellschaft.
Warst du denn in den Ferien nicht bei einer Familie?
Nein.

Warum nicht?
Keine Einladung.

Wir kommen an Windkraftanlagen vorbei, vielleicht hundert, weiß und über Kilometer verteilt, einige mit drei Rotorblättern, andere mit zwei, manche mit roten Streifen an den Spitzen. Als wir uns dem Stadtrand von Berlin nähern, wird der Verkehr dichter. Wir verlassen die A2, fahren auf die A10, dann auf die A115 und dann auf die A100. Schließlich fahren wir über die Dominicusstraße auf die Hauptstraße, kommen über den Potsdamer Platz mit seinen Glasfassaden und fahren weiter über die breite Leipziger Straße, von wo aus der Fernsehturm zu sehen ist, dieser futuristische Siebzigerjahre- und heute Retro-Sendeturm mit seiner Knolle obendrauf, wie eine Zwiebel. Er ist ein Wahrzeichen des alten Ostberlin und immer noch eines der höchsten Bauwerke Europas. Wir sehen Hinweisschilder zur U-Bahn Spittelmarkt und biegen ab in Richtung Alte Jakobstraße.

Die Alte Jakobstraße ist eine Straße mit recht niedrigen Häusern aus den Fünfzigern auf der einen Seite und Baustellen auf der anderen. Manche der Baustellen sind umzäunt von Sperrholzwänden, darauf große, optimistische Computerbilder, die zeigen, wie die fertigen Gebäude einmal aussehen werden.

Mehrere Sattelschlepper stehen in einer Reihe. Sie transportieren Container, die verblassten Farben sind uns von der Überfahrt auf der Fähre vertraut, graublau, schlammbraun, verbeult, an den Kanten Rost. Männer mit Bauhelmen und Warnschutzjacken arbeiten an den Fundamenten. Über einen langen Schlauch an einem raupenähnlichen Mast, verbunden mit einem großen rot-weißen Mischer, wird Beton gepumpt. Er fließt schnell in die Schalung auf dem Grund der ausgeschachteten Grube, die Bodenplatte wird gegossen. Die Männer halten ihre Körper schief, mit ihren Rückenproblemen bewegen sie sich so, dass die beschädigten Bandscheiben zwischen den Wirbeln geschützt werden. Beim Gehen werfen sie die Füße nach vorn, ihre mit Stahlkappen versehenen Stiefel hängen wie Gewichte an ihren Beinen.

Mr Bubyage hätte hier seine Freude gehabt.
Mr Bubyage hätte es hier gehabt wie eine Sau in der Suhle.

Die Fassade des Hotels ist zinkgrau, gegliedert durch helle Bänder. Das Grimm's ist ein recht kleines Hotel. Auf dem schmalen Bürgersteig vor dem Eingang liegt ein kurzes Stück Teppich. »Wir werden erwartet«, sagt mein Vater. »Sie haben den roten Teppich ausgerollt.«

Ich parke den Wagen am Bordsteinrand, gehe zum Hotel, über die zwei Schritte Teppich, durch eine nach beiden Seiten sich öffnende elektrische Schiebetür und hinein in einen gepflegten, aber kleinen weißen Empfangsbereich mit zwei weißen Sofas auf Beinen aus Stahl. An der Rezeption bitte ich um den Code für die Tiefgarage, gehe zurück zum Wagen und manövriere ihn in die Betonlandschaft im Untergeschoss. Wir nehmen unser Gepäck und fahren mit dem Aufzug hinauf zur Rezeption. Als ich die Schlüsselkarte fürs Zimmer entgegennehme, sage ich zu dem Mann am Empfang: »In der Gegend wird ja viel gebaut.« »Ja«, antwortet er, »die Mauer verlief gleich da vorn.« »Aber die Mauer ist vor fünfundzwanzig Jahren gefallen«, sagt mein Vater, »dann war das hier Niemandsland.« »Kann man so sagen«, antwortet der Mann, »diese Straßenseite war Teil des Grenzstreifens.« »Aha«, sagt mein Vater und schaut hinaus, bevor er weiterspricht: »Dann gibt es bestimmt vieles in

Berlin, was einmal Niemandsland war.« »Sicher, ja«, antwortet der Mann an der Rezeption.

Ich hatte eine Ewigkeit gebraucht, bis ich im Internet ein Hotel ausgesucht hatte, und wenn ich mich schließlich für das Grimm's entschied, dann weil es auf TripAdvisor hervorragend abschnitt, mit über 1500 Bewertungen und einem Durchschnitt von 8,9, Kategorie fabelhaft also. Außerdem gefiel mir der Gedanke an Grimms Märchen und auf welch verstörend dunkle und blutige Weise sie enden, auch wenn sich die von den Gebrüdern Grimm geschaffene Atmosphäre im Design des Hotelfoyers nirgendwo niederschlägt. Der minimalistische Stil steht im Widerspruch zu ihren Märchen, die mit einem einzigen seelischen Durcheinander aufwarten, mit Ruin und körperlichem Schmerz. Tatsächlich scheinen die Gebrüder Grimm für das Ambiente des Hotels keinerlei Rolle zu spielen. Es ist frisch gestrichen, weiß mit hier und da einem Tupfer Lindgrün an den Wänden. Die Böden sind aus Beton, darauf runde, orangerote Teppiche wie Trittsteine.

Wir nehmen den blitzenden, verspiegelten Aufzug aus Edelstahl, fahren in den vierten Stock und sehen uns selbst in dem bodentiefen Spiegel an der Rückwand. Wir gehen zu unserem Zimmer. Als ich die Tür öffne, fällt mein Blick auf ein Zitat, das sich in schwarzer Schönschrift über die Dispersionsfarbe auf der Wand vor mir zieht:

> *»Herz, was verlangst du mehr?« fragt Hans im Grimm'schen Märchen Hans im Glück. Er ist voll und ganz zufrieden, mit sich, seinem Leben und der Welt.*

An einer anderen Wand steht dasselbe in englischer Übersetzung. »Ist das nicht unglaublich?«, sage ich. Mein Vater sieht es sich an, liest, sagt nichts und geht in die Mitte des Zimmers. »Schon verrückt, oder?«, sage ich.

Was soll daran verrückt sein.
Ist das nicht ein Zeichen?
Zeichen wofür?
Keine Ahnung.
Warum sagst du nicht einfach, was du meinst?
Weiß ich selber nicht genau.
Du hast für uns das Grimm's Hotel gebucht. Was zum Teufel hast du erwartet?
Aber da steht dein Name, und es heißt, du hast Glück. Manchmal passieren unerklärliche Dinge.
Du kennst dieses Grimmsche Märchen gar nicht, oder?
Nein.
Dachte ich mir.
Worum geht es denn?
Ein junger Mann namens Hans macht eine Reihe schlechter Tauschgeschäfte, denkt aber trotzdem lieber, er wäre glücklich. Am Anfang hat er einen Goldklumpen, so groß wie sein Kopf, und dann verliert er alles.
Weil naiv?
Naiv nicht. Dumm.

Mein Vater stellt seinen Koffer auf dem Boden ab und setzt sich auf einen Stuhl, der Rücken gerade, die Beine übereinandergeschlagen. Ich mache uns einen Tee, erhitze das Wasser in dem kleinen Plastikkocher, gieße aus einem Plastikdöschen H-Milch in meine Tasse. Er trinkt seinen Tee schwarz.

Als du nach Großbritannien kamst, hast du dich also um Pferde gekümmert?

Habe ich, ja. Damals gab es viele Pferde. Erst als nach dem Krieg die Traktoren aufkamen, hat man die Pferde von den Feldern runtergeholt.

Arbeitspferde?

Richtig.

Was hat man mit ihnen gemacht?

Man hat sie zum Schlachthof gefahren. Oder ist mit ihnen hingeritten und hat sie dort gelassen. An Masten gebunden.

Was meinst du, wie viele geschlachtet wurden?

Millionen. Das Fleisch hat man zu Hundefutter verarbeitet, die Haut zu Leder, die Knochen hat man zu Knochenmehl zermahlen, die Hufe zu Leim eingekocht.

Die Landschaft muss damals ganz anders ausgesehen haben.

Sie hat sich gewandelt, weil alle Techniken, die dazugehören, ebenfalls nicht mehr gebraucht wurden. Der Hufschmied, der Grobschmied, der Stellmacher, der Wagenbauer. Und auch die Gegenstände – Hufeisen, Nägel, Riemen, Sättel, Gebissstangen, Zügel, das ganze Zeug ist aus den Straßen der Dörfer und der Städte verschwunden, als hätte es die Sachen nie gegeben.

Mein Vater steht auf und geht mit seiner Tasse Tee in der Hand zu der großen Fenstertür im Zimmer. Er öffnet sie und tritt auf den kleinen Balkon, von wo man die Baustellen sieht. Kalte Luft strömt herein. Er starrt auf das brache Stück Land, das früher »Niemandsland« war, und dann weiter hinaus auf einen Ausschnitt der Stadt. Er schaut eine Weile hin, ohne ein Wort, und ich sehe, wie er sich umdreht und in sein Zimmer geht, seinen Koffer nimmt, den Raum verlässt und die Tür hinter sich schließt.

3.10

Als ich zwölf war, fragte ich mich nachts in meinem Bett immer wieder, wie mein Vater es geschafft hatte, seine Familie, sein Land, seine Freunde zu verlassen, und mir wurde klar, dass ich einen solch schweren Schlag nicht überleben würde. In dieser Zeit musste ich oft daran denken, wie unmöglich die Situation für meinen Vater gewesen war, und vielleicht erklärte das meine Schwierigkeiten in der Schule, wo ich nichts über die wirklich wichtigen Dinge lernte wie Flucht, Überleben, die fürs Reisen notwenigen geistigen Fähigkeiten.

Später, als Teenager, begann ich unbewusst, eine magere Version der Flucht meines Vaters nachzuspielen. Ich reiste für Wochen ins Ausland, wollte aber niemandem sagen, wohin, zum Teil auch, weil ich es gar nicht wusste, als ich mit dem Zug und mit dem Bus durch Frankreich nach Italien fuhr. Irgendwann war ich in Malaysia und in Thailand, saß auf Zugdächern, dann in Laos, und schließlich landete ich in den Bergen von Myanmar, damals Burma, in Dörfern mit wilden Hunden und Wasserfällen zum Waschen, weit weg von allen. Da es die Zeit vor dem Mobiltelefon war, wusste nicht nur niemand, wo ich war, ich selbst auch nicht, denn ich war permanent in Bewegung und hatte nur stark generalisierte Karten zur Hand.

Mit Anfang zwanzig hatte ich mich völlig abgesondert. Zum einen fiel es mir immer schwerer, mich mit Menschen zu unterhalten, da die Wörter sich nicht zu formen schienen, zum anderen schreckten meine Rastlosigkeit und meine Einsamkeit die Leute ab. Manchmal fühlte ich mich so allein, dass ich in Geschäften nach einer Warteschlange suchte, in der Hoffnung, sie würde nur langsam vorankommen, dann konnte ich eine Weile in unmittelbarer Nähe von Menschen verbringen, die vielleicht friedlich und freundlich miteinander plauderten. Ich merkte, dass ich nicht zum Friseur gehen konnte, wenn ich mit der Person, die mir die Haare schnitt, sprechen musste, ich ließ sie also lang wachsen. Cafés wurden zu einem Problem, denn dort musste ich mit der Bedienung kommunizieren. Ich lebte immer zurückgezogener, ernährte mich von Spiegeleiern und verdiente meinen Lebensunterhalt mit Arbeiten im Wald und auf Bauernhöfen in Wales, England und Schottland, auch mit sonstigen Gelegenheitsjobs, unter anderem arbeitete ich mehrere Monate auf dem Bau, und auf den Shetlands strich ich am Flughafen von Sumburgh einen Hubschrauberhangar.

Da es von diesem Hangar nur ein kurzer Fußweg bis zu der prähistorischen Ausgrabungsstätte Jarlshof war, gefiel mir der Gedanke, vor und nach der Arbeit um die alten runden Steinbauten zu laufen, deren Eingänge direkt aufs Meer hinausgehen. Wenn ich dann in der Morgendämmerung auf dem Steinboden einer der ältesten Wohnbauten Europas saß, konnte ich sehen, wie die Sonne langsam zum Vorschein kam, als würde sie aus dem Meer hervortauchen. Mir wurde bewusst, wie wohldurchdacht das Gebäude platziert war, denn aus dem Inneren des Hauptraums hatte ich eine vollkommene Sicht auf den Sonnenaufgang, und ich begriff, dass dort, wo ich saß, schon andere gesessen und den Sonnenaufgang beobachtet hatten, auch wenn das Tausende Jahre her war. In solchen Momenten zwang ich mich, über mein Leben nachzudenken. Ich fragte mich, wozu es gut war, ob es irgendeinen Wert besaß. Und die Einsamkeit befiel mich wie ein Virus, während ich mich unbewusst, aber voller Eifer auf eine seltsame Pilgerfahrt begab, hin zu den Echos aus der Vergangenheit meines Vaters.

Schließlich kam ich an einen Job auf einer Bohrinsel, einer Rig 83 auf dem Ölfeld Ninian South in der Nordsee. Es war ein euphorisches Gefühl, wenn Wind und Stürme meinen Körper peitschten und die reinste Luft meine Lunge bis in den letzten Winkel füllte, der Wind von einer solchen Geschwindigkeit, dass es war, als würde er meinen Körper auflösen, als würde er, eine überwältigende Erfahrung, meine Füße für ein oder zwei Sekunden vom Boden abheben und mich wie bei einem Geistertanz mal in die eine und dann in die Richtung drehen. Ich lernte, dabei nicht zu erschrecken, sondern mich zu entspannen, »mitzugehen« und so dieses Hochgefühl zu erleben, als hätte ich ein Elixier getrunken.

Einmal kam ein Sturm auf, und mir wurde gesagt, ich solle den Bohrturm hinaufklettern, die drei Steigleitern hoch bis zur Fingerbühne 90 Fuß über der Bohrebene. Der Wind war nämlich so heftig geworden, dass er, was sonst nie passierte, das Bohrgestänge aus den »Fingern« blies, die es hielten. Mit anderen Worten, das lose Gestänge schüttelte jetzt die ganze Plattform. Da hundert Rohre, jedes etwa 90 Fuß lang, viele Tonnen wiegen, war das ein Problem. Wie Mike, der Assistent des Bohrführers, mir in seinem schleppenden Texanisch sagte: »Ein solcher Wind bläst das Gestänge so heftig herum, dass die Plattform irgendwann umkippt, das weiß jeder. Das Gestänge muss wieder befestigt werden.«

Die Bohrebene der Rig 83 lag 400 Fuß über dem Meer. Über die Steigleitern hoch zu dem Podest waren es noch mal 90. Normalerweise sind diese Stahlleitern mit Bügeln im Rücken gesichert, aber auf der Rig 83 war der Hauptabschnitt offen. Als ich an den Fuß des Abschnitts kam, blies mir der Wind den Helm vom Kopf und dann, zum ersten und einzigen Mal in meinem Leben, auch die Brille. Wenn ich hochstieg, das war mir klar, würde ich von der Leiter geweht. Aber bei dem Gedanken an die Fotos, die mein Vater in seinem Arbeitszimmer an der Wand hängen hatte, mit ihm als Sanitätsoffizier des SAS, wie er sich mit seinem Fallschirm auf einen Absprung im Dschungel vorbereitete, auch weil ich seine Stimme hörte, die mich anspornte, »es einfach zu versuchen«, obwohl ein einziger Ausrutscher den sicheren Tod bedeutete, bei alldem entschied ich mich für den Aufstieg. Ich prüfte die Windrichtung und beschloss, an einer der Seiten hochzuklettern statt auf dem üblichen Weg. So war der Wind hinter mir und drückte mich an den Holm der Leiter.

Ich weiß noch, wie ich beim Hochklettern zuerst auf die eine Hand schaute und dann auf die andere und darauf achtete, immer nur eine auf einmal zu bewegen, niemals beide gleichzeitig. Die Gegenwart des Windes, der durch mich hindurchfegte, die Farben der nächtlichen Nordsee, die Oberfläche schaumweiß, das tosende Wasser, brutal und unbarmherzig, die Gischt, die zu mir heraufsprühte, obwohl ich inzwischen fast 500 Fuß über dem Meer war, das Brausen der Luftmassen, die an mir vorbeirasten, und das Gefühl, dass ich mich in die Welt ergoss, während ich sah, wie sich meine Finger über der Leitersprosse öffneten, ehe sie nach der nächsten griffen, das alles bewirkte, dass ich nur in dem Moment existierte und alle anderen Sorgen ausgelöscht waren. Und sosehr es mich lockte, loszulassen, um zu sehen, was passierte, wenn ich Teil des Windes und des Sturms würde, bevor ich ins Meer stürzte, widerstand ich der Versuchung.

Als ich schließlich ans Ende des letzten Abschnitts kam, kletterte ich in den Bereich vor der Bühne. Das war innerhalb des

Windschutzes, dort konnte der Wind mir nichts anhaben. Und während über der Nordsee der Tag anbrach und sein graues Licht alle Farben ins Fahle zog und die Gischt über den Schutz spritzte und mir ins Gesicht schlug, verankerte ich das herumhüpfende Bohrgestänge wieder in den Fingern des Turms, unter dem Geklapper von Metall auf Metall, eine einzige Kakophonie. Danach befestigte ich einen Teil des Windschutzes, der sich an einer Ecke des Turms gelöst hatte, und kletterte wieder nach draußen, sodass ich erneut spürte, wie der Wind mir in den Rücken peitschte, obwohl er inzwischen etwas abgeflaut war. Dann kletterte ich über die Steigleitern zurück zur Bohrebene. Am nächsten Tag erfuhr ich, dass die Windgeschwindigkeit zeitweise überschritten hatte, was das Anemometer maximal registrieren konnte, ich war also die Leitern in einem Sturm hochgestiegen, den man offiziell als Orkan bezeichnet.

Später fragte ich mich, warum ich solche Sachen machen musste. Und ich begriff, dass mein Vater und ich uns zwar nicht mit Worten verständigen konnten, doch für uns beide galt, dass uns immer dann, wenn wir extreme Momente durchlebten, zu Bewusstsein kam, dass wir am Leben bleiben wollten, dass wir nicht den Tod wählten, sondern uns nach dem Leben sehnten. Diese Erfahrung war für uns wie Balsam in den stumpfen Zeiten unseres Lebens, in denen wir, ob lebendig oder tot, weder auf der einen noch auf der anderen Seite zu sein schienen. Extreme Gefahren weckten in uns den verzweifelten Wunsch, am Leben zu sein.

4.1

Der Mann an der Rezeption sagt uns, dass das Jüdische Museum nicht weit vom Hotel entfernt ist, nur zwanzig Minuten zu Fuß. Er gibt uns einen kleinen Stadtplan, den er von einem Block auf der Empfangstheke abreißt. Er macht es mit einer schwungvollen Bewegung, man spürt förmlich, wie stolz er auf die Eleganz seiner Aktion ist, denn der Abreißstadtplan segelt zunächst in die Luft, ehe er auf die Theke herabsinkt und direkt vor uns landet. Er zeigt uns den Weg, markiert unser Ziel mit einem Kreuz, stößt seinen Stift ins Papier und zieht eine lange Furche durch die Straßen, die wir nehmen müssen. Ermutigt durch die Nähe des Museums und die Tatsache, dass »wir jetzt endlich eine verdammte Karte haben«, beschließen wir hinzulaufen, mein Vater in fleecegefütterten Handschuhen, einer dicken, wasserdichten Jacke, einem Wollschal und blitzblanken braunen Schuhen, die er eben beim Hotelaufzug an einem Schuhputzautomaten mit rotierenden Bürsten geputzt hat (»fantastisches Gerät – könnte so eins zu Hause gebrauchen«).

Wir gehen los, über den roten Teppich und hinaus auf die Straße. Ein scharfer Wind weht heute Morgen, so kräftig, dass er an den temporären Absperrgittern um die Baustellen rüttelt, das Geklapper von Metall auf Metall ist eine passende Geräuschkulisse, sie begleitet uns auf dem Weg zu unserem Ziel. Nur wenige Menschen sind auf den Straßen, alle dick verpackt, Kopf eingezogen, Blick zu Boden. Kaum Verkehr. Auf der Alten

Jakobstraße kommt der Wind richtig in Fahrt, denn zwischen den Häuserreihen auf beiden Seiten weht er wie durch einen Schacht, manchmal müssen wir uns in den Wind hineinlehnen. Unsere Augen tränen, besonders die Augen meines Vaters, lange Tränen, die ihm über die Wangen rinnen. Wir biegen in die Ritterstraße ein, dann in die Lindenstraße. Wie vorherzusehen, verlaufen wir uns ein wenig, und so dauert es eine Stunde, bis wir da sind und uns in die lange Schlange stellen, die aus dem Jüdischen Museum herausschnürt, der Eingang befindet sich in einem großen barocken Altbau, die cremegelbe, schmucke Fassade und das hohe, ziegelgedeckte Dach überraschen. Draußen stehen Sicherheitskräfte, sie führen die Wartenden so schnell wie möglich hinein, ihre Uniformen lassen sie größer wirken, unerschrocken, ihre Münder fixiert in einer selbstbewussten Zurschaustellung von Autorität. Sie scheinen es eilig zu haben, schieben uns fast durch die Tür, drängen uns, weiterzugehen, und legen unsere Taschen in einen Röntgenscanner wie am Flughafen. Nach der Kontrolle stellen wir uns wieder an und kaufen ein Ticket. Ich bin empört, dass mein Vater zahlen muss. Sollte er nicht privilegiert sein, mit einem Museumsführer nur für ihn? Ist er in diesem Museum denn kein VIP? Ich frage den Ticketverkäufer hinter seinem Schalter, ob es für ehemalige *Kindertransportees* eine Ermäßigung gibt, aber verständlicherweise lässt er sich auf eine Diskussion erst gar nicht ein. »Nein, es gibt keine Ermäßigung für *Kindertransportees.*« Also stellen wir uns zu den übrigen Besuchern, die dort anstehen für ihre persönliche Begegnung mit der düsteren Materie, die sie erwartet. Am liebsten würde ich ins Foyer hineinrufen: »Wissen Sie, wer heute hier ist?«

Wir geben unsere Jacken ab und gehen auf die Treppe zu, die in die Ausstellung hinunterführt. Zu unserer Linken ist eine große Glaskonstruktion, sie wurde zwischen den beiden Flügeln des Barockgebäudes errichtet und zieht sich über den Innenhof. Auf der einen Seite ist ein kleines Café. »Ich könnte ein Stück Käsekuchen vertragen«, sagt mein Vater, »und einen schwarzen Kaffee. Mir ist ein bisschen kalt, und ich muss aufs Klo.« Ich sehe, wie schwach seine Hände sind, die ihm um den Mund tanzen, die blauen, gewellten Adern, die über die Sehnen laufen, seine Augen, die von der Kälte auf dem Weg hierher immer noch tränen, seine zerbissenen Nägel. »Ja, klar«, sage ich. »Ich hätte auch gern einen. Trinken wir einen Kaffee.« Wir gehen zusammen zu den Toiletten, dann kommen wir zurück und stellen uns im Café an, es ist klein, aber geschmackvoll eingerichtet, und auf nichts von dem, was dort angeboten wird, ist irgendein Markenlogo. Das Farbkonzept ist mattschwarz und cremeweiß, die Preise sind an der Wand angeschlagen, eine kleine Hommage an die Ausstattung eines imaginierten Berliner jüdischen Cafés der 1930er-Jahre. Wir nehmen beide einen Kaffee schwarz, und nach langem Überlegen entscheiden wir uns für den Blaubeer- und nicht für den Himbeerkäsekuchen, der genauso perfekt aussieht, »dabei ist es erst halb elf und wir haben eben erst gefrühstückt«.

Mit unserem verbotenen, hochkalorischen Seelenfutter gehen wir drei steinerne Stufen hinunter in den großen glasüberdachten Hof und setzen uns an einen Tisch. Die weißen Stahlstützen, die das Glasdach hoch über uns tragen, sind dick und unregelmäßig, seltsam abgewinkelt, ein groteskes, bewusst geknicktes Gebilde, und trotzdem wirkt das Licht, das durch die Glasflächen fällt, einladend, überall sind helle Kleckse und verspielte Schatten. Die beklemmenden weißen Stützen sind ein Echo des Themas dieses Museums. Für Daniel Libeskind, den Architekten, sollte das Gebäude, das die Dokumente von Unterdrückung, Ermordung und Auslöschung beherbergt, auch selbst Verwirrung, Entfremdung, die Qualen widerspiegeln, es sind Pfeiler der Zeugenschaft. Die verwinkelten Stützenbündel im Innenhof kontrastieren mit dem Cremigen des Blaubeerkäsekuchens und dem dunklen Lakritz des Kaffees. Beides duftet und ist köstlich, die Intensität der Aromen vergönnt uns einen Moment kindlicher Freude. Die Empfindungen stehen im Widerspruch zur Bedeutung dieses Ortes. Sollten wir das hier überhaupt essen?, denke ich, während sich der Geschmack in mir entfaltet, mit seiner frivolen Respektlosigkeit verunsichert er mich. Mein Vater haut lustvoll in sein Stück rein. »Herrlicher Käsekuchen, absolut köstlich.«

Wir sind umgeben von Jugendlichen, viele mit ihren Lehrern, die meisten tragen Sachen in leuchtenden Farben, ihre Brillengestelle in leuchtenden Plastiktönen, die Jeans modisch aufgerissen, die Oberteile in leuchtenden Grundfarben, darauf irgendwelche Sprüche, die Rucksäcke alle aus derselben Farbpalette, Magenta oder Rosa oder Lindgrün, ihre Hefte und Stifte in Aktion, bewegte Splitter Himmelblau oder Schwarz oder Neonorange, ihre Turnschuhe mit verschiedenen Logos – Nike, Adidas, Puma. In der Gruppe schaffen sie ein Farbenmeer, wie tropische Fische in einem Aquarium, das Bunte ihrer Kleidung, der Schimmer ihrer jugendlichen Haut und der Glanz ihres Haars im Widerstreit mit der diskreten Ausstattung, sandgestrahlter roter Backstein, Stahl und Glas, zornige weiße Stahlstützen, grauer Steinboden, Tische und Stühle in einem Schieferton, unter den Beinen schwarze Gummikappen. Mein Vater beobachtet die herumlaufenden jungen Menschen, ihre wechselnden Muster und wie sie sich ständig neu sortieren, Gruppen, die in Wellen durch den Hof ziehen, ein jugendliches Geflatter. Die meisten sind still, manche schauen ernst, ein paar lachen leise und unterhalten sich über ihr farbenfrohes Leben, das heute hinabgestiegen ist in das Museum der Gequälten und Ermordeten. Einige haben sich eine Kleinigkeit zu essen mitgebracht und kauen, trinken leuchtend bunte Smoothies aus Plastikflaschen, nippen an Getränkedosen, die Kombination der Marken mit einem Mal so aufdringlich schrill wie bedeutungslos, die Verpackungen nicht minder grell. Ich frage meinen Vater:

> Denkst du, es sollte erlaubt sein, in so auffälligen Farben in dieses Museum zu kommen?
> *Die Leute können anhaben, was sie wollen.*
> Aber so knallbunt?
> *Sie sind das pure Leben.*
> Findest du das nicht respektlos?
> *Im Gegenteil. Sie sind hier. Das Leben geht weiter.*

Wir essen den Käsekuchen auf, dann gehen wir zu der Treppe, die uns hinunter in die moderne Erweiterung des Jüdischen Museums führt, Daniel Libeskinds berühmten Zickzackbau, der die Besucher verwirrt und ihnen die Orientierung nimmt. Dort unten, am Ende der Treppe, wollen wir uns die Ausstellungsstücke über die Vernichtung der Juden Berlins ansehen, der Juden Deutschlands, der Juden ganz Europas. Unter ihnen verborgen liegen die Trümmer der Familie meines Vaters, ihre Zerstörung und ihre Toten. Ein Verbrechen gegen die Menschlichkeit; ein Verbrechen gegen meinen Vater; ein Völkermord. Dort beginnt der Teil der Architektur mit seinen abschüssigen Böden und schiefen Wänden und dem verwirrenden Weg, der in einem Betonbunker ohne Fluchtmöglichkeit endet, einem grauen Schacht mit einer Stahltür, Erinnerung an eine Gaskammer. Wir gehen drei Treppen hinunter, die Stufen aus Schie-

Wie hat es innen drin ausgesehen?
Überall Handtaschen, Gürtel, Handschuhe, Schmuck, solche Sachen.
Was war mit dir am Tag nach der Kristallnacht?
Als es losging, war ich zu Hause, ich wusste also nicht viel.
Und danach?
Ich war auf einer nichtjüdischen Schule, weil meine Mutter Kommunistin war, überhaupt nicht religiös. Als ich hinkam, das muss der 10. November gewesen sein, haben meine Freunde mir gegenüber damit geprahlt, wie sie in der Nacht davor rausgegangen sind, um mit ihren Vätern jüdische Geschäfte zu zertrümmern. Sie waren damals erst elf oder zwölf.
Wirklich?
Und was für ein Spaß das war, den Laden meines Vaters zu zertrümmern.

Wir stehen in der klimatisierten Luft und in dem künstlichen Licht, das kaum Schatten wirft. Ich schaue auf meine Füße und merke, dass ein Fuß fest gegen den anderen gedrückt ist. Meine Fingergelenke schmerzen. Menschen gehen an uns vorbei. Mein Vater verschränkt die Hände, richtet sich auf. Er steht jetzt gerade:

Wenn dich jemals einer angespuckt hat, so richtig angespuckt, ein Nazi, dann weiß du, wie das ist. Sehr unangenehm, glaub mir. Als ich zur Schule kam, standen dort zwei Nazis auf der Treppe, zwei erwachsene Männer, und ich musste an ihnen vorbei, sie haben mir beide ins Gesicht gespuckt. Sie haben den Rotz tief in den Rachen gezogen und mich angespuckt, um nicht zu sagen vollgesuppt. Dann haben sie mich die Treppe runtergeschubst. Das ist sehr unangenehm, wenn dich zwei erwachsene Nazis anspucken.

Sein Gesicht lächelt noch, dann knittert es und wird rot. Aber da ist kein Selbstmitleid.

Politiker können den Rassismus aufdrehen wie einen Wasserhahn.

Unvermittelt geht er zur nächsten Vitrine, ein deutliches Zeichen, dass dieser Teil des Gesprächs beendet ist.

Hier, da geht es darum, dass die Nazis darauf bestanden haben, dass wir unserem Namen, wenn männlich, ein Israel hinzufügen, und wenn weiblich, ein Sara. Das mussten wir alle. So wurde ich offiziell zu Hans Israel, meine Schwester zu Toni Sara und meine Mutter zu Ruth Sara.

Wir gehen weiter durchs Museum, vorbei an weiteren Exponaten, bis wir zu der Betonkammer kommen. Man betritt sie durch eine große, schwere Stahltür. Ich öffne sie mit beiden Händen. Wir gehen hinein. Hinter uns schließt sich die Tür mit einem dumpfen Knall. Sie hat einen Türschließer. Wir stehen im Fastdunkel. Es ist kalt. Ein wenig Tageslicht und alle möglichen unverständlichen Geräusche dringen durch einen schmalen Spalt oben im Turm. Die Decke ist hoch über uns, vielleicht 20 Meter, und schwarz. Der Raum verjüngt sich an einer Seite zu einer Spitze. Die Darstellung einer Gaskammer. Sie ist ausschließlich aus Beton, ist die Schlichtheit selbst. Der Beton ist glatt, er wurde eher mit Stahlplatten verschalt als mit Holz. Es ist ein Simulakrum des Ortes, wo einige Menschen aus der Familie meines Vaters gestorben sind, wo man seine jüdischen Nachbarn und Verwandten ermordet hat. Mein Vater ist einer der wenigen Überlebenden. Wir neigen schweigend unsere Köpfe. Legen die Hände zusammen.

Ich bleibe so ruhig stehen, wie ich kann. Die Außengeräusche sind gedämpft. Die Luft um uns herum ist grau. Mein Vater starrt auf den Boden. In dieser Haltung verharren wir lange. Ich möchte ein Foto von meinem Vater machen, mit meinem Handy, halte mich aber zurück. Lieber nicht stören. Plötzlich schwingt die große Stahltür auf, und ein paar der schnatternden Jugendlichen kommen herein. Sie sprechen nicht leiser, verlangsamen nicht ihre Bewegungen, schauen nicht zu uns. Selbst als die Tür hinter ihnen zuschlägt und sie symbolisch einsperrt, plappern sie weiter. Ihre Körpersprache zeugt von sprudelnder Neugier, sie unterhalten sich angeregt, ihre Outfits wirken in dieser monochromen Schattenwelt noch strahlender, das Hin und Her ihrer Füße und Ellenbogen ist ein Konzert des Lebens. Vielleicht berührt sie, was sie sehen, schwer zu sagen. Weitere junge Leute kommen herein, diesmal aus Italien, Schweden, Frankreich, auch Deutsche sind dabei, einige aus Japan und Bulgarien, sie alle reden, manche gedämpft, andere laut, und alle in ihren bunten Sachen und in Turnschuhen, die Stahltür geht wieder auf, schließt sich mit einem Rums, ein paar verlassen den Raum rasch wieder, andere nehmen die Stille in sich auf. Mein Vater hebt den Kopf, schaut auf und starrt zu ihnen hin. Wir stehen hinten an der Wand. Dann gehen die Jugendlichen wieder, und wir sind allein. Die Luft ist jetzt kälter, die Geräusche schwächer. Mein Vater lässt den Kopf wieder hängen. Ich überlege, ob ich nicht doch ein Foto machen soll. Mir ist klar, dass allein der Akt, das Handy aus der Tasche zu ziehen, die Heiligkeit des Augenblicks zerstört, aber ich tue es. Es fühlt sich falsch an, diesen Moment festzuhalten, ein Festhalten entleert ihn, das weiß ich, aber ich tue es trotzdem, fürs Protokoll, für mich selbst. Ich muss es, muss es tun. Ich mache das Foto, während er auf den Boden starrt. Na bitte. Geschafft.

Wir bleiben noch etwas, dann gehen wir, treten durch die Stahltür und verlassen die Kammer. Wir steigen eine lange Treppe hinauf und sehen uns weitere Exponate an, Dokumente und Fotos. Es gibt einen dokumentarischen Stummfilm über Berlin von 1929 mit dem Titel *Menschen am Sonntag*, man sieht, wie Menschen sich fröhlich durch die Stadt bewegen, einer der Drehbuchautoren war Billy Wilder, der später nach Hollywood ging, Amerikaner wurde und bei *Double Indemnity* und *Some Like It Hot* Regie führte. In *Menschen am Sonntag* wird geflirtet, kleine Glücksmomente werden festgehalten. Niemand hat eine Vorstellung davon, was auf sie zukommt. Woher auch? Dann weitere Dokumente über Selektionen, Fotos von Bergen-Belsen, Aufzeichnungen von Zugbewegungen, Bilder von Auschwitz, Fotos der Einsatzgruppen, die meine jüdischen Mitbürger aus nächster Nähe mit Gewehren ermordeten.

Wir sehen einen kurzen Dokumentarfilm, gedreht in den 1960ern in Deutschland über die NS-Prozesse in den 1950ern. Wir hören Hannah Arendt, die während des Eichmann-Prozesses in Jerusalem den Begriff »Banalität des Bösen« prägte, wonach das Böse durch eine Reihe einzelner, banal anmutender Handlungen geschehen konnte – das Fahren eines Zugs, das Verteilen von Kleidung, das Anlegen von Wegen, das Sortieren von Banknoten, das Füllen von Blechdosen mit Zyklon B. Für sich allein genommen bedeuteten diese Handlungen nicht viel, aber zusammen ermöglichten sie den Holocaust. Hannah Arendt springt uns in Schwarz-Weiß aus dem Bildschirm entgegen. »Dies hätte nie geschehen dürfen«, betont sie mit ihrer umwerfenden Raucherstimme, ihr Mund artikuliert überdeutlich, ihre Energie lässt den Bildschirm vibrieren. »Nun ja, man hat halt Feinde. Das ist doch ganz natürlich. Warum soll ein Volk keine Feinde haben? Aber dies ist anders gewesen«, erklärt sie. »Weil man die Vorstellung gehabt hat, alles andere hätte irgendwie noch einmal gutgemacht werden können, wie in der Politik ja alles einmal wieder gutgemacht werden können muss.« Sie hält inne, die Körnung des Schwarz-Weiß-Films weist in die Zukunft, ihre Augen sind leuchtende Steine: »Das war wirklich, als ob der Abgrund sich öffnet.«

Als der Film zu Ende ist, machen wir uns auf den Weg zurück zum Café. Wir gehen langsam. Die Luft der Welt ist wieder schwer. Der Körper meines Vaters ist niedergedrückt, seine Knie beugen sich nicht richtig. Er schlurft. »Ich trinke nur einen Kaffee«, sagt er, »den Himbeerkäsekuchen kannst du vergessen« – offenbar in einem Streit mit sich selbst, den er aber nicht weiter ausführt. Ich hole zwei Kaffee, und wir setzen uns in einen anderen Teil des Cafés, im Altbau. Hier stehen Tische mit Tischdecken in grau-weißem Vichy-Muster. Auf Holzbänken, gestrichen in einem Anthrazitton, liegen Kissen. Mein Vater ist immer noch still. Lange Zeit sagt er kein Wort. Die Dinge sickern in ihn ein. Wie tapfer er gewesen ist. Diese Größe. Zu überleben, was er überlebt hat, und dann hierherzukommen. Er hat das Herz eines Löwen. Die Kraft eines Bullen. Er ist umgeben von Gnade.

Er blickt zu den Menschen auf, die von ihrem Museumsrundgang zurückkommen. Eine zierliche Frau mit kleiner spitzer Nase, Goldrandbrille und einem Hemd aus indischer Baumwolle sitzt mit ihrem schwarzbärtigen Sohn still da und starrt ins Irgendwo. Ein junger Mann mit rasiertem Kopf und dicker schwarzer Brille geht an uns vorbei, auf seinem Teller ein großes Stück Apfelkuchen und obendrauf ein Berg Schlagsahne, er isst langsam und behutsam mit einer Gabel, Bissen für Bissen. Eine junge Frau in einem smaragdgrünen Sarong und mit langen, glitzernden Ohrringen kommt mit ihrem Partner herein, einem Mann mit gepiercter Nase und geblümter grauer Hose. Sie nehmen Platz und sitzen ruhig da, die Augen geschlossen. Zwei junge Studenten kommen herein, tippen eine Nachricht auf ihren Handys. Alle sind still, schweigen.

Auf einmal zerreißt die Stille. Direkt hinter einer Tür läuft Musik. Ich sehe, wie einer der Kellner tanzt. Er ist schlank, fit. Seine Hüften bewegen sich sanft, kreisen langsam, die Kollegen schauen zu und lachen. Er hat die Arme gehoben, hält sie hoch, ein Strahlen, Erotik. Mein Vater lächelt über dieses kokette Spielchen.

Ist das nicht wunderbar, dass alle diese Menschen ausgerechnet hierherkommen und dieses Museum besuchen? Dass es einen solchen Ort gibt. Und so voller Leben? Hier drin. Ausgerechnet hier.

Ich gehe zur Theke und frage, von wem die Musik ist. »Pharrell Williams, *Happy*«, sagt mir die Bedienung und lächelt. Die Musik kommt von einem Handy. Der Klang ist blechern. Ich bestelle noch Kaffee, und wir setzen uns wieder in den Hof. Inzwischen kommen die Jugendlichen von ihrem Besuch der Ausstellung zurück, ihre Körper bewegen sich langsamer als vorher, ihr Geplapper ist ruhiger. Nach und nach wird der Hof zu einem murmelnden Stimmengewirr. Die Farben wimmeln wieder über den Boden, durch die warme, aufgeheizte Luft. Mein Vater ist blass und still. Die Gefühle schnappen nach ihm. Die Hunde sind ihm auf den Fersen. Ich sehe es seinem Gesicht an. Er schaut zu mir, schaut durch mich hindurch, über mich hinaus. Ich kann sehen, wie sein Geist rotiert, wirbelt. Er will etwas sagen, aber dann schließt er die Augen, der Mund öffnet sich leicht und hängt an einer Seite herunter. Er ist fahl vor Müdigkeit. Er legt den Kopf zurück und schläft ein, in einer unbequemen Haltung, der Kopf seitlich auf dem dunklen Stuhl in diesem Hof aus Stahl und Glas mit seinen dicken, starken, geknickten Stützen, seinen schönen jungen Menschen.

4.2

In den Sommerferien zelteten wir in dem Örtchen Dale in Pembrokeshire an der Westküste von Wales, auf der Fahrt dorthin zog mein Vater seine selbstgebaute kleine Segeljolle *Sal* auf einem Anhänger hinter uns her. Dale liegt an einer großen geschützten Bucht. Im Süden erstreckt sich eine Landzunge, St Ann's Head, dahinter ist die Irische See. Jedes Jahr wurden Handzettel verteilt, auf denen man die Leute aus zwei Gründen davor warnte, mit einem Segelboot über St Ann's Head hinauszufahren. Erstens war der Seegang jenseits der schützenden Landzunge sehr viel höher und deutlich unberechenbarer, zweitens fuhren Öltanker vorbei, die den Tiefwasserhafen Milford Haven ansteuerten. Das Öl wurde dort direkt in die neu gebaute Raffinerie gepumpt, fast ein Drittel des jährlichen Ölbedarfs von Großbritannien wurde auf diese Weise gelöscht. Die Nähe der Ölraffinerie zum Hafen hatte mit der jüngsten Entwicklung beim Bau von Supertankern zu tun, die nun in Betrieb waren, so große Tanker, dass sie viele Millionen Liter Rohöl transportieren konnten. Die Tanker brauchten zwanzig Minuten, bis sie zum Stehen kamen, und mit ihrem Rumpf zogen sie eine riesige Kielwasserspur. Das war besonders gefährlich für Jollen. »Kleinere Boote können darin leicht kentern«, hieß es auf den Handzetteln. Hinzu kam, dass Supertanker sehr große Propeller oder Schrauben hatten, und die waren, wie mein Vater erklärte, »so gewaltig, dass der von den Propellern erzeugte Sog ein Boot, das dem Heck des Öltankers zu nahe kommt, unter die Wasseroberfläche zieht«.

Vielleicht waren es gerade diese Warnungen, weshalb mein Vater immer so nah wie möglich an einen der Supertanker heransegelte. »Was für ein unglaubliches Schiff«, rief er, wenn wir direkt auf so einen mattschwarzen Rumpf zusteuerten. »Gigantisch!«, er bekam sich kaum noch ein. »Das hat über zwei Millionen Gallonen Öl geladen! Zwei Millionen Gallonen! Schauen wir es uns näher an.« Zu seiner Freude ließen manche ihr Horn tuten, um uns zu warnen. »Hast du gehört?«, rief er lachend, während sich die tiefen Schallwellen übers Wasser ausbreiteten.

Ich war sieben, als er mich zum Segeln mitnahm, und in dem Alter konnte ich noch nicht schwimmen. Ich hatte zwar eine Schwimmweste an, aber wenn ich ins Meer fiel, das wusste ich, würde ich ertrinken. Ich musste nämlich dicke Wollpullover anziehen, um mich warm zu halten, und wenn ich aus dem Boot fiel oder das Boot kenterte, würden die sich mit Wasser vollsaugen. Ich wusste das, weil mein Vater immer zu mir sagte: »Fall nicht rein, die Pullover saugen sich mit Wasser voll, dann ertrinkst du.«

Und so sehr, wie er das Abenteuer genoss, in seinem selbstgebauten Boot zu segeln, die Wellen, die über uns hereinkrachten, worauf das Boot mit einem kleinen Plastikeimer zum Sandburgenbauen ausgeschöpft werden musste, das heftige Schlagen der Segel und die kalte, salzige walisische Seeluft, die meine Finger blau färbte – so sehr fürchtete ich mich davor. Bekam ich einen Riesenschreck, wenn eine große Welle uns traf, war er ganz aufgekratzt, und mit tanzenden Haaren vor den Augen und einem breiten Grinsen rief er mir zu: »Das ist das Leben.« Klammerte ich mich an die Schot und spürte die beißende Gischt in den Augen, kreischte er vor Vergnügen. »Das ist das Leben«, rief er immer wieder, und dabei hielt ich mich an der Bordwand fest und traute mich nicht, hinauszuschauen. War er verzaubert von der Freiheit des Meeres, spürte ich das tiefe Wasser unter mir.

Meiner Mutter versprach er zwar jedes Mal, nicht über St Ann's Head hinauszusegeln, aber genau das tat er dann, und kaum fuhren wir an der schützenden Landzunge vorbei, wurde die Jolle wie wild rauf- und runtergeworfen, denn jetzt waren wir weit draußen in der Irischen See. Und ich sah, wie mein Vater sich fest konzentrierte, sah seine Augen, die auf jede Bewegung der Wellen und des Windes achteten, seine Hand, die sich um die Pinne schloss und rasch in die eine, dann in die andere Richtung schwang, und wie er an der Großschot zog und dabei zur Stabilisierung des Bootes sein Körpergewicht verlagerte. »Ganz schön rau hier draußen«, schrie er vor einer Geräuschkulisse aus tosendem Meer und klatschendem Bootsrumpf. »Das war eine Welle«, rief er vergnügt, wenn das Wasser über uns schwappte und wir klatschnass waren. Musste er die Richtung ändern, brüllte er: »Klar zur Wende!«, und dann: »Ree!« Bei dem Kommando legte er schnell das Ruder um, sodass der Baum herüberfegte und auf mich zuschoss. Ich duckte mich sofort so tief wie möglich, und ich spürte, wie er über meinen Kopf rauschte, danach kroch ich auf die andere Seite des Boots. »Denk dran, immer schön tief ducken, sonst schlägt dich der Baum bewusstlos oder ins Meer. Oder beides.«

Auf diesen Segeltouren gingen wir auf Makrelenfang, dafür brachten wir am Heck des Bootes eine Schnur mit mehreren Angelhaken aus, an den Haken befestigt waren leuchtend bunte Federn. Ich warf die Federn über Bord und schaute in regelmäßigen Abständen nach. »Halt die Federn im Auge«, sagte mein Vater, »beweg sie auf und ab.« Genau so machte ich es, und ich sah zu, wie die Farben der Federn sich unter den Wellen wie ein Fächer ausbreiteten, bis irgendwann eine Makrele anbiss. Ich konnte spüren, wie sie über die Angelschnur an mir zerrte, und ich bekam ein Gefühl für die innige Verbindung zwischen Jäger und Beute, zwischen dem, der tötet, und dem, der bald getötet wird, jedes Drehen und Wenden, jedes Zappeln drang durch die Angelschnur in meine Handfläche. Makrelen kämpfen und winden sich wie verrückt, mit dem ganzen Körper zappeln sie und wehren sich gegen den Haken, der ihnen im Maul steckt. Sie kämpfen bis zum Tod. Ich sah zu, wie sie vor meinen Augen ihren Überlebenskampf führten, ehe ich sie aus dem Wasser zog, sah ihre erstaunlichen Farben, violett und bläulich und grün, ein Strahlen unter der Oberfläche und dann ein blitzendes Lichterspiel in der schneidenden Luft.

Wenn ich die Fische herauszog, wurden sie viel schwerer und zappelten noch heftiger. Sobald mein Vater merkte, dass ich eine Makrele am Ende der Leine hatte, drehte er das Boot so, dass der Bug in die Richtung zeigte, aus der der Wind wehte. »Wir gehen in den Wind und fieren die Segel«, rief er, und als das Boot dann im Wind stand, schlugen die Segel unkontrolliert hin und her, es war ein ohrenbetäubender Lärm. Im Seegang der Irischen See gingen wir hoch und im nächsten Moment wieder runter, während die Schaumkronen das Boot mit ihrer Gischt bedeckten. Nachdem ich den Fisch an Bord gezogen hatte, packte mein Vater ihn schnell, riss ihm den Haken aus dem Maul, nahm sich eine von den Dollen, diesen großen Y-förmigen Eisendingern, in denen die Ruder liegen, und während er den Fisch an den Bootsrand hielt, schlug er heftig auf ihn ein, bis dunkles Blut aus seinem zertrümmerten Kopf quoll, bei jedem Schlag schaukelte das Boot wie verrückt, mal hierhin, mal dahin, und der Fisch zappelte eine Weile, bevor er starb. Danach warf mein Vater die Makrele auf den Boden, die Zähne zusammengebissen, seine vertraute Grimasse. Der Vorgang wiederholte sich bei jedem gefangenen Fisch, er schlug sie, bis ihre Köpfe platt waren, fluchte, wenn ihm einer aus den Händen entwischte. »Komm her, du kleines Miststück«, rief er, während das Boot wie wild schaukelte und der Fisch zappelte. »Komm her, du kleiner Arsch.« Manchmal fingen wir an die zwanzig Makrelen. Bei allen war es dasselbe Szenario, das Geräusch des schweren Eisens, das auf den Körper der Fische schlug wie auf einen feuchten Klumpen, mein Vater, der jeden auf den Bootsrand gedrückten Fisch anbrüllte, das dunkle Blut, das über das lackierte Holz des Rumpfs spritzte, das Schillern ihrer Schuppen, himmlische Bäche, violett, bläulich, dunkelgrün und braun, die Farben der toten Makrelen leuchteten und tanzten am Boden.

Manche Fische kämpften so verbissen, dass sie es schafften, meinem Vater aus den Händen zu schlüpfen. Sie waren glitschig, kräftig, und wie die Kakerlaken auf dem Küchenboden entkamen sie in die Freiheit, flogen für eine Sekunde durch die Luft und kehrten zurück in die Sicherheit des Salzwassers. Die meisten aber wurden getötet, und für den Rest der Fahrt, zurück durch die Bucht, lagen sie mit ihren eingeschlagenen Köpfen und ihren anklagenden Augen da und starrten mich an. Mein Vater machte mir klar:

Du musst bereit sein, zu töten, was du essen willst.

Irgendwann waren wir wieder an Land. Ich ging langsam über den Strand, spürte unter meinen Fußsohlen den Druck des Sandes, und jeder Stein, der mir ins Fußgewölbe stach, war ein willkommener Schmerz, denn er erinnerte mich daran, dass ich sicher war. Ich legte mich hin und starrte in den Himmel, schloss die Augen, bis ich etwas hörte, was aus meinem Inneren kam, einen Laut, der durch mich hindurchging, von mir ausging. Es war ein langer, angenehmer Ton, und er hüllte mich ein und schien mich mit allem um mich herum zu verbinden: mit dem Meer, von dem ich gekommen war, den Möwen, die einander kreischend in der Luft hinterherjagten, den schimmernden Schuppen der toten Makrelen, den kleinen Wellen, die ans Ufer klatschten, den Stimmen der Menschen, die am Strand spielten, und offenbar auch mit dem blauen Himmel, seinem Wind und der sich drehenden Erde. Es war das Summen, das immer dann aus meinem Inneren kam, wenn ich überwältigt war vor Erleichterung, war dieser gesteigerte Zustand, der eintrat, wenn ich die Gefahr überlebt hatte, war der reine Segen, und ich spürte die Engelsfasern meines Herzens. Und während ich so lag und mir die Luft durch die Haut blies und die Steine des Strandes in die Schultern drückten, erglühten die Farben der Welt.

Später, wenn die Sonne des langen Sommers unsere Schatten streckte, bis sie uns als Riesen begleiteten, wenn sie hinter den Horizont sank und der Strand abkühlte, sammelten wir Treibholz und machten ein Feuer. Mein Vater zeigte uns, wie man es richtig anstellte, denn für den besten Ort musste man den Windschatten finden und erst trockenes Gras auslegen, darüber Zweige und dann größere Holzstücke und schließlich Stämme, und zwar mit viel Luft dazwischen, damit das Feuer genug Sauerstoff ziehen und in Gang gehalten werden konnte. Er kontrollierte jedes Stück Holz, das wir ihm brachten. »Es muss knochentrocken sein«, sagte er, »vielleicht findest du noch etwas anderes.« Sobald alles aufgeschichtet war, zündete er es von allen vier Seiten an, das trockene Gras fing sofort Feuer und knisterte und wurde bald schwarz, dabei stieg weißer Rauch auf, die Flammen waren erst ganz klein, nur ein Glimmen, bevor sie auf das dünnere Holz und dann auf das dickere übersprangen. Wenn das Feuer seine anfängliche Scheu überwunden hatte, hochschlug und schließlich loderte, zeigte er uns, wie man die Makrelen mit dem Taschenmesser ausnahm, das an seinem Schlüsselring hing. Das Taschenmesser hatte einen Ledergriff und war eins seiner wertvollsten Stücke. Er hatte es seit seiner Ankunft in England, und manchmal schliff er es draußen vor der Hintertür unseres Hauses mit einem langen dunkelgrauen Wetzstein, er drückte die Klinge auf den Stein und zog sie geduldig durch einen Ölfilm, hin und her.

Wir Kinder kamen abwechselnd an die Reihe, einem Fisch den Bauch aufzuschlitzen, und wir achteten darauf, dieses kleine, tödliche Messer beim Hineinschneiden von uns wegzustoßen. Mein Vater zeigte uns, wo wir in den Bauch des Fisches schneiden sollten und wie man die glänzenden rosa Eingeweide herausziehen musste, die Schwimmblase und manchmal auch den Rogen, das alles kam in einen kleinen Eimer für die Möwen. War das Holz irgendwann durchgebrannt und glühte, wickelten wir die Makrelen einzeln in Alufolie und warfen sie in die Mitte des Feuers, mit einem Stock holten wir sie später wieder heraus. Die Folie war voller Asche, und wir wischten sie ab, machten sie auf, und innen drin war der gebackene Fisch. Diese frischen Makrelen schmeckten so gut, wie ein Fisch nur schmecken kann, gegart im eigenen Saft und in einem Feuer am Strand, die zerschmetterten, zerquetschten Köpfe noch am Ende ihrer Wirbelsäulen.

Dann blickte ich aufs Meer und staunte, wie weit wir erst vor ein paar Stunden gesegelt waren. Ich beobachtete die Tanker, die gemächlich in der Ferne dahinfuhren und jetzt ganz klein wirkten und gar nicht mehr bedrohlich, und ich hörte wieder das Summen in mir aufsteigen.

4.3

Wir sitzen im Hotel, lesen, als mein Vater verkündet, er würde gern zu dem Haus gehen, in dem er einmal gewohnt hat.

Ich möchte zu dem Haus, wo ich geboren bin.
Du warst nie wieder dort?
Nein.
Warum nicht?
Wollte ich nicht.
Du hast nie nach deinem früheren Haus gesucht?
Nach dem Krieg ist meine Mutter nach Ostberlin gezogen, das weißt du. Das Haus, in dem ich aufgewachsen bin, lag in Westberlin.
Das heißt, du konntest nicht mit ihr hin?
Richtig.
Wo hat es gestanden?
In der Nähe des Tiergartens. Nördlich davon. Nicht weit vom Englischen Garten.
Weißt du die Adresse?
Helgoländer Ufer.

Ich frage den Mann an der Rezeption, ob er mir zeigen kann, wo das Helgoländer Ufer liegt. Er zeigt es mir auf einem seiner Stadtpläne. »Sie nehmen am besten ein Taxi«, sagt er. »Das ist recht weit von hier.« Ich drehe mich zu meinem Vater um:

Wir nehmen am besten ein Taxi.
Quatsch.
Es ist recht weit.
Ist es nicht.
Der Mann an der Rezeption sagt das aber.
Ein Spaziergang täte mir gut.
Es ist kalt.
Dann müssen wir in Bewegung bleiben.

Also gehen wir zu Fuß. Erst einmal vom Hotel zum Spittelmarkt und dort am Spreekanal entlang ein Stück in die andere Richtung. Die Stimmung meines Vaters hebt sich, als wir zu der Stelle kommen, wo der Kanal unter einer Brücke hindurchführt, der Grünstraßenbrücke.

Hier haben wir den Schleppern zugesehen, wie sie ihre Schornsteine umgelegt haben, damit sie unter der Brücke durchpassten. Ich mit meinen Freunden. Die Schornsteine hatten ein Scharnier. Sie wurden nach hinten umgeklappt, um unter die Brücke zu kommen. Wir standen oben auf der Brücke, die Schlepper sind unter uns durchgefahren. Und wir mitten im Qualm.

Er steht da und schaut auf die Brücke. Ich kann sehen, wie sein Körper sich entspannt, die Erinnerung hält ihn. Auf seinem Gesicht erscheint ein Lächeln. Er und seine Freunde winken von der Brücke. Die Männer auf dem Schlepper klappen den Schornstein um, lenken den Kahn. Dampfwolken.

Wir lassen den Kanal hinter uns und gehen die Leipziger Straße hoch, neben uns der brausende Verkehr. Am Potsdamer Platz biegen wir ab und kommen von der südöstlichen Ecke in den Tiergarten. Nur wenige Menschen sind im Park, die meisten führen ihre Hunde aus, ein paar fahren Fahrrad, alle unter dicken Schichten Kleidung. Der Park ist sehr gepflegt, überall sind kleine Teiche, niedrige Hecken und Wege, die in überraschenden Winkeln abgehen, Statuen preußischer Gestalten wie Generalfeldmarschall Helmuth Graf von Moltke, die Bronze einer Amazone zu Pferd, vier große schwarze Figurengruppen, eine zeigt die Jagd auf einen Fuchs, eine andere, wie ein Eber getötet wird. Wir gehen weiter, bis mir die Kälte des Bodens durch die Schuhe dringt und in meinen Fußsohlen kribbelt. Wir kommen in den Englischen Garten.

Irgendwo hier habe ich Fahrrad fahren gelernt.
Ein schöner Ort, um etwas zu lernen.
War es.

Wir laufen an den überwinternden Rosenbeeten mit ihren beschnittenen und dornigen Zweigen vorbei, dann verlassen wir den Tiergarten und gehen zum nahen S-Bahnhof Bellevue, den mein Vater sich ansehen möchte. Wir gehen in den Bahnhof hinein, vorbei an zwei großen Blumenständen voller gemischter Sträuße und verschiedener Schnittblumen in weißen Vasen. Wir steigen die Treppe zum Bahnsteig hinauf. Mein Vater blickt hoch zum Dach aus Stahl und Glas.

Habe dieses Dach immer gemocht. Backsteinmauern mit Wandpfeilern dazwischen. Bogenförmiges Tragwerk aus Stahl. Darüber große verglaste Flächen. Eine Kombination aus alten und neuen Bauverfahren.

Ich schaue ebenfalls hoch.

Als ich Berlin verlassen habe, habe ich hier den Zug zum Bahnhof Friedrichstraße genommen.
Von hier bist du losgefahren?
Meine Mutter ist noch mitgekommen zum Bahnhof Friedrichstraße. Ich habe mich dort von ihr verabschiedet.
Hier auf dem Bahnsteig hast du mit deiner Mutter gestanden?
Ja.
Und heute kommst du zum ersten Mal wieder her?
Ja.
Ist Toni auch mitgekommen? Um sich zu verabschieden?

Mein Vater schaut mich an. Für eine halbe Sekunde blicken seine Augen direkt in meine. Er dreht sich um und läuft weiter über den Bahnsteig. Eine S-Bahn kommt. Ein paar Leute steigen ein, andere steigen aus. Ich sehe, wie ihre Gesichter sich für den Bruchteil einer Sekunde verändern, so sehr konzentrieren sie sich darauf, nicht aus dem Gleichgewicht zu geraten, wenn sie von der Trittkante auf den Bahnsteig ein paar Zentimeter unter ihnen treten. Ich gehe ans Ende des Bahnsteigs und stelle mich zu Hans. Er sieht mich an und sagt:

Toni war nicht da.

Er dreht wieder um und geht den Bahnsteig zurück, dann die Treppe hinunter. Als ich ihn eingeholt habe, steht er an dem Blumenstand in einem Meer von Sonnenblumen und Rosen, ihr kräftiges Gelb und Scharlachrot wirkt deplatziert in der Herbstkälte. Dahinter eine weiß gekachelte Wand.

Warum war sie nicht da?

Sie war einfach nicht da.

Sie hat uns in Wales besucht, und wir sind zusammen nach Ynyslas gefahren. Du erinnerst dich?

Natürlich erinnere ich mich.

Danach haben wir sie nie wieder gesehen.

Weil sie uns nie wieder besucht hat.

Aber du hast sie auch nicht in Israel besucht.

Ich war zu beschäftigt.

Und als sie gestorben ist, warst du nicht auf ihrer Beerdigung.

Mein Vater wendet sich ab von dem Blumenstand, tritt auf die Straße und läuft los. Ich schließe zu ihm auf.

Ich möchte nicht darüber reden.
Schon gut.
Ich möchte einen Kaffee.
Ich auch.
Wir gehen da drüben hin.
Wo?
Da.

Ich schaue ans Ende der Straße, wohin sein Finger zeigt, und was ich von hier aus sehe, sieht aus wie ein großes Wohnhaus, vielleicht auch ein kleines Hotel.

Bist du sicher, dass das ein Café ist?
Probieren wir's, ja?

Wir gehen auf das Holsteiner Ufer zu, wechseln die Straßenseite. Ich spüre die Kälte, die mir schon durch die Jacke gezogen ist und in die Knochen dringt.

An dem Haus, auf das mein Vater zuläuft, ist an der Eckseite ein roter Schriftzug – BAUMKUCHEN SEIT 1852. Als wir näher herankommen, sehe ich, dass es tatsächlich ein Café ist, die Konditorei G. Buchwald.

Wir treten durch die Eingangstür und stehen vor einer breiten Thekenvitrine mit einer Auswahl an kunstvollen Torten. Vier Angestellte bedienen die Kunden, die dort Schlange stehen, und beschreiben jeden Kuchen in einem sanften, aufmerksamen Ton: »Dieser Schokoladenkuchen ist perfekt. Mit frischer Sahne in Schichten.«

Durch eine Tür kann ich in einen Raum mit zahlreichen Tischen sehen. Mein Vater geht direkt hinein und setzt sich an einen Tisch am Fenster. Jeder Tisch in diesem Café hat ein blutrotes Tischtuch. Auf jeden hat man eine kleine weiße Lilie in einer geschliffenen Kristallvase gestellt. Die Wände sind tapeziert mit einer glänzenden, silberbeigen Strukturtapete, und die Stühle sind bezogen mit einem reich bestickten Tuch in Buttercreme und Oxidrot. Auf einer alten Eichentruhe hinten im Raum steht ein Blumenarrangement, darin auch südafrikanische »Raketenblumen«. Ein junger, glattrasierter Kellner kommt an unseren Tisch. Mein Vater bestellt, ohne zu ihm aufzuschauen:

Zwei Kaffee schwarz. Zwei Baumkuchen.

Der Kellner nimmt die Bestellung entgegen.

Was ist das, ein *Baumkuchen*?
Abwarten.

Woher wusstest du, dass hier ein Café ist und was du bestellen wolltest?
Liegt das nicht auf der Hand?
Nicht ganz.

Der Baumkuchen kommt. Es ist ein Stück Kuchen aus vielen Schichten mit einer Glasur aus Bitterschokolade. Der Teig ist luftig, leicht salzig und mit viel Vanille.

Als Kind war ich oft hier.
Du hier?
Ja.
Mit deiner Familie?
Ja.

Er deutet durchs Fenster auf ein Wohnhaus hundert Meter weiter. Es ist sechs oder sieben Stockwerke hoch. Die Fassade ist in einem dunkleren Ockerton gestrichen, die Fensterrahmen sind weiß.

Siehst du die Wohnungen da drüben?
Das dunklere Haus?
Da bin ich aufgewachsen. Wir haben im ersten Stock gewohnt.
Die Fenster links sind unsere.
Da hast du gewohnt?
Ja.
Und Toni?
Was ist mit der?
Was war zwischen dir und ihr?
Hör auf mit Toni.

Wir trinken unseren Kaffee und essen unseren Kuchen, schweigen. Die anderen Gäste im Café unterhalten sich leise. Ich lese eine Broschüre auf Englisch.

Baumkuchen ist eine in vielen Schichten aufgetragene feine Teigmasse und seit 163 Jahren die Spezialität der Konditorei Buchwald. Noch heute werden alle unsere Baumkuchen-Spezialitäten nach dem Originalrezept von 1852 hergestellt …

Ende des neunzehnten Jahrhunderts verlegte das Unternehmen seinen Sitz nach Berlin.

Für einen Moment bin ich neidisch auf diese Beständigkeit. Ich spüre, wovon mein Vater ausgeschlossen war.

Wir essen den Kuchen und gehen. Im Eingangsbereich des Cafés, neben den Torten in ihrer Kühlvitrine, hängt eine stattliche Reihe von Urkunden, offenbar Preise, die das Café Buchwald im Laufe der Jahre gewonnen hat. In einer Nische, zum Teil verborgen hinter einem langen, von der Decke bis zum Boden reichenden cremefarbenen Vorhang, verrät uns eine Urkunde, dass das Café für seine Kuchen 1942 und 1943 ausgezeichnet wurde. Ich frage mich, wer die Juroren waren.

Wir gehen hinaus, überqueren die Moabiter Brücke über die Spree. Vier Bärenskulpturen stehen dort, zwei an jedem Ende der Brücke.

Hinter der Brücke biegen wir rechts ab auf das Helgoländer Ufer und bleiben vor seinem ehemaligen Haus stehen.

Der Türgriff ist noch derselbe.

Er legt die Hand darauf, ich dann auch. Wir stehen eine Weile nebeneinander. Ein Mann kommt durch die Tür und geht die Straße hinunter. Er trägt ein bretonisches Streifenshirt und eine dunkle Regenjacke. Ich nehme alles in den Blick, die Brücke, den Fluss, die Menschen, die ihrem Alltag nachgehen. Eine junge Mutter kommt mit ihrem Sohn aus dem Haus, sie begegnen dem Mann, der vor einer Minute gegangen ist und jetzt zurückkehrt, er hält eine Zeitung vor seinem Streifenshirt. Sie unterhalten sich kurz, dann geht er wieder ins Haus hinein, und die junge Mutter und ihr Sohn gehen die Straße weiter. Eine Frau kommt heraus, wahrscheinlich in den Achtzigern und gestützt auf einen Stock in jeder Hand. Mein Vater spricht sie an und fragt, ob er einen Blick in den Hausflur werfen dürfe, da sei doch ein Wandgemälde, das würde er sich gern ansehen. Er erklärt die Situation in behutsamem Deutsch. Die Frau ist stark geschminkt, die Lippen knallrot. Die Gläser ihrer Goldrandbrille sind tiefgelb getönt, eine Tönung, die einem gute Laune machen soll. Sie trägt Tweed und sagt sehr bestimmt auf Englisch:

Nein. Leute wie Sie können wir nicht reinlassen.

Die Tür schließt sich. Sie geht langsam die Straße hinunter. Wir bleiben noch eine Weile, dann gehen wir weiter.

Was für eine unfreundliche Frau.
Wer wollte ihr verübeln, dass sie uns nicht reinlässt. Sie weiß nichts über uns. Ich möchte ins Aquarium. Ist nicht weit.

Wir gehen langsam zurück über die Brücke, vorbei an den Bären und der Konditorei, vorbei am S-Bahnhof Bellevue, vorbei am Englischen Garten.

Eine schöne Gegend, in der du aufgewachsen bist.
Ja, solange man kein Jude war.

Wir gehen wieder durch den Tiergarten und weiter zum Aquarium. Es wurde bereits 1913 eröffnet und hat auch den Krieg überstanden. »Ich mochte das Aquarium sehr«, sagt mein Vater. »Ich bin oft mit meinen Freunden hergekommen.« Wir gehen hinein, ein paar Stufen hoch, kaufen Tickets und machen einen Rundgang durch die drei Etagen des Aquariums, vorbei an Insekten auf Baumstämmen, an blassen Haien in riesigen Becken, an weißen Welsen und dunkelblauen Aalen, an den leuchtenden Farben tropischer Fische, bis mein Vater vor einem großen Glaszylinder stehen bleibt, in dem ausschließlich Quallen sind. Er schaut ihnen zu, wie sie sich durchs Wasser bewegen, wie sie in Ruhe dahinwogen und ihre einschläfernden Kreise ziehen, immer an der Glaswand entlang, scheinbar schwebend, wie in stiller Glückseligkeit. Neben dem Zylinder informiert uns eine Tafel:

Bestimmte Quallenarten müssen von Hand mit kleinen Fischstücken gefüttert werden. Das Futter wird mit einer Pinzette auf die Tentakel der Quallen gelegt oder mit einer Kanüle in die mit dem Mund der Quallen verbundenen Tentakel gespritzt. Unterschiedliche Quallenarten sollten nicht zusammen gehalten werden, die schwächeren Arten würden sonst von den anderen gefressen.

Mein Vater steht wie versteinert vor den Quallen.

Toni ist zum Arbeiten nach Holland gegangen, kurz danach wurde ich auf den Kindertransport geschickt. Sie hatte eine Stelle als Dienstmädchen bekommen.
Eure Mutter hat dich ausgewählt?
So einfach sind die Dinge nicht.
War es das, worüber Toni mit dir in Wales gesprochen hat?
Nein, darüber nicht.
Irgendwas hat sie aufgewühlt.
Sie war achtzehn. Ich war zwölf. Das war der Grund für die Entscheidung.
Wie hat sie überlebt?
Sie hatte eine Stelle auf einem Bauernhof und hat für den niederländischen Widerstand gearbeitet. Sie war blond. Sie entsprach nicht dem Klischee von den Juden. Am Ende hat der Bauer sie in einer Scheune versteckt. Als der Krieg vorbei war, ist

sie mit dem Zug nach Nizza gefahren und von dort auf einem Schiff in das britische Mandatsgebiet Palästina.

Und dann?

Sie ist in ein Kibbuz gegangen – Ramat Rachel. Als das Schiff nach Jaffa kam, konnte es nicht bis ans Ufer heran, also ist sie vom Schiff gesprungen und hingeschwommen.

Darüber habt ihr gesprochen?

Ja.

Vor mir steigen Bilder von Dünen auf. Das Meer in Ynyslas. Tonis Augen, als sie mir ihren Rat gab. Ich sehe, wie sie vom Schiff springt und im Mittelmeer schwimmt. Lichter auf dem Wasser. Wie sie den Fuß an Land setzt. Aufgeheizter Sand an ihren Zehen. Die Augen ein Strahlen.

Mein Vater, der immer noch auf die Qualle starrt, sagt:

Sie hatte Glück.

Er hält inne, bevor er weiterspricht.

Und ich auch.

4.4

Es ist Sommer. Im Jahr 2000. Wir sind auf dem Gelände des Killerton House, ein Anwesen im Besitz des National Trust in Devon. Wir haben ein paar Tage Urlaub gemacht – mein Vater, meine Mutter, meine Frau Barbara und unsere drei Kinder Joe, Freddie und Rosa. Auf der Rückfahrt nach Hause meinte mein Vater, er würde gern beim Killerton House halten und sich »mal umsehen«.

Als wir hinkommen, erzählt er mir, während meine Kinder durch die Parkanlagen toben, dass er ein paar Wochen nach seiner ersten Ankunft in England hierhergebracht wurde. Das Internat, auf das man ihn schickte, Vinehall, war während des Kriegs hierher evakuiert worden, und hier begann auch sein neues Leben. Die Hintergründe, warum und wie es dazu kam, sind ihm unbekannt, und obwohl er versucht hat, es herauszufinden, weiß er nur, dass er unterstützt wurde unter der Voraussetzung, dass sein Förderer anonym blieb: »Das Geschenk eines Fremden.«

Dann versammelt er seine Enkelkinder und macht mit ihnen eine Besichtigungstour, antwortet auf ihre Fragen. »Die Treppe hier bin ich rauf- und runtergelaufen«; »Hier haben wir gegessen«; »Das ist die Speisekammer«; »Da bin ich beim ersten Mal angekommen.« Manche Bereiche des Anwesens wurden vom National Trust abgesperrt und sind tabu. Was heißt, dass wir, da wir nun mal mit meinem Vater zusammen sind, unter den Absperrungen durchmüssen, und so machen wir es. Wir gehen in einen Stall in der Nähe des Hauses. An einer der weißen Wände sind die Umrisse von Tischlerwerkzeugen schwarz aufgemalt – Sägen, Vorstecher, Schraubenzieher, Hämmer –, eine Methode, um sicherzustellen, dass die aufbewahrten Werkzeuge leicht zu finden sind. In diesem Stall hat seit vielen Jahren niemand mehr einen Finger gerührt. »Die Linien habe ich gezogen«, sagt mein Vater. Wir stehen davor, meine Kinder und ich, und schauen hin. Es ist der erste materielle Beweis für seine Zeit in England. Er sagt mir, dass es noch einen anderen jüdischen Jungen gab, ebenfalls aus Deutschland und ebenfalls mit dem Kindertransport entkommen.

Das war bestimmt ein Trost, jemanden zu haben, der in derselben Situation war.
Wir haben nie darüber gesprochen.
Habt ihr Deutsch miteinander geredet?
Nein.
Gar nicht?
Keiner von uns hat es je erwähnt.

Wir verlassen den Stall, gehen in den Park und stehen unter einem Tulpenbaum.

Nachdem ich Winston Churchills Ansprache im Radio gehört hatte, in der er erklärte, dass sich Großbritannien im Krieg befand, bin ich raus in den Garten und habe genau hier gestanden, unter diesem Tulpenbaum. Und hier wurde mir bewusst, dass ich nicht nach Berlin zurückkehren würde, dass ich in Großbritannien bleiben würde. Da habe ich begriffen.
Was begriffen?

Dass ich meine Mutter und meine Familie nicht wiedersehen würde.

In dem Moment wusstest du das?

Ja, in dem Moment.

Dass du sie verloren hattest?

Ja.

Und du warst zwölf?

Ich war gerade zwölf geworden, ja. Und dann habe ich noch etwas begriffen.

Was?

Dass ich Glück hatte.

Glück?

Glück.

Ich bin mit meinen Kindern zusammen, die mich mit ihrem Leben erfüllen, und mir wird erneut klar, was ich längst weiß – dass er in einer anderen Welt gelebt hat als wir. Er wurde beiseitegeschoben. Von außen betrachtet scheint er derselbe zu sein, aber auch wenn man ihn in die Welt gesetzt hat, passt er nicht in sie hinein. Er bewegt sich nicht mit Leichtigkeit auf der Erde, weiß nicht, wie er sich auf ihr zurücklehnen soll, versteht nicht, wie man sich auf ihrer sanften Oberfläche treiben lassen oder, seine Poren öffnend, in ihrer Anmut aufgehen kann. Stattdessen führt mein Vater einen Kampf, einen harten, verzweifelten Kampf, er muss in der Welt bleiben und fragt sich, ob er nicht jeden Moment aus ihr herausgenommen wird.

Für ihn ist das ständige Laufen und Radfahren und Schwimmen und Gärtnern und Arbeiten etwas, was er geleistet hat, bewältigt, und all seine Abenteuer sagen ihm, woran er erinnert werden muss – dass er lebt. Lebendigsein ist für ihn ein Addieren von Geleistetem, eine Liste mit Vollbrachtem. Er weiß, dass er lebt, weil sein Verstand es sich in einem deduktiven Verfahren ableiten kann. Er hat, das weiß er, dies und jenes getan, hat hier und da etwas besucht, ist so viele Meilen gelaufen, hat diesen Schuppen gebaut, diese Hecke geschnitten, ist dorthin gegangen, hat einen neuen Rasenmäher gekauft, hat hiermit dies und damit das gemacht, und so kann er sich getrost sagen, dass er lebt. Eine solche Art der geistigen Verarbeitung erfordert ein enormes Quantum an äußeren Reizen. Stillstand ist unmöglich.

Sie haben dich wirklich allein in einer Wohnung gelassen?
Ja.
Wie lange?
Ein paar Wochen.
Konntest du Englisch?
Kaum. Das war nicht ohne Komik. Ich hatte eine Riesenangst vor einem Lieferwagen, der dort herumgekurvt ist. An den Seiten stand »Family Butchers«. Ich dachte, in dem Wagen würden Leute sitzen, die durch die Gegend fahren und Familien abschlachten. Irgendwann hat mich jemand hierhergebracht.
Wohin bist du in den Schulferien gefahren?
Nirgendwohin. Ich bin einfach hiergeblieben. Das schien niemanden zu stören. Ich habe am See eine Brücke zur Insel gebaut.

In der Ferne ist ein kleiner See, eine Brücke führt zu einer Insel in der Mitte.

Die habe ich gebaut, aber inzwischen hat man sie bestimmt ausgebessert oder durch eine neue ersetzt.
Ist ja toll.
Ich weiß nur noch, dass das hier der Himmel war.

Er zögert, ehe er wieder zu mir schaut.

Es war herrlich.

Sein Schmerz, wenn er Erinnerungen wachruft, legt sich auf mich und dringt in mich ein, wandert in meinen Unterleib, wandert mir unter die Rippen. Ich habe einen Teil seiner Geschichte aufgesogen. Warum, das weiß ich nicht. Sie ist zu einem dunklen Gespenst in mir geworden. Ich kämpfe an gegen dieses Gespenst, aber es hat mich im Griff. Es ist meine Herzhaut. Sind die Steine in meinen Nieren. Sind meine arthritischen Hände. Es heftet sich an meine lebenswichtigen Organe und führt einen pausenlosen Kampf mit dem Verstand, meinem seltsamen Verstand, der seine Gedanken in mich hineinjagt, in mich purzeln lässt, auch wenn ich immer wieder um Ruhe bitte; ist ein Strom von Bildern, ein eingewachsenes Geräusch, wie die plappernden Wasserfälle in den walisischen Bergen meiner Kindheit, wenn sie sich in die großen Becken weiter unten ergossen.

4.5

Wir sind in einer der oberen Etagen des Aquariums. Dort gibt es eine kleine Brücke, darunter sind die Krokodile, ihre schwerlidrigen Augen starr, eingestellt auf eine mittlere Entfernung, ihre Kieferpartien Millionen Jahre alt. Wir schauen eine Weile hin, dann will mein Vater auf einmal raus. Wir treten wieder auf den Bürgersteig, wo der Verkehr über die Budapester Straße rauscht, und bewegen uns langsam zurück zum Tiergarten.

Plötzlich bleibt mein Vater stehen, dreht um, geht zielstrebig ein Stück die Straße zurück und überquert ihre vier Spuren. Ich folge ihm. »Wohin gehen wir?«, frage ich. »Zum KaDeWe«, sagt mein Vater. »Ich habe mich an etwas erinnert. Es ist in der Nähe des KaDeWe.« Er läuft jetzt schneller. Wir schieben uns durch eine Reihe von Glastüren in ein Einkaufszentrum aus den 1960ern, das Europa-Center, auf dessen Dach sich, zwanzig Stockwerke weiter oben, der große leuchtende Mercedes-Stern dreht. Das Gebäude steht nahe der ausgebombten Ruine der Kaiser-Wilhelm-Gedächtniskirche, die 1943 bei einem alliierten Bombenangriff zerstört wurde, auch bekannt als »Hohler Zahn«, die fehlende Turmspitze und das narbige Gemäuer sind eine schmerzhafte, heute aber nicht unattraktive Erinnerung an den Zweiten Weltkrieg. Ich muss daran denken, wie Bryn Lewis und mein Vater sich in unserem Garten an der Pentrosfa unterhalten haben.

Das Europa-Center nimmt für sich in Anspruch, ein »ganz

neues Einkaufserlebnis« zu bieten, nur wie es das umzusetzen gedenkt, ist alles andere als ersichtlich. Vor uns hängen zwei große Werbeplakate, darauf lächelnde Models, deren vollkommen gerade, überkronte Zähne im Neonlicht funkeln: FÜR SNEAKER-FREAKS BIS HIGH-HEELS-TRÄGER und FÜR ALTBERLINER BIS NEU-NEUKÖLLNER. Wir gehen raschen Schrittes darunter hindurch, und da das Europa-Center sehr klein ist, sind wir in einer Minute auf der anderen Seite wieder draußen, ein wie auch immer geartetes neues Einkaufserlebnis hatten wir nicht. Wir halten uns links und gehen ein paar Minuten die Tauentzienstraße entlang, überqueren sie und laufen weiter. Rechts von uns ist ein riesiges Kaufhaus, erbaut zu Beginn des zwanzigsten Jahrhunderts. »Das ist das KaDeWe«, sagt mein Vater, »das Kaufhaus des Westens.«

Er schiebt sich durch die Türen des größten Warenhauses im kontinentalen Europa. Ich folge ihm. Ein Mann in Uniform und mit Zylinder neigt leicht den Kopf zur Begrüßung. Wir betreten das große Atrium hinter dem Eingangsbereich, atmen die Düfte ein, die um die Make-up-Theken wehen, gehen vorbei an Seifenstücken, Töpfchen mit Gesichtscreme, Lippenstiften und Eyelinern, vorbei an Uhren in kleinen Vitrinen, sehen die schimmernden Menschenmengen.

So ein Scheiß.

Was denn?

Dieses ganze – Shopping.

Den Leuten gefällt's.

Krank im Kopf.

Ich glaube nicht, dass ich je mit dir einkaufen war, noch nie.

Hatte Besseres zu tun.

Dabei war dein Vater selbst Ladenbesitzer.

Mein Vater schenkt mir einen seiner Blicke.

Nummer sechs.

Er macht auf dem Absatz kehrt und flüchtet aus dem KaDeWe, vorbei an dem Mann, der uns eben erst beim Eingang zugenickt hat, vorbei an den Menschen, die in das Kaufhaus hereinfluten. Binnen Sekunden ist er draußen, quert den Bürgersteig, hin zur Fahrbahn der Tauentzienstraße, winkt mit beiden Armen in Richtung der Autos, ignoriert das Gehupe und läuft im Zickzack über die Straße, lässt Lastwagen und Lieferwagen vor und hinter sich herfahren, bedeutet Fahrern mit den Händen, ihn durchzulassen. Ich folge ihm. Wir schaffen es auf den Bürgersteig gegenüber. Dann gehen wir schnell ein Stück die Tauentzienstraße zurück, weichen Einkaufsbummlern aus, Liebespärchen, Fashionistas, mein Vater zu den Schaufenstern spähend, bis er vor einem stehen bleibt, es ist eine Baustelle.

Das muss es sein. Das Haus auf dem Foto. Nummer sechs. Nummer sechs. Er hat immer von der Nummer sechs gesprochen. Natürlich ist es die sechs.

Das Haus Tauentzienstraße Nr. 6 wird umgebaut. Es ist eingerüstet und mit einem Bauzaun gesichert. Durch den Zaun hindurch sehe ich Männer mit Schutzhelmen und voller Staub, ein paar lehnen an einem Stapel Spanplatten, andere schauen auf Pläne. In dem Laden wird alles von Grund auf saniert.

Das ist es. Das ist eins von den Geschäften meines Vaters. Gehn wir rein.

Das können wir nicht. Da steht Zutritt verboten. Die Männer lassen uns bestimmt nicht rein.
Dann kommen wir eben in zehn Minuten wieder.

Wir gehen noch einmal die Tauentzienstraße hinunter, lassen unsere Blicke über die breite Straße schweifen, das Menschengedränge, die Reihe der Marktbuden. Dann kommen wir zurück zur Hausnummer sechs. Die Männer sind gegangen, oder zumindest sind sie nicht zu sehen. Zwischen zwei der Zaunsegmente ist eine kleine Lücke, damit die Arbeiter hinein- und hinauskönnen. Wir quetschen uns durch, gehen ein Stück unter dem Gerüst her, an Schildern vorbei, auf denen KEIN ZUTRITT steht und ACHTUNG und LEBENSGEFAHR! BETRETEN VERBOTEN, und dann stehen wir im ehemaligen Geschäft meines Großvaters. Die Wände sind freigelegt, sodass die Betonstruktur zum Vorschein kommt, man sieht, dass sie mit Holz verschalt wurden. Hinten im Raum ist ein hohes Fenster. Wir gehen darauf zu. »Ich erinnere mich noch sehr gut an diesen Ausblick«, sagt mein Vater, als wir davorstehen und hinausschauen auf einen großen Hof zwischen den Rückseiten von Geschäften und Häusern, überall sind Sträucher und Bäume.

Mein Vater hat mich hochgehoben, damit ich aus dem Fenster sehen konnte.
Hier hast du mit deinem Vater gestanden?
Hier haben wir zusammen gestanden.

Auf einmal wird mir schwummrig. In meinem Kopf dreht sich alles. Auf meiner Stirn wie ein Druck. Mir ist, als würde ich krank.

Tut mir leid, ich glaube, ich kippe gleich um.

Mein Vater sagt nichts, geht herum, verschwindet um eine Ecke und steigt, was mich ein wenig beunruhigt, eine lange geschwungene Treppe hinauf. Als er außer Sichtweite ist, lege ich mich mit der Stirn auf den Boden. Ich spüre, wie der Druck wiederkommt, im Rücken jetzt. Ich drücke das Gesicht auf den Boden. Der Betonstaub ist bitter und trocken und wirbelt mir in die Nase. Er klebt an meiner Haut. Ich schmecke den Boden, küsse ihn. Dann stehe ich auf, mein Vater kommt wieder zu mir.

Was soll dieses blöde Hingelege?
Weiß ich selber nicht genau.
Schon seltsam.
Ich weiß.
Du bist voller Staub.
Bestimmt, ja.
Da drüben war eine Theke. Und hier die Vitrinen mit der Ware. Ich habe oft bedient.
Und deine Mutter?
Manchmal ist sie mitgekommen, meist ist sie zu Hause geblieben.
Und Toni?
Ja, die ist auch mitgekommen.
Ihr alle vier hier im Laden?
Richtig.
Glücklich?
Glücklich? Das nehme ich an.

Ich mache ein Foto von der Baustelle an dem Ort, der einmal das Geschäft meines Großvaters war.

Ein Mann taucht auf, mit Bauhelm und Stahlkappenstiefeln, um den Bauch ein Werkzeuggürtel. Er ist bedeckt von einer feinen Schicht Zementstaub, ist wahnsinnig groß und wahnsinnig sauer. Ich sehe es an der Art, wie er seine Füße vor mich gestellt hat und seine Arme verschränkt, auch an seinem direkten und einschüchternden Blick. Er ist Ende fünfzig, von kräftiger Statur, ganz offensichtlich hat er viele Jahre auf dem Bau gearbeitet. Ich schaue ihm vorsichtig in die Augen und sehe, dass er hin- und hergerissen ist zwischen Angst, Verlegenheit und Wut und dass unsere Anwesenheit ihm mehr als unangenehm ist. In seinen Augen liegt etwas Feinfühliges, aber auch Gewalttätiges, als wollte er mich schlagen und bäte zugleich inständig, keinen Ärger zu machen. Er spricht Deutsch, seinen Worten entnehme ich, dass ich sofort gehen soll. Ich zeige auf mein Handy und sage, dass ich nur ein Foto mache. »Keine Fotos«, sagt er. Ich schaue mich um und stelle fest, dass mein Vater verschwunden ist. Ich kann ihn nicht sehen. Aber der Mann ist hartnäckig und bittet mich zu gehen, dabei deutet er auf den Eingang des Geschäfts. Als ich den Raum verlasse, sehe ich, dass mein Vater schon auf dem Bürgersteig steht. Er ist ruhig, kein bisschen aufgewühlt. Wir stehen noch eine Weile dort und schauen auf den Laden. Ich versuche die genaue Stelle zu finden, von wo aus das Foto nach der Pogromnacht aufgenommen wurde, komme wegen der Bauarbeiten aber nicht heran.

Wir gehen zurück zum Grimm's Hotel, und bevor wir uns schlafen legen, sagt mein Vater, morgen würde er gern das Grab seines Vaters und das Grab seines Großvaters in Weißensee besuchen, »zum ersten Mal in meinem Leben«.

4.6

Auf dem Wohltätigkeitsbasar in Llandrindod gab es eine Tombola, die Preise waren Flaschen Wein – Mateus Rosé, Blue Nun – und Ausflüge mit dem Bus nach Aberystwyth, auch große Dosen mit Butterkeksen und Kartons mit Fleisch vom Metzger Abberley. Oft spielte die Blaskapelle der Stadt, an der Seite oder auf der Bühne des Gemeindesaals, und ihre harmonische Musik wärmte den großen Raum, »Nimrod« aus Elgars *Enigma-Variationen*, Wiener Walzer, die Filmmelodie von *The Dam Busters – Die Zerstörung der Talsperren*, dazu Militärmärsche. In einer Ecke des Saals gab es immer die aufwendigsten Kuchen: Walnuss und Kaffee, Schokolade mit kandierten roten Kirschen, Obsttorten, die so voll mit teegetränkten Johannisbeeren waren, dass sie mineralisch schmeckten. Außerdem gab es Biskuitkuchen mit einer Füllung aus Erdbeer- oder Himbeermarmelade und dicker Buttercreme zwischen den einzelnen Schichten. Die Kuchenstücke wurden mit einer Tasse starkem, erdbraunem Tee serviert, Tasse und Untertasse apfelgrün oder aubergine, und eingegossen wurde aus einer großen cremeweißen, schartigen Emaillekanne. Bücher mit hässlichem Leineneinband, oliv oder ocker und alle ohne Schutzumschlag, lagen in einer Reihe auf den Klapptischen neben dem Teestand, daneben Tische mit kaputtem Spielzeug und Nippes: weiße Kaninchen, Schäferinnen oder Zugpferde aus Porzellan, Schühchen, Kätzchen und Hündchen aus Glas; Figuren walisischer Frauen in traditioneller Tracht mit hohen schwarzen Hüten; kleine Blechmodelle von Jagdflugzeugen und Bombern – Spitfire, Hurricane, Lancaster – oder »Fliegenden Festungen« und Mosquitos, alle mit ihren Tarnfarben, Grün für über Land und manchmal auch Graubraun fürs Meer, an dem stumpfen Grau der Druckgussteile aus einer Bleilegierung konnte man sehen, wo der Vorbesitzer die Farbe abgegrabbelt oder abgestoßen hatte; und Reihen von Dinky-Modellen – Autos, Pritschenwagen, Lastwagen und Busse. Es gab auch Dosen mit Murmeln, alte militärische Auszeichnungen, die Medaillen an ihren Bändern auf kleinen Stoffkissen, Porträts und Bücher über Winston Churchill und die Queen, die Luftschlacht um England und die Schlacht von Dünkirchen.

In dem Saal war es immer staubig. Man konnte sehen, wie der Staub die Luft eintrübte, er schwebte und wirbelte um uns herum, deutlich zu erkennen in dem Licht, das durch die Fenster im Dach hereinflutete, und so kompakt, dass man sich fragte, wie überhaupt jemand richtig atmen konnte, die Lungen mussten alle zu sein. Der Staub kam von überallher, von den Stapeln dunkler Flanellhosen, oft noch mit ihren gestreiften, an den Innenseiten festgeknöpften Hosenträgern, von den geblümten Kleidern mit ihren Gürteln und Gürtelschlaufen aus demselben, farblich dazu passenden Stoff, von Hüfthaltern, Häkeljacken, gestrickten Teekannenwärmern, den Trenchcoats und dreiteiligen Anzügen der kürzlich Verstorbenen, am Bund von den Jahren vergilbt.

Der Wohltätigkeitsbasar begann nachmittags um Viertel nach zwei. Ich kam immer frühzeitig und stellte mich auf dem frisch desinfizierten Holzfußboden an. Es wurde gedrängelt und gegen die verschlossenen Türen gedrückt. Wenn jemand endlich aufsperrte, schossen wir wie ein Korken aus der Flasche in die Halle und rannten zu den Trödelständen, wo der Glasnippes, die Hündchen und die Kätzchen, die Modellautos und die Modellflugzeuge geduldig auf ihre neuen Besitzer warteten. Manchmal kam Simon mit, und er holte sich so viele von den Spielzeugflugzeugen, wie er konnte, seine knochigen Hände durchforsteten die Tische nach Büchern über die Geschichte des Fliegens, seine Haut bläulich, sein Husten beständig, sein Skelett durch die Kleidung sichtbar.

Später, als ich ein paar Jahre älter war und auch wieder sprechen konnte, half ich auf dem Basar aus, und da bediente ich dann Mr Bubyage über die hölzernen Klapptische hinweg, es war mir eine Freude, ihm alles zu geben, was er wollte, und das für die kleinste Summe Geld. So konnte ich mich ein wenig erkenntlich zeigen für unsere jährlichen gemeinsamen Momente, für den Weg, den er gelegt hatte, für die kalten Honiggläser, die er uns irgendwann vor Weihnachten schenkte. Seine Augen, die mit dem Alter immer tiefer in seinem Gesicht zu versinken schienen, lächelten über diese Verkehrung der Welt – der Teenager vor ihm hielt die Ware in der Hand, die er haben wollte, und bestimmte den Preis für Dinge, die er brauchte. Aber er streckte großmütig die Hand aus und widersprach damit einem Naturgesetz, dieser verbindlichen Regel, wonach Erwachsene über Kinder das Sagen haben, und erwarb von mir einen dunklen Anzug mit Hosenträgern, ein paar kragenlose Hemden und eine Dose Shortbread, auf dem Deckel das Bild eines auf dem Wasser treibenden Korbboots. Und als es ans Bezahlen ging, sprach er wieder in einer Sprache, die ich nicht verstand, es klang kehlig, die Wörter offenbar ganz hinten im Hals geformt, das alles in einem eindringlichen Ton, der Oberkörper zu mir vorgebeugt, und so wie er mir das Geld gab, wurde mir klar, dass das einer Verschwörung gleichkam.

Mit achtzehn beschloss Simon eines Tages, sich makrobiotisch zu ernähren. Das war Anfang der 1980er, und keiner von uns hatte je von Makrobiotik gehört, aber Simon hatte sich ein Buch mit einem algengrünen Cover besorgt, *Basic Macrobiotics* von Herman Aihara. Darin hieß es:

> George Ohsawa, der an unheilbaren Krankheiten litt, lernte mit achtzehn Jahren die makrobiotische Ernährung kennen. Indem er sich an ihre Prinzipien hielt, stellte er seine Gesundheit wieder her.

Simon stellte seine Ernährung um auf braunen Reis, Seetang, Miso, Daikon, geriebenen Ingwer und Gemüse. Milchprodukte, Zucker und Eier wurden zu seinen Feinden, Eiscreme war eine Speise aus dem ersten Höllenkreis, Fleisch der leibhaftige Teufel. Er kochte sich seine eigenen Mahlzeiten in einem Bambus-Dampfgarer, weigerte sich, zu essen, was wir aßen, und rief uns ständig in Erinnerung:

> George Ohsawa hat sich selbst geheilt. Er hatte Nierenversagen. Hatte Ekzeme. Hatte schreckliche Atembeschwerden. Genau wie ich.

Außerdem lehnte Simon es ab, Antibiotika zu nehmen. Als sich sein großer Zeh entzündete, nachdem er sich am Pedal seines Fahrrads geschnitten hatte, sahen wir, wie der Zeh immer roter wurde, dann braun, dann glänzend schwarz. Die Lösung für ihn war, ein Loch in eine frische Zwiebel zu schneiden und den Zeh hineinzustecken. Das würde, sagte er mir, die Entzündung »herausziehen«, der Zwiebelsaft wirke antiseptisch. Wochenlang hatte Simon, wenn er ins Bett ging, eine mit Klebeband befestigte frische Zwiebel am Fuß. Der Zeh wurde immer schlimmer, bis es nur noch die groteske Version eines Zehs war, ein Zeh aus dem Théâtre du Grand Guignol, die Hammer-Films-Horror-Requisite eines entzündeten Zehs.

Mein Vater warnte ihn ernsthaft: »Du könntest den Zeh verlieren«, oder »Wenn es zu Wundbrand kommt, muss der Zeh womöglich amputiert werden«, oder gar: »An Blutvergiftung kann man sterben.« Die Antwort meines Bruders war immer dieselbe:

Mein Immunsystem ist hinüber. Die ganzen Antibiotika und anderen Medikamente, die ich als Kind bekommen habe, haben es zerstört. Wenn ich mein Immunsystem stärken will, muss ich es wieder so aufbauen, dass es mit den Entzündungen selber fertigwird. Deshalb nehme ich die Zwiebel.

Irgendwann war Simons Zeh geheilt, nur alles andere an ihm wurde entsetzlich schwach. Ich konnte sehen, wie sein Körper ihn quälte, die dunklen Augenringe zogen sich übers ganze Gesicht, die Rippen stachen unter dem Hemd hervor, die Hüftknochen zeichneten sich unter seiner ständig rutschenden Hose ab. Am Esstisch schlug Simon verbale Schlachten mit meinem Vater.

Nach der Bombe auf Hiroshima haben Menschen überlebt, die Misosuppe gegessen hatten.
So ein Quatsch.
Ihre Darmbakterien haben sie vor den Auswirkungen der Strahlung geschützt.
Einen Scheiß redest du. Gefährlicher Stuss ist das.

Dann wurde es still, eine Stille, die Simon schließlich brach, indem er sich auf ein anderes Thema stürzte.

Ist dir aufgefallen, dass die Augen von Prinzessin Di ungewöhnlich sind? Dass man ein weißes Stückchen ihres Augapfels unter der Pupille und über dem unteren Lid sieht?
Die Sklera?
Sanpaku.
Wovon redest du, Sanpaku?
Die Augen von Prinzessin Di verraten, dass sie ein Symptom hat, das man Sanpaku nennt. Sie hat keine Verbindung zu sich selbst.
Keine Verbindung zu sich selbst?
Kennedy war auch ein Sanpaku-Mensch.
Nicht zu fassen, was für einen Unsinn du von dir gibst. Man sollte meinen, du wärst gebildet. Was die Schulen und Universitäten heutzutage hervorbringen, ist eine gesellschaftliche Katastrophe!

Wieder wurde es still, worauf mein Vater sein Essen demonstrativ salzte und meinen Bruder fragte, ob er nicht gern etwas Rinderschmalz hätte.

Möchtest du nicht etwas Rinderschmalz? Ich nehme mir welches.
Rinderschmalz?
Ein bisschen Fett tut dir gut.
Weißt du, wie giftig Rinderschmalz ist? Man muss Yin und Yang im Gleichgewicht halten.
Yin und wer?

Und so ging es weiter – Ernährung als psychologische Kriegsführung, Essen als Munition, der Küchentisch das Schlachtfeld.

Rinderschmalz war neben rohem Hackfleisch, rohen Eiern und rohen Zwiebeln das Lieblingsessen meines Vaters. Ein konstanter Vorrat lagerte im Kühlschrank. In dicken Schichten bestrich er damit geröstetes Toastbrot und salzte kräftig. Oft folgte darauf ein Beefsteak Tatar, dafür vermischte er das rohe Hackfleisch, die rohen Eier, die rohe Zwiebel und Pfeffer mit der Gabel in einer weißen Schüssel. Da Tatar und Schmalz das genaue Gegenteil von makrobiotischer Kost waren, blieb es nicht aus, dass Simon und Hans, die bei den Mahlzeiten mit ihrem jeweiligen Essen am Tisch saßen, der eine mit Fleisch und ohne Körner, der andere mit Körnern und ohne Fleisch, sich andauernd stritten. Simon hatte auch regelmäßig etwas zu verkünden.

Ich kriege ein Microlight.
Und wo willst du das unterbringen?
In deiner Garage.
Du tust kein Microlight in meine scheiß Garage.
Ich habe schon eins bestellt.
Du hast eins bestellt?
Ich habe eine Anzahlung gemacht.
In meiner Garage bringst du es jedenfalls nicht unter. Das erlaube ich nicht. Da ist kein Platz.
Es wird nicht lange dort stehen.
Auf keinen Fall.

Doch trotz der Proteste meines Vaters hatte mein Bruder sein Ultraleichtflugzeug jahrelang in der Garage unserer Eltern stehen. Er bekam es sogar hin, dass er auf einem Feld nicht weit vom Haus starten und landen konnte. Wie sich zeigte, hatte er dieses Trike, einen motorisierten Hängegleiter, bestens im Griff, und wenn er von seinen Himmelsausflügen zurückkehrte, war er in Hochstimmung, begeistert von der Reinheit der Luft. »Dort oben ist der einzige Ort, wo ich atmen kann.« Er nahm uns nacheinander mit in seiner schwarzen XL-R Flexwing mit Rotax-Motor, überredete uns, dass wir uns hinter ihn setzten, und da klammerten wir uns dann an den Metallrahmen des Trikes oder hielten uns an seiner Taille fest. Der minikleine Motor heulte wie ein Rasenmäher auf vollen Touren, und das Fluggerät machte beunruhigende Hüpfer über das Feld, das Simon vorher auf Maulwurfshügel abgesucht und mit einem Spaten planiert hatte. Wir rasten an den nahen Stacheldrahtzäunen vorbei, unter unseren Händen das Gras, es war die parodistische Version eines internationalen Linienflugs mit Rollbahn und Tower. Dann hoben wir ab, kippten langsam zum Himmel hin, ein allmählicher Aufstieg, Simon schob das Trapez von seiner Brust weg, rang mit ihm in den seltsamen, tosenden Luftströmungen, dann immer höher zu den Wolken, in sie hinein, sie waren überall, ihre Konsistenz eine Überraschung, eine leichte Feuchtigkeit, Kälte auf der Haut, die Hände an das Trike geklammert, die Knöchel vorstehend, ein Blick in das Innere der Wolke, von einer Farbe wie die weißen Stellen auf einem Röntgenbild, ich mit rausgestreckter Zunge, in meinem Mund der Geschmack der Wolken (so schmecken sie also), bis wir über ihnen waren, die Sonne eine Kugel am Horizont, ein helles Leuchten, der Mond ein Stück aufgegangen, blass, schwer zu erkennen gegen die Sonnenstrahlen, die an der Oberseite der Wolken abprallten. Und so flogen wir im Kreis herum, bevor es wieder durch die Wolken hinunterging und wir gemeinsam über unserer Kindheit flogen, dem Krankenhaus, der Pentrosfa, den Hügeln, dem See, den Schulen, dem Park, den Häusern, wo wir wohnten, dem Castle Hill, von oben aus alles abgeflacht, ein Panoptikum der Erinnerungen.

Dann zog er die Trapezstange zur Brust hin, und die Nase des Trikes kippte vornüber. Ich sah, wie der Boden auf uns zukam, bis Simon im letzten Moment die Nase schnell hochzog, indem er die Stange wieder von sich wegdrückte und wir auf den Schubkarrenreifen landeten, über das Feld hüpften, zwischen den planierten Maulwurfshügeln, genau wie die Zeitschriften es schilderten, in unseren Ohren das Heulen des Motors. Ich kletterte hinaus, erleichtert, wieder Boden unter den Füßen zu haben, mein Bruder freudig erregt, er, der Boss, den Ton angebend, adrenalingeladen, ein schwarzäugiges, fast eins neunzig großes wandelndes Skelett, seine Lebensgeister hellwach, eine Spur von ihm noch in den Wolken, wohin zurückzukehren er kaum erwarten konnte. »Will noch jemand?« Und dann mein Vater, angeschnallt hinter ihm, über das Feld rumpelnd, und schon ab in die Luft und ebenfalls durch die Wolken hindurch, bevor er wieder zurückkehrte, dong, dong, und an einer Hecke zum Stillstand kam. Danach nahm mein Bruder seinen Flieger Stück für Stück auseinander, Federklemmen, Drähte aus Edelstahl, und brachte ihn wieder in die Garage unserer Eltern. Meine Mutter war außer sich, eine Mischung aus Freude und Angst beim Anblick dieses kraftstrotzendes Sohns, den sie vor Jahren gerettet hatte mit Sauerstoff und ihrer Fürsorge und der Erfüllung aller Wünsche, die sie vom anderen Ende des Schnurtelefons aus erreichten.

Später nahm Simon meinen Vater mit auf eine Flugrallye durch Großbritannien. Dann ging er noch weiter, flog von Spanien über die Pyrenäen nach Großbritannien, mit Karten, in der Zeit vor GPS, landete auf Feldern in der Nähe von Tankstellen, um aufzutanken und weiterfliegen zu können, mit einer

Luftmatratze als Sicherheitsausrüstung für den Fall, dass bei der Überquerung des Ärmelkanals der Motor ausfiel, und einem Zelt zum Schlafen, verstaut, wo normalerweise der Mitflieger saß. Nachts stellte er das Trike auf Feldern ab. Später erzählte er mir:

> Der Flug über die Pyrenäen war das Schwierigste. Ich musste oben die Stelle finden, wo sie am niedrigsten sind, und dann zwischen den höchsten Bergen hindurchfliegen. Es war zwar Sommer, aber da lag immer noch Schnee, sonst nur Geröll, weil es über 10 000 Fuß hoch ist. Es dämmerte, meine Hände waren fast erfroren, ein bisschen Konzentration war schon notwendig, um die Route zu finden. Wenn man auf einen Gipfel zufliegt, muss man sich dicht an die windabgewandte Seite der Täler halten.

Und dann war er geheilt. Die Ernährungsumstellung hatte im Laufe der Zeit offenbar gewirkt. Es hatte ihn zehn Jahre strengster makrobiotischer Diät gekostet, aber mit den Büchern von George Ohsawa hatte er sich selbst kuriert. »Ich habe jetzt ein starkes Immunsystem.«

Er lernte, einen Hubschrauber zu fliegen, eine Robinson R22, den kleinsten und leichtesten Helikoptertyp, den es gibt, mit einer Plexiglaskanzel und einem Instrumentenpanel von minimalistischer Schönheit. In einer gemieteten R22 nahm er mich schon mal auf Flüge mit. Es war ein überwältigendes Gefühl, den Boden senkrecht zu verlassen und dann in Baumhöhe zu schweben, ehe es mit einer Steigrate von 1200 Fuß pro Minute Tausende von Metern senkrecht in die Luft ging, als würden wir von einer geheimen Quelle am Himmel angezogen. Ich sah, wie der Boden von meinen Füßen abfiel und sich rasch entfernte, sah ihn in seiner ganzen Ausdehnung durch die Plexiglaskanzel. Von allem, was ich erlebt habe, kam es mit seinem Schweben und dem senkrechten Aufstieg einem Engelsflug am nächsten. An Helikoptern zeigt sich, wie tief sich der Flug der Engel in die Köpfe ihrer Konstrukteure eingebrannt hat. »Ich gehe kein Risiko ein«, sagt Simon zu mir, sein Gesicht eine Kopie des Gesichts meines Vaters: zusammengebissene Zähne, fester Mund, vorspringendes Kinn.

> Der Spielraum für einen Fehler bei einer R22 ist zu klein, um irgendein Risiko einzugehen. Die Rotorblätter haben nur eine geringe Massenträgheit, bei einer Verlangsamung unter 80 Prozent ihrer Höchstgeschwindigkeit kommt es zu einem Strömungsabriss, und der Hubschrauber stürzt ab.
> Und wenn der Motor ausfällt?
> Dann bleiben 1,6 Sekunden, bis dahin muss der Pilot die Notmaßnahmen ergriffen haben.
> Und wenn du das in diesem Zeitraum nicht schaffst?
> Eine Verzögerung von mehr als 1,6 Sekunden ist tödlich.

Mein Bruder lacht, als er mir das erzählt, seine Augen sehen mich vergnügt an, und das gleichmäßige weiße Lächeln seiner Zähne strahlt übers ganze Gesicht.

4.7

Am Morgen stehen wir früh auf, um das Grab des Vaters meines Vaters auf dem Friedhof Weißensee zu besuchen. Mein Vater hatte eine unruhige Nacht, er hat mich sogar geweckt, hat mich an die Schulter getippt, er war verängstigt und wollte wissen, wo er ist, seine Augen zwei dunkle Dosen, die Schultern hochgezogen, der noch halb schlafende rechte Arm zu mir ausgestreckt, nicht ganz bei Bewusstsein. Irgendwann beruhigt er sich, legt sich wieder hin und schläft. Die ganze Nacht werde ich geweckt von seinen Rufen und Schreien, es sind eher Laute als Worte, bange Geräusche, dunkle Scherben. Als er dann ins schüttere Licht des Morgens tritt, ist er ruhig und, obwohl aschfahl, recht munter, und er beharrt darauf, sich nass zu rasieren, bevor wir zum Friedhof aufbrechen, sein ganzes Leben hat er das so gemacht. Und er empfiehlt es jedem: »Eine hervorragende Art, den Tag zu beginnen.« Doch trotz jahrelanger Praxis hat er die Nassrasur nie richtig beherrscht, zum einen, weil er es nicht lassen kann, einen klobigen altmodischen Rasierer zu benutzen, und zum anderen, weil er sich keine Zeit nimmt und einfach auf seinem Gesicht herumhackt. Beides führt dazu, dass er sich oft schneidet. Seine Methode, mit dem Blut aus diesen Schnitten fertigzuwerden, besteht darin, Fitzel von Toilettenpapier draufzudrücken, damit es schneller gerinnt, was aber nicht immer hilft, und während manche der blutigen Toilettenpapierschnipsel auf seinem Gesicht haften bleiben und allmählich, wenn das Blut trocknet, einen Schorf bilden, fallen andere auf den Boden und hinterlassen eine Spur aus blutgetränktem Zellstoff. An den Stellen, wo die Papierstücke von seinem Gesicht abgefallen sind, bluten die Schnitte weiter, hier und da fallen Tröpfchen auf den Boden. An diese Kombination aus Toilettenpapier im Gesicht, getrocknetem Blut und offen blutenden Schnitten haben wir, seine Familie, uns im Laufe der Jahre gewöhnt, trotzdem ist es kein gewöhnlicher Anblick, egal ob an diesem Morgen im Grimm's Hotel oder sonst wo.

Wir fahren mit dem Edelstahlaufzug hinunter in die Lobby des Hotels und setzen uns an einen der Rauchglastische. Die lindgrünen Stühle mit Chromgestell werden uns allmählich vertraut. An einer Theke im hinteren Teil der Lobby, der morgens als Frühstücksbereich dient, hole ich eine Tasse schwarzen Kaffee aus der Maschine und einen Teller mit Aufschnitt, Tomaten, Käse, Ei. Als ich das Frühstück vor meinen Vater stelle, beugt er sich langsam vor, bis sein Kopf ein paar Zentimeter über dem Teller hängt, und fängt in dieser Haltung sofort an zu essen, hastig, hochkonzentriert, seine Augen tasten Form und Beschaffenheit der Speisen ab, seine Hände zittern, seine Finger klammern sich um Messer und Gabel, so fest, dass die Adern an den großen Knöcheln kobaltblau werden. Von dem Moment an, als er zu frühstücken beginnt, bis zu dem Moment, als er fertig ist, schweigt er, für niemanden erreichbar, der körperliche Akt des Essens scheint ihn selbst aufzuzehren. Er isst ohne Unterbrechung, ein Bissen folgt auf den anderen, die Gabel ist schon wieder an seinen Lippen, während der vorherige Bissen noch geschluckt wird, sein Mund ist immer voll, sein Kiefer arbeitet, seine Zähne mahlen in einem fort und verwandeln das Essen in einen lebensspendenden Brei.

Er teilt den Teller unsichtbar in eine Reihe schmaler Streifen und isst jeden einzelnen erst vollständig auf, ehe er zum nächsten übergeht. Die Prozedur sieht aus wie eine koordinierte Rodungsaktion im Kleinformat. Streifen für Streifen, als vollzöge er ein uraltes Ritual, rückt er von der linken Seite des Tellers zielstrebig auf die rechte vor, und getaucht in das grelle Licht der Halogen-Deckenstrahler des Hotels, während seine geputzten braunen Schuhe auf einem der orangeroten Teppiche ruhen, bleibt er völlig abgekapselt.

Als er aufgegessen hat, wischt er den Teller mit Brot sauber, wie er es immer gemacht hat, setzt sich langsam aufrecht und entlässt seinen Geist in die bewohnte Welt. Gebieterisch sitzt er jetzt auf der Stuhlkante, und in dieser Haltung legt er los und fällt Urteile über die Gäste, die eben hereingekommen sind und sich ans Frühstück machen.

Sieh dir an, was die Frau sich alles reinschaufelt.
Nicht so laut, Papa.
Also ehrlich.
Es ist Frühstück. In einem Hotel. So machen das die Leute.
Kein Wunder, dass die so viel Viszeralfett mit sich rumschleppt.
Bitte, Papa. Sei leise.
So viel adipöses Gewebe. Sieh dir das an.
Hans.
Schrecklich.
Nicht schrecklich.
Und gefährlich.
Wieso gefährlich?
Es belastet das Herz, die Leber, die Nieren, die Milz, die Nebennieren. Deshalb gefährlich.

Ich schaue zu der Frau, über die er spricht und die, soweit ich sehen kann, eine normale Figur hat, ein normales Gewicht, und lächle ihr zu, in der Hoffnung, jedem Wort, mit dem mein Vater sie beleidigt haben könnte, die Spitze zu nehmen. Gut möglich, dass sie ihn gehört hat, denn der Tisch, an dem sie sitzt, steht bedenklich nah an unserem. Diese Strategie habe ich schon als Kind gelernt, und ich bin nicht stolz darauf, schäme mich sogar dafür – ein anderer Teil von mir möchte, dass mein Vater gezwungen ist, sich mit der Reaktion auf sein Verhalten auseinanderzusetzen, dann muss ich die feindseligen Blicke der Menschen nicht parieren. Tatsächlich kommt mir das Lächeln, das ich Menschen schenke, die mein Vater beleidigt hat, sehr leicht, eben weil ich seit meiner Kindheit darin geübt bin. Aber es ist ein unangenehmes, quälendes Lächeln, tut weh im Gesicht, es ist, wie ein Freund von mir sagt, das süße, traurige Lächeln eines kleinen Hosenscheißers.

Weißt du, was Fettleibigkeit den staatlichen Gesundheitsdienst jedes Jahr kostet?

Und schon zieht er wieder vom Leder gegen Menschen, die auch nur das kleinste bisschen Übergewicht haben. Für ihn ist das ein Verbrechen. Ein Verbrechen, das er nicht verzeihen kann und das die Zivilisation genauso in den Abgrund reißt wie seinen geliebten Gesundheitsdienst.

Bist du schon mal Marathon gelaufen?
Nein.
Warum nicht?
Wollte ich nie.
Verbrennt Fett. In deinem Alter bin ich Marathons gelaufen.

Ich weiß.

Zweiundzwanzig. Oder dreiundzwanzig. Oder vierundzwanzig.

Ich erinnere mich.

Aufgehört habe ich mit dem Laufen erst, als ich zweiundachtzig war.

Bei dir zu Hause sind die Wände gepflastert mit Fotos von dir, wie du läufst.

Deine Schwester läuft auch Marathon.

Ich weiß.

Sie ist schnell.

Ich weiß.

Wogegen du zunimmst.

Ich jogge. Gelegentlich.

Du joggst? Gelegentlich? Dann joggst *du nicht hart genug.*

Ich antworte nicht mehr. Das Geplänkel verhallt, und wir sitzen stumm da. Es ist eine vertraute, aufgeladene, unerträgliche Stille zwischen uns, und sie erinnert mich ein weiteres Mal daran, warum ich mich von ihm fernhalten muss. Mit seiner ständigen Kritik unterläuft er jede Nähe, vertreibt sie. Das Trauma, das er als Kind erlitten hat, ist tief in ihn eingesickert, und ich kann es ihm nicht nehmen, auch nicht vorübergehend, sosehr ich es versuche. Ich frage mich, ob er sich überhaupt irgendwem nahe fühlt, so wie er mit seinen Blutfädchen im Gesicht vor mir sitzt. Auf der Zugfahrt wurde ihm etwas gestohlen, und zurück bekommt er es nie. Menschen, die überlebt haben, was er überlebt hat, haben den Tod ihres früheren Lebens überlebt und sind dennoch gezwungen, in der Welt weiterzuleben, und diesen Tod tragen sie in sich. Ihnen selbst kommt es zu, ihr Leben aus einer Perspektive heraus zu leben, die ihre Existenz über den erfahrenen Tod hinaus verlängert, wie es bei W. G. Sebald heißt, sie müssen über ihre eigene teilweise Auslöschung hinaus leben. Überlebende wie mein Vater können nur verstanden werden aus »der komplexen Einsicht, daß selbst die Überlebenden kollektiver Katastrophen ihres Todes schon gestorben sind«.[1]

Angeregt durch Sebalds Beobachtung, habe ich mich gefragt, wie nach einer solchen Todeserfahrung ein neues Leben überhaupt möglich ist, und ich bin zu dem Schluss gelangt, dass es sich selbst erschaffen muss. In einem einzigartigen Willensakt hat mein Vater noch einmal neu begonnen, und gleichzeitig trägt er seine eigene teilweise Auslöschung in sich. Er hat sich selbst großgezogen, sich selbst wieder aufgerichtet und so weiterleben können. Deshalb blickt er nicht zurück, erinnert sich nicht, befasst sich nicht mit seiner Vergangenheit und gibt auch nie Geschichten aus seiner Kindheit zum Besten oder spricht über irgendetwas Deutsches. »Der verstoßene Mensch«, schreibt Sebald weiter und zitiert Hans Erich Nossack, »wagte nicht, hinter sich zu blicken, denn hinter ihm war nichts als Feuer.«[2]

Wir beenden unser Frühstück. Ich frage den Mann an der Rezeption, wie wir zum Jüdischen Friedhof Weißensee kommen. Er findet den Friedhof auf dem Hotelstadtplan, und mit elegantem Schwung macht er wieder seinen Trick, und vor uns landet, wie ein fliegender Teppich, eine neue Karte. »Vermietet das Hotel auch Fahrräder?«, fragt mein Vater. »Ja«, sagt der Mann.

Also leihen wir uns zwei Fahrräder und fahren in den Nordosten Berlins, mein Vater vorneweg, vorbei am Alexanderplatz, am Fernsehturm, entlang breiter Straßen mit, wie er anmerkt,

1 W. G. Sebald, »Zwischen Geschichte und Naturgeschichte. Über die literarische Beschreibung totaler Zerstörung«, in: Sebald, *Campo Santo*, hrsg. von Sven Meyer, Carl Hanser Verlag, München und Wien 2003, S. 73.

2 Ebd., S. 86.

»ausgezeichneten Radwegen«, vorbei an hohen Häusern, an Friseursalons, an Cafés und Schuhgeschäften und an Geschäften für Haushaltsgeräte. Da es leicht bergauf geht, halten wir ein paarmal an, um zu verschnaufen, und schauen uns auf der Greifswalder Straße um, dabei fällt uns die ungewöhnliche Dichte an Barbershops auf. Wir sehen Männer dort sitzen und wie sie darauf warten, dass sie an die Reihe kommen, in selbstbewusster Pose, breitbeinig, Rücken durchgedrückt, festen Blicks, und wie sehr sie sich in dieser Haltung von denjenigen unterscheiden, deren Haare und Bärte gerade geschnitten werden. Ihre Köpfe ruhen auf den Kopfstützen von Stühlen in Schwarz und aus Chrom, die Nacken in einem unnatürlichen Winkel, ein jeder dieser Männer verletzlich, ihre Haltung eine duldende.

Wir kommen an Bioläden vorbei, an Geschäften, die Motorroller verkaufen, an Supermärkten, mein Vater muss sich jetzt anstrengen, sein Atem geht schwer. Wir biegen in die Gürtelstraße ab, dann in die Puccinistraße und in die Herbert-Baum-Straße und kommen schließlich zum Eingang des Jüdischen Friedhofs Weißensee.

Der Friedhof erstreckt sich über 42 Hektar und ist der zweitgrößte jüdische Friedhof Europas, es gibt dort über 115 000 Grabstellen. Wir treten durch das Tor. Beide bedecken wir den Kopf mit einer schwarzen Kippa, man kann sich die Kippas aus einer Kiste an der Wand nehmen. Gleich im Eingangsbereich ist eine Anlage zum Gedenken an all die Juden, die in den nationalsozialistischen Konzentrations- und Vernichtungslagern ermordet wurden. Auf Tafeln stehen Namen der Lager, mein Vater liest laut vor, langsam und mit klarer Stimme. »Auschwitz, Theresienstadt, Dachau, Lublin-Maidanek, Stutthoff, Mauthausen, Treblinka.« In der Mitte ist ein großer schwarzer Stein mit einer goldenen Inschrift:

GEDENKE EWIGER

WAS UNS GESCHEHEN.

GEWIDMET DEM GEDÄCHTNIS

UNSERER ERMORDETEN

BRÜDER UND SCHWESTERN

1933-1945

UND DEN LEBENDEN

DIE DAS VERMÄCHTNIS

DER TOTEN ERFÜLLEN SOLLEN

Ich bitte meinen Vater, es mir zu übersetzen. Er hält inne, konzentriert sich, übersetzt.

Wir gehen weiter und erhalten von einem großen, kräftigen jüdischen Mann mit langem Bart einen Lageplan des Friedhofs.

Wie sollen wir das Grab deines Vaters finden?
Es liegt auf einem der Urnenfelder.
Auf einem Urnenfeld?
Genau.

Wir schauen auf den Plan. Vier Urnenfelder sind darauf verzeichnet.

Weißt du, auf welchem dein Vater liegt?
Könnte auf jedem sein.
Du weißt nicht, auf welchem?
Woher sollte ich?
Dann müssen wir alle absuchen.
Sieht so aus.
Fangen wir mit Nummer eins an.

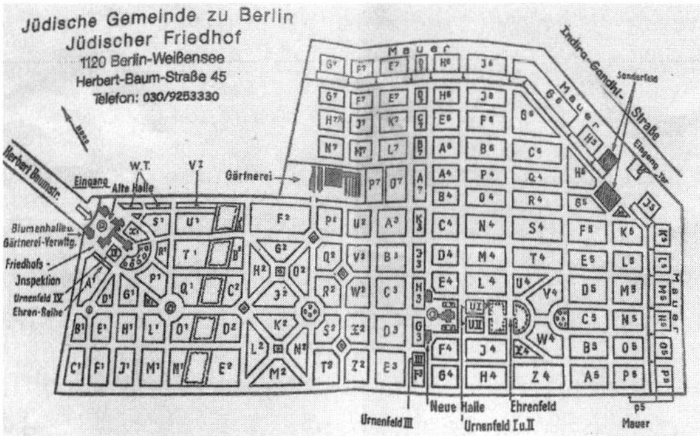

Wir gehen los und folgen dem Lageplan zu Urnenfeld I. Der Friedhof ist menschenleer, die Toten liegen dicht an dicht. Abertausende von Gräbern, die niemand besucht. Es ist niemand mehr am Leben, der sie besuchen könnte. Die Toten wurden allein gelassen von den Ermordeten. Überall breiten sich die Bäume aus, ihre Triebe schießen allenthalben aus dem Boden, gierig nach Licht, wuchern auf den Wegen, wachsen aus den Gräbern, ragen aus Mauern, ihre Wurzeln ein unterirdisches Geflecht, das herabfallende Laub ein sich auflösendes Blätterdach. Die Baumwurzeln haben Grabsteine verschoben, haben viele von ihnen rissig gemacht, zerbrochen. Sie haben große Mausoleen aus rotem und schwarzem Marmor zur Seite gekippt, ihre polierte Pracht ist abgeplatzt und verblasst, mit ihren Schrägen und ihrem natürlichen Verfall sind sie ein beredteres Denkmal für ihre Toten, als wenn sie neu und hell und im rechten Winkel erstrahlten. Die meisten Grabsteine sind überwuchert von Efeu und Unkraut, an vielen fehlen Buchstaben, manche sind auf Hebräisch, andere auf Deutsch, die Lücken geben den dort Ruhenden überraschende neue Namen: »-ranke-stei-« und »Ba-m« und »Co---n« und »L-wando-ski« und »--unki-« und »Sh---ar« und »הי-ש« und »ל--ירבג«.

Während wir gehen, fallen um uns herum die Blätter wie ein melancholischer Konfettiregen, sprenkeln den Boden. Wir folgen weiter dem Plan über schmale, gepflasterte Wege, manche erst kürzlich instand gesetzt und glatt, andere überwachsen von Unkraut, das an den Rändern und zwischen den Pflastersteinen hervorstößt. Wir gehen schon fast zwanzig Minuten, das Gesicht meines Vaters knittert in der Kälte, leidlich geschützt jetzt von der Kapuze, immer wieder stößt ihm die Schnur, mit der sie zusammengezogen ist, an die Wange.

Mithilfe des Plans gehen wir über die Wege des Friedhofs, bis wir das Urnenfeld I finden. Es ist ein Areal mit vielleicht hundert Gräbern. Ich schaue mir die Namen der Reihe nach an. Einige sind deutlich zu erkennen, die meisten aber moosbedeckt, die Inschriften lassen sich nur schwer entziffern. Mein Vater steht ein Stück von mir entfernt, unnahbar, nervös, er beißt sich auf die Finger, geht ein paar Schritte, wechselt von einem Bein aufs andere, läuft herum, hebt Blätter auf und dreht sie um, schiebt sie mit dem Fuß beiseite. Ich stehe vorgebeugt, der Rücken krumm, der Nacken in einem komischen Winkel verrenkt, und schaue durch meine dicken Brillengläser auf Namen. Gleich vorn an einer der Reihen finde ich das Grab des Vaters meines Vaters, meines Großvaters Walter Lichtenstein. Der Anblick lässt mich nicht mehr los. Seinen Namen in Buchstaben auf einem Grab zu sehen macht mich auf einmal transparent – mir dreht sich alles, meine Gliedmaßen werden schwach. »Hier ist es«, sage ich. Mein Vater kommt zu mir herüber, wird ruhiger beim Anblick des Grabs seines Vaters, mit einem Mal wie entspannt, sogar gelassen, die Füße leicht auseinander und fest auf dem Boden, das Gewicht seines Körpers auf den Fußsohlen ruhend, verbunden mit der stabilisierenden Erde, keine nervösen Bewegungen mehr, die Hände weg vom Mund, reglos. Er hat die Arme auf den Rücken gelegt und beugt den Kopf zum Boden hin. Wir stehen da und schweigen. Ich überlege, ob ich seine Hand halten oder ihn unterhaken soll, aber ich tue es nicht. Er würde es nicht mögen. Ich auch nicht.

Der Grabstein von Walter Lichtenstein hat die Form einer Urne und ist überzogen von einer dünnen Schicht Flechten in einem zarten Zitrusgrün. Die Urne ist aus Beton, gegossen in einer entsprechenden Gummiform. Sie steht nahe einem hohen Nadelbaum, einem »Lebensbaum«. Ihre langen, immergrünen Zweige schützen das Grab, so ist die Urne noch gut erhalten. Was von dem Baum heruntergefallen ist, liegt verstreut auf dem Boden, braun und grün. Ich gebe meinem Vater zwei der Steine, die ich mitgebracht habe.

Die sind von vor deinem Haus in Wales.

Ich lege drei kleine Steine in einer Reihe auf Walters Grab. Mein Vater legt seine zwei größeren Steine daneben. Wir hören das Rauschen der sich wiegenden Bäume. Die Luft streicht über unsere Haut. »Hätten wir's«, sagt mein Vater leise, und dann: »Ich hoffe, du fühlst dich jetzt besser.« »Ja«, sage ich, »ich bin erleichtert.« »Das freut mich«, sagt er, sein Gesicht strahlt etwas Gnadenvolles aus. Ich möchte laut sagen: »Und wie fühlst du dich jetzt?«, aber das wäre eine zu plumpe Frage, in ihrer Einfachheit zu brutal. Er würde darauf antworten müssen, mit Worten, die sich unmöglich zusammenfügen ließen. Er müsste konkret werden. Außerdem macht mir schon der Gedanke Angst, was wäre, wenn er tatsächlich antwortete, denn die Antwort könnte die sorgsam errichtete Fassade meines Vaters auflösen. Die Fassade könnte abfallen und etwas zum Vorschein bringen, was in ihm ist, was seinen Magen bewohnt, seinen Darm, und käme dieses Etwas ans Licht, würde es erst wimmern und ihn dann zerstören, die Menschen um ihn herum ebenfalls. Es würde sofort zuschlagen, ohne jede Hemmung. Es ist der Schrecken, den er in sich trägt. Das Allerschrecklichste. Es darf auf keinen Fall nach außen dringen. Er wird es nicht zulassen. Aber wir alle wissen, dass es da ist. Es ist das, was ich höre, wenn er seine Alpträume hat. Was ich an seinen Fingernägeln sehe. Was seine Augen verraten. Es darf nicht aufgedeckt werden. Er will das nicht. Und ich lasse ihn auch nicht. Für ihn ist die Entscheidung, das eigene Leiden unausgesprochen mit ins Grab zu nehmen, ein frommer Akt, eine Mitzwa.

»Ich nehme an, du legst dich jetzt auf den Boden«, sagt mein Vater. »Ja, gleich«, sage ich, »wenn es dir nichts ausmacht. Seltsam, ich weiß, tut mir leid.« »Tu, was du nicht lassen kannst«, sagt mein Vater, »verlang nur nicht von mir, dass ich mitmache, außerdem bist du schon immer seltsam gewesen, verdammt

seltsam, um ehrlich zu sein.« Die Beleidigung schmerzt mich nicht, im Gegenteil, ich muss lächeln. Er hält es zurück, dieses Etwas. *Er schont mich.*

Ich lege mich beim Grab meines Großvaters auf den Boden, ganz rasch, mache kein Drama draus, obwohl da etwas ist, was mich niederdrückt, mir die Brust zusammenquetscht, mich nicht wieder aufstehen lässt. Ich muss mich hoch kämpfen, und dann muss ich mich noch einmal hinlegen. Als ich wieder stehe, bin ich wackelig auf den Beinen und auf eigenartige Weise verbunden mit den dort wirbelnden Gespenstern. »Weiß der Himmel, warum du das machst«, sagt mein Vater. »Ich kann es mir auch nicht richtig erklären«, sage ich. »Verdammt seltsam«, sagt mein Vater und schaut weg. Also lege ich meine Arme um die Urne von Walter Lichtenstein und küsse sie rasch, die raue Oberfläche kratzt an meinen Lippen, die Flechte streift über meinen Mund, der Beton ist kalt. Näher kann ich meinem Großvater nicht kommen, und obwohl mir bewusst ist, dass das alles andere als echte Nähe ist, fühlt es sich für mich so an, denn im Boden sind seine sterblichen Überreste.

Du warst noch nie hier?
Das sagte ich bereits.
Du warst nicht auf seiner Beerdigung?
Nein.
Merkwürdig.
Mir ist unbegreiflich, warum du so darauf herumreitest. Er war mein Vater, nicht deiner.
Ich weiß. Aber da ist eine Leere. Ich schaffe es nicht darüber hinweg. Sie ist der Grund dafür, dass ich …
Der Grund für was?
…
Was ist mit dir?
…
Spuck's aus.
…

Aber ich kann nicht. Kann nicht antworten. Was ich sagen könnte, will nicht zu einer Antwort gerinnen, denn es enthält Wortfolgen wie jahrelang-nicht-am-Leben-sein-wollen und sterben-wollen und nicht-imstande-das-Leben-zu-ertragen-auch-wenn-es-das-Schönste-ist-was-mir-passieren-konnte. Wir stehen länger schweigend da, als wir jemals zusammen gestanden haben. Er fasst sich ans Gesicht, sein Kopf dreht sich zu mir.

Ich möchte gehen.

Also gehen wir. Laufen erneut an den Gräbern entlang, durch das aufwirbelnde Laub, über die holprigen Wege, die zu den Rändern hin abfallen, über Unkraut und unter Bäumen her, folgen dem Friedhofsplan, bis wir wieder am Eingang sind.

Wir legen unser Kippas in die Kiste an der Wand, steigen auf unsere Räder und fahren los. Nach Berlin-Mitte geht es leicht bergab, und wir werden schneller, schalten in den höchsten Gang und sausen in Richtung Alexanderplatz, stoßen durch die dicker werdende Luft, unsere Hände kältesteif, was das Bremsen erschwert. Die Cafés und Barbershops, an denen wir vorbeikommen, nehmen wir nur als Schemen wahr, das Gefälle verleiht uns so viel Tempo wie Energie, es ist eine Erleichterung, dass wir den Friedhof hinter uns lassen, eine belebende Injektion, mein Vater vorneweg, ein dahinpesender Holocaust-Überlebender in den Achtzigern, seine Beine wie wild in die Pedale tretend, eine Mischung aus Freude und Trauer, ich selbst mit einem Gefühl von Stolz auf seine unwahrscheinliche Robustheit, der Jackenkragen meines Vaters hochgeschlagen, der Kopf zum Lenker hin, nicht zu fassen, auf der Suche nach der Stromlinienform, damit ihm die Luft über den Rücken weht und nicht auf den Körper trifft und seine Fahrt verlangsamt, tief über den Lenker gebeugt jetzt, das Kinn auf der Stange. Er fährt ein Rennen mit mir. Auch das noch. Wir queren den Verkehr, Kreuzungen samt Straßenbahnen, holpern mit den Reifen über Schienen, flitzen an Menschen vorbei, die aus ihren Wohnungen kommen oder hineingehen, junge Paare Hand in Hand, alte Leute mit Einkaufswagen, andere, die mit ihren Schlüsseln kämpfen, Cafébesucher, die draußen rauchen. Wir schleichen über Bürgersteige, vorbei an wartenden Autos, über Ampeln, die schon fast auf Rot umspringen. Eine Einbahnstraße nehmen wir in die falsche Richtung, Leute rufen uns zu, als hätten wir nicht alle Tassen im Schrank.

Als wir zum Alexanderplatz kommen, halten wir in der Fußgängerzone und lehnen uns an die Sättel. Mein Vater klammert sich an seinem Rad fest und beugt sich vornüber, um Luft zu holen. »Hat Spaß gemacht«, keucht er, seine Brust hebt und senkt sich schnell, um uns herum Betonplatten, über uns, ganz nah jetzt, der Fernsehturm. »Radfahren hat was, da bekomme ich gute Laune.« Neben uns ist ein Café mit einem roten Stoffdach davor, in seiner Form angeblich »die Nachahmung eines Beduinenzeltes«. Der Stoff spannt sich über den Außenbereich mit einer Reihe harter Lattenbänke, die niemand benutzt, weil es zum Draußensitzen viel zu kalt ist. Weiter weg von einer Wüste könnte man hier nicht sein. In den Läden ringsum schlummern Neonleuchten, ihr Licht abgeschwächt hinter großen glatten Glasscheiben.

Wir schieben unsere Fahrräder weiter nach Westen, mein Vater auf eine schon verrückte Art fit für sein Alter, der schlanke Körper muskulös, der Kopf nach vorn geneigt, die Schultern hochgezogen bis zu den Ohren, der Rücken gekrümmt, das Kinn vorspringend. »Radfahren erinnert mich an meine Kindheit«, verkündet er, ohne sich an irgendwen zu wenden. Wir kommen an einem prunkvollen Karussell vorbei, das sich langsam dreht. Gerade fährt niemand mit. Der Betreiber trägt eine Jacke, auf dem Rücken aufgestickt der Schriftzug »Venetian Carousel, Horst Langenberg, Bertazzon, Italy«.

Wir gehen zum Neptunbrunnen auf der anderen Seite des Alexanderplatzes. »Den Brunnen hat man versetzt«, sagt mein Vater. »Früher stand er auf dem Schloßplatz.« Den Hintergrund des Brunnens bilden jetzt die Marienkirche, der Fernsehturm und die Ziegelfassade des Roten Rathauses. Wasser schießt hinauf zu Neptun, der Dreizack lehnt an seiner Schulter. Hochgehoben und getragen wird Neptun von Zentauren mit Schwimmfüßen. Putten tollen um ihn herum. Darunter sind eine Schildkröte, eine Schlange, ein Seehund und ein Krokodil und spritzen Wasser aus ihren Mäulern. Am Brunnenrand

sind Statuen sitzender Frauen, eine jede in ihrer eigenen Welt aus Bronze. Tröpfchen sprühen durch die Luft, wo das Wasser in das Becken vor uns stürzt. Der Effekt ist ein prismatischer, überall flüchtige kleine Regenbogen.

Ich schaue zu meinem Vater hinüber. Seine Augen sind jetzt von einem vehementen Blau. Sie haben sich weit zurückgezogen, weit in ihn hinein. Er steht reglos da. Seine Anwesenheit hier, in diesem Moment auf dem Alexanderplatz, fügt sich nicht in die Ordnung der Dinge. Sie widerspricht dem Lauf der Geschichte, und ich werde an etwas erinnert, was ich schon immer gewusst habe: dass er und auch ich bald unseren Weg gehen und sterben werden, dass der Brunnen und die ganze Umgebung, die Gebäude und alle Straßen, der Fernsehturm und das Betonpflaster zwangsläufig verschwinden werden und dass die Tatsache, dass wir an der besonderen Intensität dieses Moments teilhaben, beide Teil von ihm sind, während er uns in seine Güte hüllt, ein Triumph ist, ein Privileg. Und das muss genügen.

4.8

Meine Schwester Jane rief an, um es mir zu sagen. Danach lag ich mit dem Gesicht auf dem Küchenboden. Ich spürte, wie ein ungeheures Gewicht mich hineindrückte. Ich rief meine Eltern an, um es ihnen zu sagen. Ich sagte es zuerst meinem Vater. Dann bat ich ihn, mir meine Mutter zu geben. Ich sagte es ihr, und da hörte ich wieder diesen Schrei.

Simon war mit seinem Freund Martin geflogen. Beide waren sehr erfahrene Piloten. Sie flogen eine Robinson 22 von Italien nach Großbritannien. Ein paar Kilometer nordwestlich von Nizza waren sie abgestürzt, in der Nähe von Tourrettes-sur-Loup. Der Untersuchungsbericht kam zu dem Schluss, dass eine Windböe den Hubschrauber erfasst und seitlich hatte absacken lassen und dass Martin, der zu dem Zeitpunkt an den Steuern saß, überkorrigierte und den Hubschrauber zu weit in die andere Richtung schwenkte, worauf eins der Rotorblätter links gegen das Cockpit schlug sowie gegen eine der beiden Kufenspitzen. Die abgebrochene Blattspitze wurde erst Wochen später gefunden, 400 Meter von der Absturzstelle entfernt. Ein Motorschaden lässt sich in den Griff bekommen, aber die Beschädigung eines Rotorblatts heißt, dass der Hubschrauber mehr als 80 Prozent seines Auftriebs verliert und vom Himmel fällt, Pilot und Passagier können dann nur noch auf ihren Tod warten. Der Hubschrauber war an einem strahlenden Wintertag in einem Tal über einer steilen Waldstelle abgestürzt. Simon und Martin wurden durch die Plexiglaskanzel geschleudert und waren beide sofort tot, ihre Körper in Stücke gerissen. Alles, was wir damals tun konnten, war irgendwie durchzuhalten bis zum nächsten Moment, denn Trauer zieht die Zukunft zusammen, lässt sie schrumpfen, verschwinden.

Im Unfallbericht hieß es, dass sie unter solchen Umständen niemals hätten fliegen dürfen. Richard Mornington-Sanford schrieb im Helikopter-Magazin *Rotor Torque* unter dem Titel »Warum Martin und Simon starben«:

> Wie bei den meisten Unfällen hätte auch dieser vor dem Start noch am Boden verhindert werden können, denn zu fliegen war keine gute Entscheidung gewesen. Weshalb die Unfallursache in erster Linie auf den Faktor Mensch zurückzuführen sein dürfte. Dazu gehört insbesondere, was der französische Unfallbericht als »objectif destination« bezeichnet und wir »get-home-itis« nennen, dieses Syndrom, unbedingt das Ziel erreichen zu wollen. Es ist die Hauptursache für Hubschrauberunfälle.

Meine Eltern waren vom Kummer zerfressen, ihre kantigen Gesichter hohl, ihre Körper gekrümmt. Simon hatte nicht weit von ihnen gewohnt, sah sie öfter als wir anderen und stand ihnen am nächsten. Damals begann ich zu verstehen, was Trauer ist, denn sie war etwas, was tief in mich eindrang. Es ließ sich in mir nieder. Hatte eine physische Präsenz. Die Trauer befiel mich und ließ mich nicht mehr los. Sie nagte an meinen Körper, ich bekam steife Hüften und arthritische Finger. Eine Zeitlang nahm sie mir alle Freude und gab mir nur noch zähen Matsch. Und wie alle sagen, die einen Verlust zu beklagen haben, verändert sie die Welt völlig. Sie erschöpft dich, hämmert auf dich ein, ist ein Herzrasen, ein Sichüberschlagen des Verstands.

Sobald ich konnte, fuhr ich zu meinen Eltern, danach zum Haus meines Bruders. Dort zog ich mir die Schuhe aus und schlüpfte in seine, ein Paar braune, geputzte Budapester. Ich stieg in seinen alten flaschengrünen Audi Kombi und setzte mich hinters Steuer. Der Ledersitz war weit hinten, das Lenkrad niedrig, genau so, wie er den Wagen verlassen hatte. Ich zog den Sitz nach vorn und wechselte von seiner Fahrerposition in meine. Und machte mich auf den Weg durch die Welsh Marches in die walisischen Berge.

4.9

Wir verlassen den Alexanderplatz und schieben unsere Fahrräder die Spandauer Straße entlang. Wir kommen am Berlin Dungeon vorbei, *Mit Kombitickets bis zu 50 % sparen*, an der Apotheke Hackesches Quartier, der Brotmeisterei Steinecke, vorbei an MUJI und Moleskine und IQOS, bis wir vor einem Kaffeehaus mit großer Fensterfront stehen, dem Hackeschen Hof.

Das Restaurant und Café Hackescher Hof sieht aus, als hätte es sich seit seiner Eröffnung 1906 nicht verändert. Die Wände sind zum Teil mit Holz verkleidet, die Decke ist glatt verputzt, elegant umrahmt von Stuckleisten. Zahlreiche kleine Lampen sind in die Decke eingelassen und ergeben ein geometrisches Muster.

Die Stühle sind aus Holz, und die quadratischen Tische haben keine Beine, sondern eine Säule mit quadratischem Sockel. Eine der Wände ist behängt mit einer Auswahl von Schwarz-Weiß-Fotografien. Im unteren Teil zeigen sie das Café kurz nach der Eröffnung im Jahr 1906, das Lokal ist voll, die Gäste lesen Zeitung, essen und trinken Kaffee oder ruhen sich auf ihren Holzstühlen aus. Auf den Bildern im mittleren Teil sieht man, was aus den Hackeschen Höfen im Zweiten Weltkrieg wurde, verfallen und ausgeräumt, dann in den 1950ern, als die Räumlichkeiten als Lager dienten, in den 1960ern, als man die Höfe als Autowerkstatt und als Parkplatz nutzte, voller Trabants, und in den 1970ern, als alles marode und mit Brettern zugenagelt war. Die Fotos darüber zeigen, wie das Café im Laufe der 1990er-Jahre restauriert wurde, und ganz oben hängen Bilder aus der heutigen Zeit, erneut entspannen die Gäste bei Kaffee und Kuchen. Hundert Jahre Geschichte an einer Wand.

Fast genauso wie in meiner Erinnerung.
Du bist als Kind hier gewesen?
Bin ich.
Du mochtest Cafés?
So wie mein Vater, meine Mutter, meine Onkel, meine Großeltern.

Wir setzen uns an das Fenster zur Straße hin. Ein Kellner kommt. Mein Vater bestellt Rührei mit geräucherter Forelle und geräuchertem Lachs und Roggenbrot, dazu *ein Kaffee schwarz*. Der Kellner wendet sich zu mir, Stift in der Luft.

Für mich bitte dasselbe.
Ich dachte, du bist Vegetarier.
Hin und wieder esse ich Fisch.
Also bist du keiner.

Doch, hauptsächlich.
Entweder du bist einer oder du bist keiner.
Weißt du, was ich mich immer gefragt habe?
Was?
Wie er war.
Wer?
Dein Großvater. Mein Urgroßvater.
Das ist lange her.
War er orthodox?
Reformjude.

Ich betrachte meinen Vater. Er sitzt bequem auf seinem Stuhl. Nach der Friedhofskälte fühlt sich sein Körper langsam wohl in dem Café.

Wo ist er gestorben?
In unserer Wohnung.
Wie?
Er hat sich erhängt.
Wo?
Im Badezimmer, am Fensterrahmen.
Wer hat ihn gefunden?
Meine Großmutter.
Und wo warst du?
Bei Freunden.
Was war passiert?
Mein Großvater war zusammengeschlagen worden, bei sich zu Hause in Rotenburg an der Fulda. Am selben Abend hat er sein Haus verlassen und ist zu uns nach Berlin gekommen. Mit meiner Großmutter.

Mein Vater stockt – ein winziges Fünkchen Stille, ein unbedeutender Riss im Stoff. Seine Stimme wird leiser. Er schaut auf die Tischplatte.

Nachdem er da war, hat er mit keinem mehr gesprochen.

…

Außer mit mir.

…

Dann habe ich nicht mehr mit ihm gesprochen.

Er hält die Fingernägel seiner linken Hand an den Mund.

Meine Mutter hat mir immer wieder gesagt, ich soll zu ihm ins Zimmer gehen.

Er fängt an, auf dem Nagel des Mittelfingers zu kauen.

Wollte ich nicht.

Kaut auf dem Nagel des Zeigefingers.

So ging das eine Weile.

Knabbert am Nagel seines Ringfingers.

Hat sein Zimmer nicht verlassen.

Die Augen glasig.

Und dann.

Die Augen gesenkt.

Seither fühle ich mich schuldig.

Ich schaue ihn an.

Mehr als schuldig.
…
Wenn du's wissen willst.
Du solltest dich nicht schuldig fühlen.
Ich fühle mich, wie ich will.
Aber du warst ein Kind. Da gibt es nichts, wofür du dich schuldig fühlen müsstest. Schuldgefühle bringen nichts. Du solltest dich nicht schuldig fühlen.

Mein Vater schaut auf. Er nimmt die Hand vom Mund. Schenkt mir einen seiner Blicke. Seine Augen langen in die Tiefen seines Körpers, ehe sie ihren durchdringenden Strahl in meine Richtung senden.

Das Problem mit dir ist …
Was ist das Problem mit mir?
Das Problem mit dir ist …
Was?
Du bist ein scheinheiliges kleines Arschloch.

Die Beleidigung tut weh. Und der Hackesche Hof wird auf einmal lebendig. Mein Urgroßvater ist hier. Er liegt am Fensterrahmen. Schlinge um den Hals. Er trägt ein Eisernes Kreuz zweiter Klasse. Walter kommt. Er steht neben mir. Die Sitzfläche unter mir wärmt sich auf. Die Hitze geht von den Tischen und von den Stühlen aus. Von ihren Oberflächen steigt die Luft auf. Sie verbrennt mich. Alle Toten, die ich kenne, wirbeln um mich herum. Ich werde aus mir herauskatapultiert und blicke auf mich hinunter. Und ich sehe sie. All die Menschen, die je in diesem Café gesessen haben, die heimlichen Geliebten, die Geschäftsleute, die Familien mit ihren Kindern, die Hipster, die Faschisten, die Kommunisten, die Stasispitzel, Bertolt Brecht und Helene Weigel, wie sie bei Roggenbrot und Fisch mit Walter Benjamin und Caspar Neher über den Verfremdungseffekt diskutieren, Menschen beim Frühstück mit silberner Kaffeekanne, Menschen am Nachmittag, die an kleinen Kuchenstücken picken, Menschen bei ausgedehnten üppigen Mittagessen mit Zigarre, bei Abendessen *mit Fleisch* und Tabletts voller Austern, das Meeressilber ihrer Schalen so hoch gestapelt, dass es bis an die Stuckleisten reicht. Die Menschen strömen herein mit ihren Pelzen und ihren Polizeiuniformen, ihren Hakenkreuzen, ihrer DDR-Kluft, ihren Tattoos und gepiercten Lippen, ihren Kippas, ihren Perücken. Sie sind eine Mischung aus Goyas *Die Erschießung der Aufständischen* und verschiedenen Versionen der Frau auf Paula Regos *The Policeman's Daughter*. Ich klettere von der Decke herunter. Mein Körper bebt.

Selbstmord.
Was ist damit?
Steckt das in den Genen?
In den Genen?
Glaubst du, Selbstmord steckt in den Genen?
Nein.
Ich konnte jahrelang nicht schlafen, weil ich dachte, er wäre mir vorherbestimmt. Dass ich ihn in den Genen habe. Dass er für mich eine Pflicht ist.

Selbstmord?

Ja.

Eine Pflicht? Wovon redest du?

Selbstmord überspringt eine Generation. Also ist er auf meinen Schultern gelandet. Und weil ich der älteste Sohn bin, war klar, dass ich es würde tun müssen. Außerdem habe ich seinen Namen als zweiten Vornamen, Walter.

Das hat nichts mit Genen oder mit Namen zu tun.

Da bin ich mir nicht sicher.

Mein Großvater wurde verprügelt und aus seinem Haus gejagt. Er hat im Ersten Weltkrieg in der deutschen Infanterie gedient. Er wurde mit dem Eisernen Kreuz zweiter Klasse ausgezeichnet, das sagte ich dir bereits. Und die Geschäfte meines Vaters hat man zertrümmert. Die Nachbarn haben ihn ignoriert. In den Geschäften haben die Leute sich geweigert, ihn zu bedienen. Das hat nichts mit den Genen zu tun.

Die Teller mit Rührei und geräuchertem Fisch kommen. Auf jedem steht ein weißes Töpfchen mit Meerrettich. An den Rändern liegen zwei Gurkenscheiben und zwei Zitronenscheiben. Die Speisen sind bestreut mit Ringen von Frühlingszwiebeln. Beim Essen spüre ich, wie der scharfe Meerrettich mir durch den Rachen in die Nase steigt. Die Reizung ist mir willkommen. Sie verbindet mich wieder mit meinem Körper. Ich koste die Kombination aus den beiden Räucherfischen, ertaste die Beschaffenheit des dunklen Körnerbrots zwischen den Fingern. Am Tellerrand schaue ich auf das Muster einer der Zitronenscheiben. Meine Brust spannt. Mein Nacken versteift. Mein Bauch zieht sich zusammen. Wir führen das Gespräch, das wir schon immer hätten führen sollen. Bis jetzt sind wir nicht dazu imstande gewesen. Die Gedanken, die wir in uns getragen haben, waren zu schwer an die Oberfläche zu holen. Unsere Körper haben nicht zugelassen, dass wir unsere Gedanken denken. Das Ende dieser Gedanken wäre nicht auszuhalten gewesen. Ich sage:

Bist du nach Wales gezogen, um von dem Ganzen wegzukommen?
Ja.
Und als Kind bist du in die Synagoge gegangen?
Bis zum Selbstmord meines Vaters. Danach nie wieder.
Pessach und Chanukka und Jom Kippur. Habt ihr diese Feste gefeiert?
Als mein Vater noch lebte.
Dann hast du also an Pessach die vier Fragen gestellt, weil du der jüngste Mann im Haus warst?
Die Ma nischtana*?*
Ja.
Habe ich.

Mein Vater schaut wieder zu mir. Ich nehme eine der Zitronenscheiben von meinem Teller und lege sie an die Ecke des Tischs. Ich zähle, sie hat elf Segmente. Ich sehe, wie ihre Farbe, am Rand der Schale gelb, nach innen hin weiß wird, wie die Schale weicher und zur Albedo wird. Sehe, dass zwei der Kerne von einem scharfen Messer durchgeschnitten wurden. Sehe, wie das Fruchtfleisch glänzt und sich abhebt vom Schwarz der Tischplatte und den Holzkanten. Ich hole mein Handy heraus und mache ein Foto.

Hörst du mal auf mit deinem blöden Essen rumzuspielen das ist zum Essen da du bist kein Kind mehr man könnte meinen ich bin mit einem Zehnjährigen hier dein blödes Handy treibt mich noch in den Wahnsinn.

Ich schaue von der leuchtenden Zitronenscheibe auf und sehe vor mir einen so tapferen Menschen, dass mir die Luft wegbleibt. Es ist fast unerträglich, über das zu sprechen, was er erlebt hat, geschweige denn über das, womit er weiterhin leben muss. Der Tod meines Bruders hat mir eine Ahnung davon gegeben, wie lähmend Trauer sein kann. Ich blicke zu Boden und auf die kleinen trapezförmigen Trittbleche, die man an den Sockel der Tische geschraubt hat. Was weiß ich schon von irgendwas? Er hat in den Abgrund geschaut, ist so hoch und so weit gesprungen, dass er das Land auf der anderen Seite erreicht hat.

Mein Leben lang habe ich mit ansehen müssen, wie du deins vergeudest. Hätte ich einen Start ins Leben gehabt wie du …
Ich kannte keine anderen Juden.
Du kanntest Mr Bubyage.
Der war Jude?

Was glaubst du, warum er an Chanukka Honig vorbeigebracht hat? Was glaubst du, warum er mit uns immer Jiddisch gebrabbelt hat?

Das Lokal ist fast leer, doch wie bei einer Migräne füllt es sich in meinem Kopf wieder, es sind Menschen aus einer anderen Zeit, die sich über eine Ausgabe der Nürnberger Gesetze beugen. Mr Bubyage ist ebenfalls hereingekommen, hat mit seinen Stecknadelaugen auf sein eigenes Exemplar gestarrt und sein Fahrrad geschoben, bedeckt von seinem verdammten Zementstaub. Er sitzt mir gegenüber, schaut zu dem stummen Kellner und tippt sich an den Hut. Ich wünschte, mein Gehirn würde das nicht tun, es quillt schon über, ein Schwall von Bildern der Ermordeten und der Toten, nicht zu bändigen, ihr Geplauder und ihr Gescherze wie eine Droge, ihre Hoffnungen ansteckend, ihre Kleidung verführerisch, ihre dunklen Augen voller Liebe, während sie, in Wolle und Spitze und mit wogender Brust, auf ihren Stühlen und unter den Tischen flirten. Ihr Benehmen steht in keinem Verhältnis zum Ernst der Lage.

Der Kellner kommt. Er hat auf einem Stuhl in der Ecke gesessen. Ich nehme an, er hat uns zugehört, denn jedes Mal, wenn ich ihn rufen möchte, scheint sein Blick auf unseren Tisch gerichtet zu sein. Oder er ist einfach ein ausgezeichneter, wenn auch schweigsamer Kellner. Wir bestellen noch einen Kaffee.

Und deine Mutter? Sie hat überlebt. Wie?
Sie hatte gehört, dass es Anwälte gab, die Juden mit erfundenen Geschichten halfen, nicht als Jude eingestuft zu werden.
Was war das für eine Geschichte?
Wyla, die Mutter meiner Mutter, sollte vor Gericht aussagen, dass sie eine Affäre mit einem anderen Mann gehabt hatte,

einem Christen, um zu beweisen, dass Ruth unehelich war. Ein »Mischling« also.

Und so ist es dann gekommen?

Meine Großmutter hat erzählt, sie hätte eine Affäre mit einem christlichen Arzt gehabt, und behauptet, meine Mutter sei aus dieser Affäre hervorgegangen, sie sei das Kind des Arztes.

Das hat sie vor Gericht gesagt?

Ja.

Und der Arzt?

Der auch.

Ein deutscher Christ?

Ja.

Wie hieß er?

Das weiß ich nicht. Er hat meiner Mutter das Leben gerettet.

Wir sollten seinen Namen herausfinden. Muss ein mutiger Mann gewesen sein.

Das stimmt.

Aber war deine Großmutter denn nicht jüdisch?

Sie war zum Judentum konvertiert, als sie meinen Großvater heiratete.

Dann war eine Lüge die Rettung?

Das war recht verbreitet in Deutschland. Meine Mutter war eine von über hunderttausend Juden, die auf diese Weise gerettet wurden. Noch im Gericht konnte sie ihren gelben Stern abnehmen.

Die Nazigesetze zu den Mischlingen haben deine Mutter gerettet?

Ja, die haben meine Mutter gerettet.

Der Kaffee kommt, auf einem runden Tablett mit einer schweren Silberkanne heißer Milch. Ich rühre sie hinein und hebe die

Tasse an den Mund, das vertraute Bittere gibt mir freundlichen Halt. Zwischen uns beiden wird es still. Die Geschichte ist im Hackeschen Hof zum Vorschein gekommen.

Eine Frau kommt herein und setzt sich an den Tisch neben uns. Sie liest konzentriert in einem Modemagazin, als wäre es ein höchst anspruchsvolles philosophisches Werk. Selig lächelnd beugt sie sich über das Heft, jede Seite blättert sie freudig um. Sie trägt eine fließende schwarze Hose, ein schwarzes Seidenoberteil und einen schwarzen Mantel mit aufgestickten Applikationen. Sie hat langes graues Haar und an sämtlichen Fingern schwere silberne Ringe. Ein großes graues Tuch fällt ihr über die Schultern. Ihr Partner kommt, ein superfitter Mann im Fahrraddress, von oben bis unten in schwarzem Lycra, auf dem Kopf ein metallicroter, unter dem Kinn festgezurrter Helm, die Fahrradschuhe mit ihren Pedalplatten ein Klackern auf dem Holz, die Füße in einem merkwürdigen Winkel nach oben gebogen, die Beine vor lauter Lycraisierung im Hochglanz. Die Frau schaut von ihrer Zeitschrift auf und bittet den Mann, ihr einen Caffè Latte zu bestellen, also geht dieser schnittige Typ mit dem minimalen Körperfett, der ausgerüstet ist wie für die Tour de France, wieder zurück über das Parkett zur Kaffeebar des Hackeschen Hofs.

Nur dass du es weißt, meine Geschichte ist keine. Im Vergleich zu dem Leid anderer Familien ist das nichts. Ich hatte Glück. Ruth auch. Als Familie hatten wir großes, sehr großes Glück.

Ich weiß.

Cousins und Cousinen ersten und zweiten Grades nach Auschwitz-Birkenau und Theresienstadt. Mein Großvater und mein Vater in den Selbstmord. Aber Toni ist entkommen. Und meine Mutter hat überlebt.

Der Fahrradmann kommt zurück, auf einem kleinen silbernen Tablett bringt er zwei Caffè Latte in hohen Gläsern. Sein Gang ist ein geschickter Balanceakt, denn die Fahrradschuhe wirken sich auf seine Körperhaltung aus, er muss sich im Vorwärtsgehen leicht zurücklehnen. Man könnte meinen, er ahmt den Gang durch einen kräftigen Wind nach, der leise und beständig und nur auf ihn durchs Lokal weht. Beeindruckend ist, wie er sein Tablett im Zurücklehnen waagerecht hält, der weiße obere Teil der beiden Milchkaffees bleibt in einer schnurgeraden Linie. Vielleicht hat er an der École Jacques Lecoq Pantomime gelernt.

Du schreibst das alles auf, nehme ich an.
Später, ja.
Der Onkel meiner Mutter hat am Krankenhaus im Friedrichshain gearbeitet. Als Chirurg. Moritz.
Tatsächlich?
Er war sehr gut mit Einstein befreundet. Hat mit ihm in einem Streichquartett gespielt. Sie sind zusammen auf dem Wannsee gesegelt. Als er starb, hat Einstein einen Nachruf auf ihn geschrieben.

Mein Vater führt sich seine Kaffeetasse an die Lippen.

Hast du nicht gewusst, oder?
Natürlich nicht.
Ich hatte einen Freund, Heinz Peter, ich habe ihn sehr gemocht.
Und?
Nach Frankreich geflohen.
Und?
Auschwitz.

Wann bist du zum ersten Mal nach Berlin zurückgekommen?

1950.

Und da hast du deine Mutter gesehen?

Sie hat im Osten gewohnt. Sie war Kommunistin und wollte deshalb dort leben, und natürlich wollte sie, dass ich nach Deutschland zurückkomme. Aber ich habe ihr gesagt, dass ich jetzt Brite bin.

Bestimmt nicht einfach.

Für mich schon.

Und für sie?

Was glaubst du?

Und dann?

Dann bin ich zurück nach Großbritannien.

Wann hast du sie das nächste Mal gesehen?

Siebenundfünfzig.

Das heißt, nach deiner Ausreise mit dem Kindertransport hast du sie zwischen 1939 und 1957 nur einmal gesehen.

Ja.

Einmal in achtzehn Jahren.

Mein Vater ruft noch einmal den Kellner und bittet um die Speisekarte. Er wählt rasch ein Dessert aus: »*Ein Crème brûlée mit Passionsfrucht und belgischer Schokolade.*« Wir haben die Teller schnell aufgegessen (»köstlich«). Unser Thema ist nun beendet.

Wir verlassen den Hackeschen Hof, und weil wir satt sind und geräucherten Fisch und Crème brûlée gegessen haben und mehr miteinander geredet als je zuvor, gehen wir auf dem breiten Bürgersteig die Oranienburger Straße entlang und schieben unsere Fahrräder, vorbei an den restaurierten Resten der Neuen Synagoge mit ihrer filigranen Ziegelfassade in cremegelben und roten Tönen und ihrer spektakulären, wiederaufgebauten Glas- und Goldkuppel (»nicht die Synagoge meines Vaters«), biegen links in die Tucholskystraße ein, dann rechts, weiter über den Schiffbauerdamm, kommen rechter Hand an Brechts Berliner Ensemble vorbei, gehen weiter am Spreeufer entlang und an der Luisenstraße über die Brücke, bis wir schließlich, immer noch unsere Fahrräder schiebend, rechts in die Hannah-Arendt-Straße einbiegen und zum Denkmal für die ermordeten Juden Europas kommen.

Zwischen den grauen Betonstelen des Mahnmals spielen ein paar Jugendliche Verstecken, aber das stört meinen Vater nicht. Wir stellen unsere Fahrräder ab und gehen an den Jugendlichen vorbei hinein. An den Rändern des Mahnmals sind die Blöcke niedrig und eher einladend als beunruhigend, aber als wir uns dann weiter auf die Mitte der 2711 Stelen zubewegen, fällt der Boden überraschend ab und versinkt immer tiefer in der kühleren Erde. Das Pflaster unter unseren Füßen wird uneben. Der Boden beginnt sich zu wellen, weiter voranzukommen ist ermüdend. Die Stelen werden höher und scheinen plötzlich drohend über uns aufzuragen und alles Licht zu schlucken, während sich der Boden mit jedem Meter weiter absenkt. Es wird immer schwerer, dann unmöglich, einen Blick zurück in die Außenwelt zu werfen. Die Stelen sind wie Dolmen, aufgestellt in Reihen, und zunächst scheinen sie gerade zu sein, aber wenn man genauer hinschaut, eben nicht. Sie stehen nicht ganz lotrecht zueinander. Auf einmal kann ich nicht mehr hinaussehen aus diesem 19 000 Quadratmeter großen Feld, und in dem Moment spüre ich wieder ein Gewicht auf mir, und plötzlich bin ich allein, von meinem Vater getrennt. In der Ferne sehe ich flüchtige Bilder von Menschen, wie ein Aufflackern, wenn sie durch die Lücken zwischen den Stelen hindurchgehen. Aber sofort sind sie verschwunden und erscheinen nicht wieder. Ich bin jetzt getrennt von der Stadt ringsum, von ihrem Lärm. Das Mahnmal wurde an einem der zentralen Orte errichtet, von dem aus das Dritte Reich operierte und wo einige der Nazi-Gebäude standen, später abgerissen vom Ostberliner Magistrat. Ich lege mich auf den Boden, auf ihre Fundamente. Das Gewicht ist hier gewaltig und drückt mich nieder. Ich höre Jean Amérys Worte auf mich zuwehen:

> Und plötzlich fühlte ich – *den ersten Schlag* ... Es gibt nämlich keine »Banalität des Bösen«, und Hannah Arendt, die in ihrem Eichmann-Buch davon schrieb, kannte den Menschenfeind nur vom Hörensagen und sah ihn nur durch den gläsernen Käfig. Wo ein Ereignis uns bis zum äußersten herausfordert, dort sollte nicht von Banalität gesprochen werden ...[3]

Alle Wege, die die Besucher des Mahnmals gehen, sind andere. Es gibt keine endgültige Struktur, auch wenn es am Ende wohl auf dasselbe hinausläuft, ein plötzliches Gefühl der Isoliertheit und der Einsamkeit. Ich stehe wieder auf und gehe auf die Ränder des Mahnmals zu, und da sehe ich meinen Vater zwischen den Betonstelen, ich rufe ihn, er dreht sich zu mir um, und in dem Moment mache ich dieses Foto von ihm.

3 Jean Améry, *Jenseits von Schuld und Sühne. Bewältigungsversuch eines Überwältigten*, Klett-Cotta, Stuttgart 1977, 3. Auflage 1997, S. 54, 52.

4.10

Mr Marmalade war der Name unseres Katers. Meine Schwester Jane hatte ihn so genannt, und er lebte mit uns im Cae Hyfrydd an der Pentrosfa. Er war ein schlanker und launischer Kater, und normalerweise machte ich einen weiten Bogen um ihn. Wenn ich ihn mal streichelte, konnte es sein, dass er mit seinen Vorderpfoten meinen Arm packte und mich mit seinen hinteren Krallen kratzte, das waren schmerzhafte, blutende Schrammen. Wir hatten ihn von einem Bauern bekommen, vielleicht war er deshalb nie besonders sozial, sondern ein Raufbold. Oft lag er vorn am Fenster und schaute hinaus in die Welt, oder er legte sich auf einen Stuhl. Manchmal miaute er um Futter, aber alles in allem war er, zumindest in meinen Augen, ein unsympathisches Tier. Einmal verschwand er für mehrere Tage, und wir machten uns schon große Sorgen. Meine Mutter hängte ein kleines Plakat ans Törchen, darauf stand »Kater entlaufen«, dazu eine Zeichnung von ihm mit einer Beschreibung.

Nach ein paar Tagen erschien Mr Marmalade an der Hintertür, abgemagert und erschöpft, ein Hinterbein fehlte. Mein Vater sagte uns, dass Mr Marmalade bestimmt in ein Fangeisen getappt war, eine grässliche, verbotene Vorrichtung, die um das Bein eines Tiers zuschnappt und aus der es unmöglich herauskommt. Als wir später beim Abendessen saßen, meinte er, dass Mr Marmalade sich, um zu überleben, das Bein abgebissen haben musste, »der Überlebensinstinkt ist nämlich sehr stark«. Bei dem Gedanken, dass Mr Marmalade sein eigenes Bein gefressen hatte, lief es uns Kindern kalt den Rücken hinunter, und jahrelang trieb uns die Frage um, ob wir imstande wären, uns ein Bein abzubeißen, sollten wir mal in ein Fangeisen oder eine andere lebensbedrohliche Situation geraten. Mr Marmalade erholte sich wieder, obwohl er sehr schwach war, aber natürlich entwickelte er auch eine seltsame Art, sich fortzubewegen, denn auf den Vorderbeinen lief er wie eine ganz normale Katze, und sein eines Hinterbein hüpfte hinterher, dabei war der Stumpf des anderen Beins, das dem Autokannibalismus zum Opfer gefallenen war, deutlich zu erkennen. Wenn es schneite, hinterließ er das charakteristische Muster seiner Abdrücke, aber er bewegte sich sehr geschickt, und offenbar machte es ihm nichts aus. Irgendwann ging Mr Marmalade und zog zu unserem Nachbarn, der ihn mit Sahne und anderen frischen Leckerbissen fütterte, sehr zum Leidwesen meiner Schwester, im Gegensatz zu mir. Mr Marmalade hatte etwas Verstocktes und Unfreundliches, und so groß mein Respekt für seine beispiellose Tapferkeit war, die er bewiesen hatte, als er sein eigenes Bein fraß, so froh war ich, ihn von hinten zu sehen.

5.1

»Ich habe nachgedacht«, sagt mein Vater beim Frühstück. »Das heißt?«, frage ich. Er beugt sich vor.

> *Ich möchte die letzte Reise meines Vaters machen. Ich möchte zu unserer alten Wohnung gehen und dann nach Bernau bei Berlin fahren. Dort hat er sich das Leben genommen. Er hat sich in einem Hotel erhängt. Am Obersee bei Lanke.*

Wir verlassen das Grimm's Hotel, laufen wieder zum Tiergarten. Wir gehen über die gewundenen Wege, vorbei an den Statuen, durch den Englischen Garten und dort bei den Betonwohnblöcken hinaus, vorbei am Bahnhof Bellevue und über die Brücke zur Wohnung meines Vaters. Wir stehen an der Haustür. Fassen an den Türgriff. Schauen über die Straße, das Helgoländer Ufer. Dahinter fließt die Spree. Über uns ist das Badezimmer, in dem Siegfried, der Großvater meines Vaters, sich das Leben genommen hat. Wir überqueren die Straße, lehnen uns an das Geländer, das sich am Spreeufer entlangzieht, schauen auf die Sträucher und Bäume auf der gegenüberliegenden Seite des Flusses. Rechts von uns sehen wir eine Mischung aus Wohnhäusern und Hotels. Ein paar moderne Bauten aus Stahl und Glas sind darunter, andere sind älter und mit farbigem Verputz. Mein Vater kaut auf seinen Nägeln, reckt den Kopf vor, beißt die Zähne zusammen, hält das Geländer mit beiden Händen.

Wir verlassen das Helgoländer Ufer, gehen schweigend zurück über die Moabiter Brücke, vorbei an den vier Bärenskulpturen, vorbei an dem Café, wo es Baumkuchen gibt. Fußgänger mit umgeschnallten Rucksäcken begegnen uns, ein paar Radfahrer fahren langsam vorüber. Um diese Tageszeit ist in dieser Gegend, dem Hansaviertel, nur wenig Verkehr. Wir kommen zum Bahnhof Bellevue. Mein Vater bleibt bei dem Blumenstand stehen.

Mein Vater ist zur Arbeit in seine Fabrik gefahren.
Wo war die?
Weiß ich nicht.
Hattet ihr ein Auto?
Nehmen wir ein Taxi zum Alexanderplatz.

Wir halten ein Taxi an. Es fährt uns am Tiergarten vorbei, an der Goldelse, über die Straße des 17. Juni.

Einmal habe ich morgens gehört, wie meine Mutter und mein Vater sich anschrien. Nach der Arbeit ist mein Vater nicht nach Hause gekommen. Meine Mutter hat in der Fabrik angerufen. Man sagte ihr, mein Vater sei da gewesen und gleich wieder gegangen. Es wurde spät. Meine Mutter hat bei der Polizei angerufen. Er muss am Alexanderplatz geparkt haben, denn da hat die Polizei den Wagen am nächsten Tag gefunden. Dann muss er den Zug nach Bernau genommen haben. Irgendwie ist er von dort zum Obersee bei Lanke gekommen.

Wir kommen zum Alexanderplatz, steigen aus dem Taxi, gehen zur U-Bahn Richtung Pankow. Sie fährt erst unterirdisch, bevor sie wieder an die Oberfläche kommt. In Pankow steigen wir um, gehen durch eine Unterführung, um den Bahnsteig zu wechseln. Dann steigen wir in die S-Bahn nach Bernau, fahren durch die Außenbezirke Berlins. Wir queren große Flächen, auf denen Bauarbeiten stattfinden. Neue Gleise werden verlegt, neue Brücken gebaut, Straßen umgeleitet, Gebäude abgerissen. Wir fahren an Reihen von Wohnhäusern aus den Fünfzigerjahren mit roten Ziegeldächern vorbei, und als wir uns dem Stadtrand nähern, an Schrebergärten, die meisten mit Holzschuppen und Sommerhäuschen, manche mit Hochbeeten und gepflegtem Rasen, andere wild und zugewuchert. Auf dem Weg kommen wir an ausgedienten Bahngebäuden aus Backstein vorbei, an alten Bahnlinien, auf denen Bäume wachsen, an zwei großen, zerfallenden runden Lokschuppen. Wir sind im ehemaligen Osten.

Natürlich ist das nicht ganz die Fahrt, die mein Vater gemacht hat.

In der S-Bahn sitzen wir einem älteren Ehepaar gegenüber, das einen Wanderausflug aufs Land macht, dicke Socken, Lederstiefel. Ein anderes Paar, noch jung und mit Tattoos auf den Armen, ist hingerissen voneinander, glitzernde weiße Zähne, Kichern. Zwei Jungs, Teenager mit langen Haaren, halten Skateboards voller Sticker unterm Arm. Unsere Fahrt ist eine Annäherung an die letzte Reise hinaus aus Berlin, wie mein Großvater Walter sie gemacht haben muss. Irgendwie ist es ein tröstliches Gefühl. Die Luft ist klar. Ich bin gelassen. Mein Magen hat sich beruhigt. Ich kann mir vorstellen, dass auch ihn, nachdem er seinen Entschluss getroffen hatte, ein Gefühl der Ruhe überkam. Mein Freund Mark, der sich mit neunzehn das Leben nahm, hat rückblickend betrachtet in den Wochen vor seinem Selbstmord einen besonders glücklichen Eindruck gemacht. Ich erinnere mich noch genau an den Moment, als er sich zum letzten Mal von mir verabschiedete, an sein großzügiges Lächeln unter den dunklen, wissenden Augen, die so unbeschwert aufleuchteten, als er mir vor dem Grosvenor Store mit seinen cremeweißen gusseisernen Säulen am Ridgebourne in Llandrindod zuwinkte. Vielleicht können sich manche Selbstmörder bis zu einem gewissen Grad entspannen, eben weil sie wissen, dass sie nicht mehr lange kämpfen müssen. Bald ist die große Ruhe da. Oder vielleicht auch nicht. Vielleicht ist es bis zum Schluss eine entsetzliche, panische Angst.

Der Zug kommt an der Endstation zum Stehen, Bernau bei Berlin. Wir verlassen den Bahnhof und laufen quer durch die Stadt zum Stadtpark.

Früher sind wir öfter hergekommen und haben Picknick gemacht. Wir sind hier durch den Park gelaufen. Toni und ich.

Der Park zieht sich um eine mittelalterliche Stadtmauer mit zwei hohen Türmen. Ein kleines Fachwerkhaus steht dort, die Grünanlagen sind gepflegt. Mein Vater erinnert sich an den Weg zum Park und durch ihn hindurch, und auch wenn es nicht besonders schwer ist, da er recht nah am Bahnhof liegt, ist es doch eine kleine Überraschung, schließlich war er seit über siebzig Jahren nicht mehr hier.

Wir verlassen den Park. Bernau bei Berlin wird restauriert, das Kopfsteinpflaster ausgebessert, Häuser vom Ende des neunzehnten Jahrhunderts, die verfallen waren, bekommen einen neuen Anstrich, die Töne eher gedeckt, Senf, Flachs, Sepia. Manche Gebäude sind heruntergekommen, die Farbe blättert in langen Streifen vom Holz der Fensterrahmen ab, die kunstvollen hölzernen Türen sind voller Graffiti. Bernau lag in der

DDR. Ich gehe auf eine Toilette, eine dieser City-Toiletten. Sie ist aus Edelstahl. Ich werfe Münzen ein, und die Tür gleitet zur Seite. Die Toilette ist blitzsauber und riecht nach Flüssigreiniger. Die Toilettenschüssel ist aus Edelstahl, die Rückwand ebenfalls, jemand hat mit einem Stift ein großes Hakenkreuz darauf gemalt. Die Tür schließt sich. Ich nehme Toilettenpapier und Seife, um das Hakenkreuz abzuwischen, ein wenig Sorgen macht mir nur, dass ich den Edelstahl beschädigen könnte, denn aus Erfahrung, von meinem Herd zu Hause, weiß ich, wie schwer so etwas zu reinigen ist, ohne einen Fleck zu hinterlassen.

Wir gehen zurück zum Bahnhof und nehmen ein Taxi nach Lanke bei Bernau. Das Taxi ist ein großer Mercedes und wie alle Taxis hier in einem Beigeton lackiert, die Ledersitze sind schwarz. Der Fahrer trägt ein kariertes Hemd, knallrot und taubenblau, oben auf der linken Schulter ist das Wort »Texas« aufgestickt, während der Fahrt kann ich es über die Rückenlehne hinweg sehen. Aus den Boxen des Wagens tönt leise Country-Musik, der regelmäßige Rhythmus eines Banjos erfüllt den Wagen, Lieder von Liebe und Verlust, Sehnsucht nach den Südstaaten.

Hinter der Stadt kommen wir in einen Wald. Der Asphalt der Straße bröckelt. Die Fahrbahn ist so stark gewölbt, dass der Wagen sich zum Graben am Waldrand neigt, und so fahren wir langsam und in Schräglage über den aufbrechenden Straßenbelag und durch das von den Bäumen gebrochene Licht. Der Taxifahrer erzählt uns, dass Himmler früher hier langgefahren ist. »*Himmler fuhr oft diesen Weg*«, und da wir nichts darauf sagen, wiederholt er noch einmal seine seltsame Information: »*Himmler fuhr oft diesen Weg.*« Nach zwanzig Minuten taucht das Taxi aus dem Wald auf, durchquert das kleine Dorf Lanke und biegt auf den Parkplatz des Hotels Seeschloss ein. Mein Vater springt aus dem Wagen, läuft rasch über den Parkplatz und die Stufen hinauf zur Tür. Ich hole ihn ein.

Es hat sich nicht viel verändert, seit ich das letzte Mal hier war.

Wir treten in den Empfangsbereich des Hotels. Überall steht geschnitztes und gedrechseltes Mobiliar, ein schmiedeeisernes Geländer führt über ein paar Stufen zu einem Wintergarten. Ich folge meinem Vater, er geht durch den Empfang in den Speiseraum. Die Wände sind sonnenblumengelb. Die Decke ist rauweiß, mehrere Messingleuchter mit geätztem Glas hängen herab. Um sie herum ist eine goldene Deckenleiste. Schwere pflaumenblaue Vorhänge hängen gerafft über den Fenstern, ein kobaltblauer Teppichboden zieht sich bis in den letzten Winkel des Raums. Ein dunkles und massives, hüfthoch mitten hindurchlaufendes gedrechseltes Holzgeländer fungiert als Raumteiler. Ein paar Gäste trinken Kaffee. Ein Schild besagt: *Das Seeschloss ist seit über 100 Jahren in Familienbesitz.* Neben dem Schild hängt ein Foto des Hotels, aufgenommen irgendwann Anfang des zwanzigsten Jahrhunderts.

»Hier haben wir früher gegessen«, sagt mein Vater. Wir bleiben eine Weile in dem Raum stehen. Mein Vater geht zu einem der Fenster, stellt sich unter den pflaumenblauen Vorhang und schaut auf den See hinaus, den Obersee. Ein großer Mann Anfang vierzig, in schwarzer Weste und mit aufgeknöpftem, etwas schmuddeligem weißem Hemd, die Schuhe ungeputzt, das blonde Haare zerzaust, kommt zu uns und fragt, ob wir einen Kaffee möchten. »Oder einen Tee? Eine heiße Schokolade? Vielleicht mit einem Sandwich? Oder ein Stück Kuchen?«
»Eher nicht«, antwortet mein Vater und starrt weiter durchs Fenster.

Wir verlassen das Hotel, steigen die Stufen am Eingang hinunter, überqueren die Straße und gehen um den See herum auf die nördliche Seite. »Im Sommer sind Vater und ich hier zusammen geschwommen«, sagt mein Vater. »Meine Mutter saß am Ufer und hat zugeschaut.« Wir gehen ein Stück am See entlang. Der Weg ist sandig und führt an einem Spielplatz vorbei, ein dort aufgestelltes Spielgerät erinnert von der Form her an eine Galeone aus dem siebzehnten Jahrhundert, am Rand steht eine Mülltonne mit schwarzem Plastikdeckel. Wir gehen weiter. Der Weg wird schmaler. Bäume und Sträucher werden immer dichter. Mein Vater hält an, schaut auf den See. Kleine Wellen ziehen darüber. Im seichten Wasser am Ufer sind unter der Oberfläche Baumwurzeln zu sehen. Die Bäume am gegenüberliegenden Ufer bewegen sich nicht, sie stehen geschützt im Windschatten. Ihre Zweige sind ruhig und verdunkeln das Wasser unter ihnen, tauchen es in ein trübes Olivgrün. Manche Zweige hängen so tief, dass sie bis ans Wasser reichen. Das Wasser an der Seite des Sees, wo wir uns jetzt befinden, ist ungewöhnlich klar. Ich kann den Sand und die Steine auf dem Grund erkennen. Durch die Lichtbrechung an der Wasseroberfläche sehen sie größer aus, als sie tatsächlich sind. Wir bleiben eine Weile dort stehen.

Da kein Mensch in der Nähe ist, macht mein Vater, was er gerne macht. Er zieht sich aus und watet nackt ins Wasser. Ich schaue ihm zu; sehe die Mischung aus grauen und dunklen Haaren auf seinem Rücken, die blasse Haut, die kräftigen Schultern, die langen, etwas steif herabhängenden Arme, das Wasser jetzt bis zur Taille, und dann beugt er sich vor und stößt ab, schwimmt los, das Wasser wölbt sich glitzernd über ihn, seine Arme und Beine schlagen hinein, der Kopf vor dem Luftholen für eine Sekunde untergetaucht. Ich ziehe mich ebenfalls aus, lasse allerdings, anders als er, die Unterhose an und folge ihm in den See. Unsere Sachen, einschließlich Pässen und Wertsachen, liegen auf einem Haufen am Ufer. Das Wasser ist kalt, es tut weh. Ich schwimme in die Mitte des Sees, Brille auf, Kopf über Wasser, mit einfachen, glanzlosen Brustzügen. Ich schaue zum Ufer gegenüber, sehe das Hotel Seeschloss. Während ich darauf zuschwimme, behalte ich es im Blick, schaue auf die Schräge des Ziegeldachs, den neuen Wintergarten und die verwinkelten Äste davor, auf die weiße Fassade mit den dunklen Holzbalken. Walter ist hier geschwommen. Ich bin im Fokus eines der letzten Bilder, die er gesehen hat, mehr oder weniger – eher nicht – möglicherweise – vielleicht. Das ist das Beste, was ich tun kann. Ich schaue fest auf das Hotel. Stelle mir vor, wie er übers Wasser schaut. Zu mir.

Wir schwimmen zurück ans Ufer. Schlamm, Sand und Steinchen kleben an meinen Füßen. Ich ziehe die nasse Unterhose aus. Für einen Moment bin ich nackt. Ich trockne mich mit meinem T-Shirt ab, bevor ich mir die anderen Sachen anziehe, wische mir die Steinchen von den Füßen, als ich in die Socken schlüpfe, in die Schuhe. Mein Vater zieht sich an, als wäre er schon trocken. Die Folge ist, dass Wasser durch die Kleidung dringt und kleine Flecken bildet. Man könnte meinen, er wäre an mehreren Stellen undicht. Ich bin trockener als er, stehe aber noch mit meiner klatschnassen, grün gestreiften Unterhose da, in der ich geschwommen bin, dem feuchten T-Shirt, mit dem ich mich abgetrocknet habe. Ich gebe das T-Shirt meinem Vater. Er wischt sich das Gesicht ab, rubbelt sich die Haare und gibt es mir zurück. Ich frage mich, was ich damit machen soll. Ich möchte nichts Nasses anhaben, wenn wir in einem beigen Taxi und zu Country-Klängen wieder nach Bernau bei Berlin fahren. In der Ferne sehe ich die Mülltonne neben der Galeone auf dem Spielplatz, an dem wir vorbeigekommen sind. Ich gehe hin, öffne den schwarzen Plastikdeckel und werfe, so viel Verschwendung darf sein, das T-Shirt und die Unterhose in die Tonne. Der Deckel klappt zu, für eine Sekunde blitzt die Drahtfeder auf. Ich gehe zurück und stelle mich zu meinem Vater. Er sitzt auf einem Baumstumpf. Wir wechseln kein Wort. Die Stille wird immer schwerer. Ich spüre, wie sie auf meine Haut drückt, mich umhüllt, zwischen uns beiden ist nur die Wortlosigkeit der über uns streichenden Luft, diese Stille, die alles andere als eine friedliche ist, denn sie gebietet der Luft, meine Arme zusammenzupressen, meinen Schädel. Der Druck in meinem Kopf nimmt zu. Die Gelenke meiner Finger versteifen sich. Meine linke Hüfte klemmt. Die Vogelgeräusche in den Bäumen dringen an meine Ohren. Schallwellen lassen meine Trommelfelle vibrieren. Das ist die Wirklichkeit. Genau das, nicht mehr und nicht weniger.

Ich schaue zu meinem Vater. Er ist nass. Er friert. Er starrt übers Wasser auf das Hotel Seeschloss. Seine Augen blicken grimmig. Sein Körper ist reglos. Die Hände liegen im Schoß. Die Beine sind übereinandergeschlagen. Ein Fuß hängt ein

Stück über dem Boden. Er hat sich in sich selbst zurückgezogen. Er ist an einem Ort, wo niemand an ihn herankommt. Wie könnte das irgendwer? Wie könnte ich es? Niemand hat das Recht. Ich habe nicht das Recht. Es gibt kein Heran. Manche Dinge lassen sich nicht aussprechen. Manche Dinge lassen sich nicht äußern. Manche Dinge lassen sich nicht gemeinsam tragen. Manche Dinge müssen allein ausgehalten werden. Es gibt keine Worte. Es gibt keine Laute. Er sitzt auf dem Baumstumpf. Er ist der traurigste Mensch, den ich je gesehen habe. Der einsamste Mensch, den ich je gesehen habe. Mein Vater. Hans.

5.2

Manchmal gingen meine Mutter und mein Vater mit uns ins Freibad von Llandrindod, und obwohl meine Mutter sich nie ins Wasser traute, war sie immer dabei und hatte Handtücher mit und Sandwichs und ein Orangensaftgetränk. Das Schwimmbad war im Hochsommer oft voll. Einmal schien es besonders voll zu sein, aber alles friedlich. Es war strahlender Sonnenschein.

Der Nachmittag zog sich hin, und ich sah meine Freundin Heather am Beckenrand sitzen, ihre Füße baumelten ins Wasser. Ich stellte mich hinter sie und schubste sie hinein, warum auch immer. Es war die flache Seite, und sie stand hüfthoch und sicher mit beiden Beinen auf dem Beckengrund, aber sie hatte einen fürchterlichen Schreck bekommen und weinte, und als mein Vater sah, was ich getan hatte, brüllte er: »Komm her, du kleines Miststück«, und dann kam er mit verzerrtem Gesicht auf mich zugerannt, und ich rannte so schnell von ihm weg, dass ich wie gebannt von mir selbst war, denn die Geschwindigkeit, mit der ich auf einmal laufen konnte, kam mir unglaublich vor, ich flitzte um die Seiten des Beckens herum, die Fußballen tippten über den Boden, meine Beine bewegten sich so schnell und so kraftvoll, als gehörten sie jemand anderem. Ich lief im Zickzack zwischen den Leuten hindurch, die sich auf ihren Handtüchern sonnten, vorbei an Kindern, die ins Wasser sprangen oder herauskamen, vorbei an der langen blauen Wasserrutsche am Beckenrand, meine Beine bewegten sich immer selbstsicherer, meine Hüften schneller als jemals zuvor, bis ich am anderen Ende des Beckens war, an dem tiefen Ende jetzt. Ich war mir so sicher, dass ich davonkommen würde, und so hingerissen von meiner neuen Schnelligkeit, dass ich es kaum glauben konnte, als mein Vater mich einholte, von hinten schnappte und in die Luft hob. »Jetzt zeige ich dir was, das wird dir eine Lehre sein«, sagte er mir leise ins Ohr, und dann trug er mich zum Beckenrand, packte mich an den Armen, und während ich mich noch wehrte und um mich trat, schwang er mich im Kreis herum, immer wieder, als wäre ich ein Diskus und er der Werfer. Als er mich losließ, schleuderte ich hoch in die Luft, und ich drehte mich in alle Richtungen, ehe ich mit einer solchen Wucht aufs Wasser klatschte, dass meine Haut brannte und aller Atem aus mir herausschoss. Auf einmal war ich, zum ersten Mal in meinem Leben, in einem Wasser, das zu tief für mich war, und da ich nicht schwimmen konnte, ging ich unter. Als ich wieder an die Oberfläche kam, schluckte ich Wasser, schluckte Unmengen davon, als könnte ich, um mich zu retten, das ganze Becken saufen, es brannte mir in der Kehle, in den Augen, von dem Geschmack musste ich würgen.

Die Panik hatte mich gepackt, und sie breitete sich in meinem Körper aus, von irgendwo in mir ergoss sich eine dunkle Flüssigkeit, eine höllische Quelle, schwappte durch mich hindurch, überschwemmte mich, bis ich nichts anderes mehr war. Ich schlug mit aller Kraft aufs Wasser, schlug immer wieder darauf ein, zappelte verzweifelt mit den Armen und mit den Beinen, wie die Kakerlaken auf dem Küchenboden, bevor sie ins Feuer flogen, wie die schillernden Makrelen unterm Knüppel, diese Fische, die ich später einmal fangen sollte. Und während ich langsam unterging, spürte ich, wie meine panische Angst noch zunahm, wie die seltsamen Unterwassergeräusche des Schwimmbeckens an meine Ohren drangen, die Farbe des Wassers ein merkwürdiges, diffus schimmerndes Grün, bis ich ganz eingehüllt war und nicht mehr wusste, wo ich war, wo oben war und wo unten. Und ich ließ los, gab mich auf, es war ein seltsames Gefühl, zu spüren, wie ich mich allmählich entspannte.

Während ich weiter sank, drückte mir das Wasser in den Mund, in die Nase, in die Ohren, der Druck wurde unerträglich. Und als ich das Wasser gerade atmen wollte, packte eine Hand meinen Arm und zog daran, hob mich wieder über die Oberfläche, zurück an die Luft, ich verschluckte mich. Ich weiß nicht, wer dieser Mann war, denn am Becken waren keine Bademeister, aber er sagte etwas Nettes zu mir und gab mich weiter an jemanden, der mich zum Rand brachte und über die Kante schob, ins Trockene. Dort lag ich dann mit dem Gesicht nach unten und drückte es auf den Boden, so fest ich konnte, meine Stirn nahm die Wärme des rauen Betons vom Beckenrand auf, ein Tempel des Friedens und der Sicherheit.

Ich spürte, wie die Panik durch mich hindurchging und langsam nachließ, und ich kehrte allmählich zu mir zurück, zurück von woher auch immer. Die Sonne knallte mir auf den Rücken, und ich begann heftig zu zittern, seltsame Krämpfe, gegen die ich nichts tun konnte und die mich schüttelten, meine Zähne, den ganzen Körper. Mein Herz klopfte wie wild, als versuchte es mit allen Mitteln, mir aus der Brust zu springen, hinaus an die Seite des Beckens, in die Freiheit, als hätte mein Herz ein eigenes Leben, als wollte es seinen Käfig sprengen und mir die Brust aufreißen und neben mir sitzen, frei von allen Schrecken, die mein Körper ihm zugemutet hatte. Dann verkrampften sich auf einmal meine Bauchmuskeln, drückten sich tief hinein und gegen die Wirbelsäule, ich musste mich übergeben. Ich kotzte

Wasser mit Spucke obendrauf und dann etwas Essen, und dann machte ich mir in die Hose, ich kackte und pinkelte, die dünne braune Flüssigkeit rann an den Innenseiten meiner Schenkel hinunter und sammelte sich in einer Pfütze neben mir. Während ich so dalag, immer noch mit dem Gesicht auf dem Boden und einem pochenden Herzen im Brustkorb, überkamen mich heftige Schauer. Es war, als wäre ich eine sich aufwölbende Raupe, während ungeheure peristaltische Kontraktionen meinen Körper erfassten. Noch mehr Wasser kam aus mir heraus, und ich nahm die Stille wahr, die sich über den Beckenrand gelegt hatte, ein Verstummen über meine Demütigung vor aller Augen, ein Verdichten der Luft, ein Erschrecken vor dem eben Geschehenen.

Irgendwann stand ich auf und ging, ganz allein, zum anderen Ende des Beckens. Die Leute zeigten auf mich. Ich ging weiter und legte mich auf die Betonbank, die dort unter den Ästen eines überhängenden Baums vor einer schmutzigen Betonwand stand, und zog meine Knie an die Brust. Etwas später sah ich meinen Vater, wie er, ganz allein, im Becken auf und ab schwamm, gleichmäßige Kraulbahnen, Arm für Arm übers Wasser gestreckt, der kräftige, leichte Rhythmus des geübten Schwimmers, bei jedem zweiten Zug ging sein Kopf nach rechts, um Sauerstoff aufzunehmen.

Danach weigerte er sich, mit mir zu sprechen. Auch ich weigerte mich tagelang, mit ihm oder mit sonst wem zu sprechen, und dann weigerte ich mich zu essen. Wenn zum Abendessen gerufen wurde, lag ich in meinem Zimmer, weigerte mich aber, nach unten zu kommen und etwas zu mir zu nehmen. Meine Geschwister wurden jeden Abend hochgeschickt, um mir zu sagen, ich solle runterkommen, aber ich weigerte mich, mit der Familie am Küchentisch zu sitzen. Am Ende holte mich mein

Vater mit Gewalt, er kam in mein Zimmer, zerrte mich aus dem Bett und trug mich nach unten an den Tisch, setzte mich auf einen Stuhl und schaute mich an. »Ich bewege mich nicht vom Fleck, bist du verdammt noch mal was isst«, sagte er dann, aber ich wusste, dass er viel zu ungeduldig war, länger als ich mit meinem schon ausgeprägten Willen hätte er nicht durchgehalten. Ich stellte mich auf die Langstrecke ein und starrte bloß zu ihm hin. »Das meine ich ernst. Ich bleibe so lange hier, bis du dir was in den Bauch getan hast, und starr mich nicht so an.« Also starrte ich auf mein Essen, wieder zu ihm, mein Magen war in einem merkwürdig verwirrten Zustand – beide hatten wir einen Bärenhunger, waren aber unfähig zu essen –, und auf einmal ekelte ich mich vor dem Essen. »Das ist doch lächerlich!«, rief mein Vater. »Lächerlich!« Und schon stürmte er aus der Küche, nur Minuten nachdem er behauptet hatte, er würde bleiben, bis ich etwas esse. »Ich habe Besseres zu tun«, sagte er, während er den Raum verließ und verzweifelt ausatmete. Meine Mutter, die immer neben mir saß und das Essen auf meinem Teller kleinschnitt, nahm etwas auf die Gabel und hielt es mir vor den Mund, aber ich presste die Lippen zusammen, damit nichts hindurchkonnte, und ging schweigend wieder nach oben. Tagelang aß oder sagte ich kaum etwas. Die Leute machten schon Bemerkungen darüber, wie dünn ich wurde.

Oft kroch ich unters Bett, lag dort und sog den beruhigenden Geruch des Staubs ein, der sich auf dem Boden gesammelt hatte, oder ich hockte mich in einen Schrank, stundenlang mit dem Rücken an der Seitenwand. Ich verschwand nach draußen und wanderte ewig herum, am Ithon entlang oder die steilen Hänge des Castle Hill hinauf. Manchmal rutschte ich das Ufer des Ithon hinunter und ging in den Fluss. Dann sah ich zu, wie das Wasser um meine Beine floss. Manchmal ging ich auch weiter ins Wasser hinein, über die glitschigen Steine im Flussbett, auch mal so weit, dass es mir bis zum Bauch reichte, und dann spürte ich, wie die Strömung gegen mich drückte, wenn sie mir um die Hüften und die Taille schoss, sie war ein stetiger, unaufhaltsamer Fluss des Lebens, der gurgelnd zu mir sprach, bis mir die Beinmuskeln wehtaten. Andere Male kauerte ich mich in eine Hecke, von meinem Mantel geschützt gegen die Dornen, und beobachtete die Vögel und die Spinnen und die Ameisen, im Sommer auch mal das leuchtende Grün und Violett einer Libelle. Oder ich legte mich flach in einen Graben und ließ die Insekten über mich krabbeln, kletterte auf einen Baum und saß stundenlang dort oben, manchmal setzten sich sogar Vögel neben mich. Wenn es im Sommer regnete, konzentrierte ich mich ganz fest darauf und ließ das Wasser langsam meinen Nacken hinunterlaufen, und ich spürte, wie mein Rücken allmählich nass wurde.

In dem Moment, als ich ins Wasser geschmissen wurde und fast ertrunken wäre, hatte ein Teil von mir einen Knacks bekommen. Ein Wildpferd, das an einem einzigen Nachmittag zugeritten wird, bleibt für den Rest seines Lebens ein gezähmtes Pferd, und ich war nicht mal ein Wildpferd – nur ein besonders kleines und schüchternes Kind. Ein Stück von mir, das wusste ich, war in diesen Minuten zerbrochen. Es machte mich unfähig, mich richtig zu ernähren, unfähig, überhaupt Nahrung zu mir zu nehmen, und auch in meinem späteren Leben habe ich das Problem nicht lösen können. Bis heute meide ich Schwimmbäder und Pools. Bis heute habe ich Alpträume, in denen ich ertrinke, und jahrelang dachte ich, dass ich einmal so sterben würde. Die Szene hat sich meiner Psyche auf eine Weise eingeprägt, dass ich manchmal mit dem Gefühl aufwache, ich würde ersticken, und reflexartig schlage ich um mich, mein

Körper wehrt sich gegen das eindringende Wasser und stößt es aus. Oft heißt es, Ertrinken sei eine sanfte Art zu sterben, aber meine Erfahrung ist eine andere. Mein ganzer Körper hat gewürgt und protestiert und mit aller Macht gegen das Wasser angekämpft. Danach lernte ich, meinem Vater möglichst aus dem Weg zu gehen. Und ich fing an, ihn zu hassen.

Es war ein Hass, der tief in mich einwuchs, wie ein dunkler Stein. Und er wurde zu meinem Gift. Er nagte an meinem Leben und bestrafte mich sehr viel härter als ihn. Er entblößte mich, trocknete meinen Geist aus, machte mich zu einem schäbigen und verschlossenen Menschen und hielt mich von anderen fern. Was hieß, dass ich keine Freunde hatte, dass ich einen Stempel aufgedrückt bekam, dass ich nicht, wie alle mir sagten, so war wie die anderen Kinder. Ich wurde mir selber fremd, begriff nicht, warum ich manche Dinge tat und dabei kämpfte und scheiterte und brüllte und schrie und mich weigerte und immer irgendwas kaputt machte und hinfiel und tagelang im Bett lag und hungerte und die Zähne zusammenbiss und nie lächelte und mich abfand mit einer ständigen, stechenden Einsamkeit und mit Stimmungen, die so trostlos waren, dass sie mich niederdrückten, bis ich nicht mehr da war. Und so dünn wie eine Oblate.

5.3

Wir gehen zum Bahnhof Friedrichstraße und stellen uns oben auf den Bahnsteig, wo mein Vater von Berlin losgefahren ist und seine Mutter und alles andere hinter sich gelassen hat. Wir stehen eine Weile dort. »Sie hatten Schäferhunde«, sagt mein Vater. »Meine Mutter hat mir nachgewinkt.« Ich schaue ihn an. Sein Gesicht ist ruhig. »Ich hatte eine kleine Decke dabei und eine Uhr.« Das ist die Stelle. Die Schienen beschreiben eine leichte Kurve, der Bahnsteig ebenso. Ich habe mich oft gefragt, ob ich, als er Ruth zum Abschied winkte, hätte bei ihm sein und seine Hand halten sollen. Vielleicht liegen manche Ereignisse ja außerhalb der Zeit.

Wir sehen Züge abfahren, schauen auf das Dach aus Stahl und Glas, kaufen uns zwei Kaffee und trinken sie in kleinen Schlucken. Dann gehen wir hinunter und nehmen die S 1 nach Oranienburg. Zwei Elektriker steigen ein und setzen sich uns gegenüber, beide in der gleichen, farblosen Arbeitskluft. Die grauen Hosen haben tiefschwarze Kniepolstertaschen. Beide tragen Gürtel mit Werkzeugen. Am Nordbahnhof steigt eine Frau mit einem Buggy und zwei kleinen Jungen ein. Einer sitzt im Kinderwagen, der andere hält sich hinten fest. Der Zug fährt über Humboldthain und Wollankstraße und hinaus aus der Stadt, über Frohnau, Borgsdorf, Lehnitz. Kaltes Land, kahle Erde. Dann erreichen wir den Bahnhof Oranienburg. Wir gehen eine Treppe hinunter und durch eine gekachelte Unterführung. Die beiden Elektriker überholen uns, ihre Schritte sind zielstrebig. Vor dem Eingang des Bahnhofs steht eine Schar Jugendlicher. Die Schule ist gerade aus. Sie warten an einer Reihe von Haltestellen auf ihren Bus nach Hause, die Schultaschen voller Bücher. Manche bilden Grüppchen und quatschen, andere stehen allein. Manche trinken aus Pappbechern. Ab und zu hält ein Auto, Eltern, die ihre Kinder abholen, der Teenager schlüpft gleich durch die Tür, setzt sich hinein, der Wagen fährt schnell wieder los, die Augen der Eltern auf die Straße vor ihnen gerichtet.

Auf der Straßenseite gegenüber ist ein Wegweiser mit mehreren Schildern, die in verschiedene Richtungen zeigen. Eins zeigt den Weg zum Stadtzentrum, die anderen zu den umliegenden Ortschaften. Ein weiteres Schild ist für das Konzentrationslager Sachsenhausen. Zu Fuß 2,5 Kilometer. Wir folgen den Schildern, vorbei an einer Reihe von Geschäften und dann unter einer Eisenbahnbrücke her. Wir gehen eine Weile an einer größeren Straße entlang und gegen den Wind, biegen links in eine geschützte Seitenstraße ein, kommen an mehreren neuen Wohnblöcken vorbei und zu einer gepflasterten Straße mit schmucken freistehenden Häusern auf beiden Seiten. In Oranienburg war die Verwaltungszentrale für sämtliche Konzentrationslager. Alle Häuser hier sind sehr gepflegt. Wir gehen eine Straße hinunter, die an einer Mauer aus Betonsteinen entlangführt, der Mauer des Konzentrationslagers Sachsenhausen.

Das KZ Sachsenhausen wurde 1936 errichtet. Es war das erste Lager, das gebaut wurde, zunächst als Häftlingslager. Es diente aber auch als Schulungslager der SS. Mehrere Ideen wurden zuerst hier erprobt: der dreieckige Grundriss des Lagers, die Anzahl der Baracken, der Platz für den Zählappell und wie die Gefangenen sich aufstellen sollten, verschiedene Arten von Hinrichtungen, verschiedene Arten der Einäscherung, die Mindestanzahl notweniger Maschinengewehrtürme zur Überwachung der Häftlinge.

Wir kommen zum Eingang. Er befindet sich schon im Innenbereich des Lagers. Wir treten durch das Tor mit dem eisernen schwarzen Schriftzug ARBEIT MACHT FREI. Ich streiche mit den Fingern über die angeschweißten Buchstaben. Die Schweißnähte sind grob, die Buchstaben kleiner, als ich sie mir vorgestellt habe. Der Eingang liegt in einer Durchfahrt, darüber wurde ein Maschinengewehr installiert, ebenso ist dort das ehemalige Büro des Kommandanten.

Und dann sind wir drin. Auf den ersten Blick macht das Lager einen überraschend kleinen Eindruck. Alle Lagermauern sind von hier aus gut zu sehen. An ihnen entlang zieht sich ein Todesstreifen, die *Verbotene Zone* mit den Warnungen *Eintritt verboten* und *Es wird geschossen*. Stacheldraht ist ausgerollt. »Das wird nicht das Original sein, das wäre längst verrostet«, sagt mein Vater. Ein Stück rechts vom Eingang stehen zwei Holzbaracken. Wir gehen auf sie zu. Die Originale wurden 1992 bei einem Brandanschlag teilweise zerstört. Die jetzigen Baracken sind Rekonstruktionen aus den Überresten. Wir treten in eine hinein. Hinter einer Glaswand sehen wir Reihen von Betten mit drei Etagen. Sie sind viel kleiner, als ich dachte. Diese dreistöckigen Holzhochbetten werden mir für immer im Gedächtnis bleiben.

In der Mitte der Baracke sind zwei kleine Räume, in einem reihen sich braune Kloschüsseln aneinander. Eine Absperrung verwehrt den Zutritt. Mein Vater und ich schlüpfen darunter hindurch und stehen in dem Toilettenraum. Die Klos müssen für Hunderte von Menschen gewesen sein. In dem anderen kleinen Raum sind Fußwaschbecken, ebenfalls aus Keramik. Auch dort gehen wir hinein. Auf einer Tafel steht, dass SS-Männer Häftlinge in diesen Fußbecken ertränkten, sie hielten die Köpfe der Häftlinge unter Wasser und stellten sich auf sie.

Wir verlassen die Baracken und gehen zum Lagergefängnis, wo Häftlinge hingebracht wurden, um sie zu foltern. Wir stoßen die Eingangstür auf und sehen einen Gang mit Zellen auf beiden Seiten. Jede Zelle hat ein Fenster, durch das Tageslicht hereinfällt, und ein Bett. Die Zellentüren sind aus Eisen. Ein Haken an der Wand des Gangs hält sie offen. Die Türen sind dick und haben ein kleines Guckloch. Mein Vater drückt gegen einen der Haken und macht die Tür los. Er zieht sie langsam in den Gang hinein, dabei hält er sie weiter fest und geht rückwärts, mit kleinen Trippelschritten, damit die Unterkante der Tür nicht an seine Füße stößt, und so tritt er in die Zelle, an der die Tür angebracht ist. Ich komme mit. Er zieht die Tür zu. Wir stehen in der Zelle. Abwechselnd beugen wir uns vor und schauen durch das Guckloch. Das Glas ist so zerkratzt, dass ich nichts sehen kann. Wir bleiben eine Minute in der Zelle stehen, dann öffnen wir die Tür und gehen wieder auf den Gang. Mein Vater zieht die Tür gegen die Wand und klinkt sie ein. Es ist kalt hier drin. »Ein Ort grausamer Misshandlungen und Morde« heißt es auf einer Tafel.

Wir gehen ans Ende des Trakts. Der größte Teil des ursprünglichen Zellenbaus wurde abgerissen. Der Teil, durch den wir gerade gegangen sind, mit seinen etwa dreißig Zellen, ist das, was von einem größeren Lagergefängnis geblieben ist. Wir gehen hinaus und sehen drei Pfähle, an denen Häftlinge an den Armen aufgehängt wurden, nachdem man sie ihnen auf den Rücken gebunden hatte. Jean Améry beschreibt, wie es ihm erging:

> Der Haken griff in die Fessel, die hinter meinem Rücken meine Hände zusammenhielt. Dann zog man die Kette mit mir auf, bis ich etwa einen Meter hoch über dem Boden hing. Man kann sich in solcher Stellung oder solcher Hängung an den hinterm Rücken gefesselten Händen eine sehr kurze Weile mit Muskelkraft in der Halbschräge halten. Man wird, während dieser wenigen Minuten, wenn man bereits die äußerste Kraft verausgabt, wenn schon der Schweiß auf Stirn und Lippen steht und der Atem keucht, keine Frage beantworten. Komplizen? Adressen? Treffpunkte? Das vernimmt man kaum. Das in einem einzigen, engbegrenzten Körperbereich, nämlich in den Schultergelenken, gesammelte Leben reagiert nicht, denn es erschöpft sich ganz und gar im Kraftaufwand. Nur kann dieser auch bei physisch kräftig konstituierten Leuten nicht lange währen. Was mich betrifft, so mußte ich ziemlich schnell aufgeben. Und nun gab es ein von meinem Körper bis zu dieser Stunde nicht vergessenes Krachen und Splittern in den Schultern. Die Kugeln sprangen aus den Pfannen. Das eigene Körpergewicht bewirkte Luxation, ich fiel ins Leere und hing nun an den ausgerenkten,

> von hinten hochgerissenen und über dem Kopf nunmehr verdreht geschlossenen Armen. Tortur, vom lateinischen torquere, verrenken …[4]

Und so notiert er:

> Die Grenzen meines Körpers sind die Grenzen meines Ichs … die Grenzverletzung meines Ichs durch den anderen, die weder durch Hilfserwartung neutralisiert, noch durch Gegenwehr begradigt werden kann.[5]

Was konsequenterweise zu der Feststellung führt: »Mit dem ersten Schlag aber bricht dieses Weltvertrauen zusammen.«

Ein solches Vertrauen ist für immer verloren. Und mit unerbittlicher Logik schreibt er, nachdem er nach Salzburg gereist ist, die folgende Nachricht:

> *An die Salzburger Polizeibehörden,*
> *Salzburg, 16. Oktober 1978*
>
> An die betroffenen Polizeibehörden
> Sehr geehrte Herren:
> Ich Unterzeichneter,
> Hans Maier (genannt: Jean Améry)
> Schriftsteller, wohnhaft in Brüssel, 56, Ave. Coghen,
> erkläre hiermit, dass ich mir freiwillig, im Vollbesitz
> meiner geistigen Kräfte, den Tod gebe.[6]

4 Ebd., S. 62f.

5 Ebd., S. 56, 63.

6 Ders., Werke, Bd. 8, *Ausgewählte Briefe 1945–1978*, hrsg. von Gerhard Scheit, Klett-Cotta, Stuttgart 2007, S. 597.

Wir kommen an der Schuhprüfstrecke vorbei, wo Häftlinge marschieren mussten, um Wehrmachtsstiefel auf ihre Haltbarkeit zu testen, bis die Männer vor Erschöpfung umkippten.

Wir gehen auf den Erschießungsgraben zu, wo Häftlinge von einem Exekutionskommando hingerichtet wurden. Auf einmal wirkt das Lager viel größer, als ich zunächst dachte. Wir brauchen eine Weile, um das Lager von einer Seite zur anderen zu durchqueren. Später erfahre ich, dass es fast 20 Hektar sind. Wir kommen zu dem Graben und gehen über eine längere Rampe hinunter, bis wir an der Stelle stehen, wo die Menschen erschossen wurden. Hinter uns ist eine Balkenwand. Vor uns ein kleines Gebäude, wo die Häftlinge warten mussten, bevor sie ermordet wurden.

Wir gehen den Weg wieder hoch und aus dem Graben hinaus. Vor uns ist ein großer weißer Kubus. Wir gehen hinein. Im Inneren befinden sich die Überreste der Krematoriumsöfen und der Gaskammer, die 1943 eingerichtet wurde. Die Öfen sind klein, die Türen aus Gusseisen. Auf den Resten der Öfen liegen drei Bahren mit langen Griffen. Ihre Form ist besonders. Diese Art Bahren benutzte man, um Leichen von der Gaskammer zu den Öfen zu bringen. Sie sind lang und schmal und haben lange Griffe. Ich gehe zu einer hin und lege meine Hände um zwei der Griffe. Ich hebe die Bahre an. Ein merkwürdiges Gefühl, einen solchen Gegenstand anzuheben. Er ist leicht, bedeckt von einer allerfeinsten weißen Staubschicht, so wie alles andere auch. Ich weiß nicht, woher der Staub kommt. Vielleicht von nicht abgebundenem Zement. Vielleicht hat man ihn aufgebracht. Die weite Überdachung über unseren Köpfen hält den Wind ab. Wir gehen hinüber zu ein paar Fundamenten. Es sind die Fundamente der Gaskammer. Die Grundfläche ist klein. Wir stellen uns zusammen darauf. Wir sind die einzigen Menschen hier.

Wir verlassen den Ort. Draußen ist der Boden eisbedeckt. Wir gehen an der Mauer entlang, vorbei an den Wachtürmen, an dem Stacheldraht, durch das Tor mit »Arbeit macht frei«. Wir gehen ins Besuchercafé. Ich bestelle zwei Kaffee. Meine Stimme ist so leise, dass der Mann, der mich bedient, nichts verstehen kann. Ich wiederhole die Bestellung. Der Mann beugt sich zu mir vor. Meine Stimme ist weg. Der Mann sagt:

> Menschen aus der ganzen Welt kommen her, um das KZ Sachsenhausen zu besuchen. Danach kommen sie hier herein, und alle haben die gleichen Schwierigkeiten. Das Einzige, was ich tun kann, ist ihnen einen anständigen Kaffee zu machen. Bitte sagen Sie mir noch einmal, was Sie wünschen.

Ein Engel bedient in dem Café.

Wir trinken unseren liebevoll zubereiteten Kaffee, danach gehen wir. Wir kommen an den Häusern beidseits der gepflasterten Straße vorbei, Häuser, die ursprünglich, wie sich herausstellt, für SS-Offiziere und ihre Familien gebaut wurden. Wir laufen durch Oranienburg und nehmen die S-Bahn zurück übers Land nach Berlin. Beide schweigen wir. Mein Vater schaut mich an.

> *Verstehst du jetzt?*
> Was?
> *Was für ein Glück ich habe.*

In der Nacht wache ich panisch auf. Meine Hände fühlen sich riesig an und brennen. Jede Hand, als wäre sie so groß wie mein ganzer Körper. Ich hätte die Griffe der Bahre nicht anfassen dürfen. Etwas so Ungeheuerliches anzufassen ist falsch. Ich liege im Schweiß. Was habe ich getan? Warum habe ich es getan? Was ist los mit mir?

Und dann der Sturm. Er stürzt sich auf mich wie ein Orkan. Er drängt mich, aus dem Fenster zu springen, auf die Straße unten. Er greift in meinen Körper ein. Prägt sich meiner Haut auf. Fährt mir in die Eingeweide, in die Wirbelsäule. Ich stehe auf, gehe zum Fenster und schaue hinunter. Die Schrecken sind wieder da. Sie packen mich. Sie fixieren mich. Sie drängen mich zum Sprung, so heftig, dass ich all meinen Willen aufbieten muss, um zu widerstehen. Ich habe ein unbändiges Verlangen, die Welt zu verlassen. Mein Körper zittert. Mein Kopf fühlt sich an, als würde er explodieren. Ich kann hören, wie das Herz in meiner Brust drauflos hämmert. Das Blut in meinen Trommelfellen rauscht, als wollte es alles übertönen. Ich tue, was ich immer tue, wenn das passiert. Ich lege mich hin. Auf den Boden. Rolle mich zusammen. Ziehe die Knie an die Brust. Schlinge die Arme um die Schienbeine. Kopf nach vorn. Und mit aller Kraft atme ich, wie die Buddhisten es mir beigebracht haben. Atemzug für Atemzug. Konzentriert auf den Bereich zwischen Nasenlöchern und Oberlippe. Kalte Luft in die Lunge ein. Warme Luft aus.

Ein. Aus. Ein. Aus. Ein. Aus. Ein. Aus. Ein. Aus. Ein.
Anicca. Anicca. Anicca. Anicca. Anicca.
Alles geht vorüber. Alles geht vorüber.
Alles geht vorüber. Alles geht vorüber.
Alles geht vorüber.

5.4

Ich stehe auf. Lege mich hin. Stehe auf.

Ich kann nicht aufstehen. Stehe auf. Kann nicht aufstehen. Stehe auf. Kann nicht aufstehen. Stehe auf. Kann nicht aufstehen. Stehe auf. Kann nicht aufstehen. Stehe auf. Kann nicht aufstehen. Stehe auf. Kann nicht aufstehen. Stehe auf. Kann nicht aufstehen. Stehe auf. Kann nicht aufstehen. Stehe auf. Kann nicht aufstehen. Stehe auf. Kann nicht aufstehen. Stehe auf. Kann nicht aufstehen. Stehe auf. Kann nicht aufstehen. Stehe auf. Kann nicht aufstehen. Stehe auf. Kann nicht aufstehen. Stehe auf. Kann nicht aufstehen. Stehe auf. Kann nicht aufstehen. Stehe auf. Kann nicht aufstehen. Stehe auf. Kann nicht aufstehen. Stehe auf.

Ich lege mich hin. Gesicht nach unten. Stehe auf. Kann nicht aufstehen. Lege mich hin. Gesicht nach unten. Stehe auf. Kann nicht aufstehen. Lege mich hin. Gesicht nach unten. Stehe auf. Kann nicht aufstehen. Lege mich hin. Gesicht nach unten. Stehe auf. Kann nicht aufstehen. Lege mich hin. Gesicht nach unten. Stehe auf. Kann nicht aufstehen. Lege mich hin. Gesicht nach unten. Stehe auf. Kann nicht aufstehen. Lege mich hin. Gesicht nach unten. Stehe auf. Kann nicht aufstehen. Lege mich hin. Gesicht nach unten. Stehe auf. Kann nicht aufstehen.

Wir verlassen das Grimm's Hotel. Ich nehme den Aufzug und fahre in die Tiefgarage hinunter, um den Wagen zu holen. Die Garage wurde zwischen die tragenden Stützen des Gebäudes gesetzt, und es ist nicht einfach, dort herauszukommen, ich muss ewig manövrieren, der alte Dieselmotor hat bald das bisschen Raum mit Abgasen verpestet, sie schnüren mir die Kehle zu und verursachen Brechreiz, dabei sind die Wagenfenster geschlossen. Irgendwann schaffe ich es die Rampe hinauf zur Ausfahrt. Mit angehaltenem Atem lasse ich das Fenster herunter, drücke den Code und warte darauf, dass das Tor hochgeht. Es dauert lange, bis sich dieses stählerne Sektionaltor nach oben geschoben hat, und da es genau am Ende einer Rampe installiert ist, zeigt die Schnauze des Wagens zu ihm hinauf. Als das Tor endlich auf ist, fahre ich los, und für einen Moment sehe ich vor mir nur den offenen Himmel, bevor ich wieder in die Horizontale gelange und in die Seydelstraße einbiege, wo ich neben dem Hotel parke. Die Abgase hängen mir noch in der Kehle.

Mein Vater kommt mit seinem Koffer aus dem Eingang des Hotels, lädt ihn in den Wagen, und wir fahren los, fahren über die Alte Jakobstraße, biegen in die Ritterstraße ein und dann auf die breite Lindenstraße mit ihrem architektonischen Sammelsurium, Geschäfte in Betonnischen mit Leuchtreklamen, moderne Glasfassaden, Häuser aus dem neunzehnten Jahrhundert mit Sprossenfenstern. Eine widersprüchliche Architektur zackt sich durch die Straße, Berlins Narbengewebe nach der Flächenbombardierung durch die Alliierten und unseren Nachbarn Bryn. Wir fahren weiter bis zum Tiergarten, und bevor wir am Brandenburger Tor links abbiegen, sehen wir vor uns den Reichstag.

Ich weiß noch, wie er gebrannt hat.

Der Reichstag?

Das war kilometerweit zu sehen. Der Rauch hing tagelang in der Luft.

Hast du jemals Hitler gesehen?

Hitler ist immer im offenen Wagen am Volk vorbeigefahren. In einem Volkswagen. Oder Mercedes.

Deshalb hast du diese Autos gehasst?

Was glaubst du?

Wie sah Hitler aus?

Er hatte Ähnlichkeit mit dir, als du noch klein warst.

Sag bloß.

Er hatte rötliches Haar. Und es fiel nach einer Seite, genau wie bei dir.

Hast du ihm zugewinkt?

Ich habe ihm zugejubelt.

Mit dem Hitlergruß?

Dafür hat man die Schulklassen hingeschickt.

Selbst jüdische Kinder?

Wir alle haben Hitler zugejubelt.

Im Krieg hat VW jüdische Zwangsarbeiter eingesetzt. Mercedes auch.

Das ist doch bekannt.

Wir fahren durch den Tiergarten. Die Linden stehen dicht an dicht. Sie sind unbelaubt, die Rinde schimmert. Wir kurven um die Siegessäule mit ihrer leuchtenden goldenen Statue, der man, wenn man die Treppe im Inneren der Säule hinaufsteigt, direkt unter die Flügel schauen kann.

Hitler hat die Siegessäule versetzen lassen.
Tatsächlich?
Vorher stand sie beim Reichstag. Er hat sie versetzen lassen und dann höher gemacht.
Wie das?
Er hat ein zusätzliches Stück in die Säule einfügen lassen. Kann man immer noch sehen. Der Abschnitt ist heller. Idiot.

Wir fahren die Hofjägerallee hinunter, biegen rechts in die Stülerstraße ein und fahren weiter über die Budapester Straße, bis wir zum Eingang des Berliner Zoos am Elefantentor kommen. Parkplätze gibt es hier keine, also setze ich den Wagen über die Bordsteinkante. Mein Vater steigt aus und geht zu einem der steinernen Elefanten am Eingang. Ich schalte die Warnblinkanlage ein. Das aufblinkende orange Licht leuchtet ihn an. Ich gehe zu ihm.

Ich war oft mit meinem Vater hier.
Ja?
Und mit Toni. Wir sind durch den Tiergarten spaziert. Dann haben wir hier bei den Elefanten gestanden.
War dein Vater ein lieber Mensch?
Ein lieber?

Er schaut sich um. Zögert. Sein Kopf geht zum Boden. Seine Brust fällt ein. Seine Knie sinken. Sein Kiefer blockiert.

Ein sehr lieber.

Ich sehe, wie die Erinnerungen auf ihn zufliegen. Sie sind wie ein Anstürmen des heftigsten Winds. Sie fahren in ihn hinein und durch ihn hindurch, mit ihren Böen führen sie einen Kampf gegen ihn, lassen seinen Körper erzittern, ehe er unmerklich schrumpft.

Das hier war unser Lieblingsort.

So wie er dasteht, haben seine Füße Wurzeln geschlagen. Die orangen Warnleuchten des Autos blinken weiter vor sich hin. Die Leute am Tor gestikulieren, wir dürfen hier nicht parken, aber ich fühle mich zu diesen wenigen Minuten berechtigt und ignoriere sie. Fast lautlos flüstert er:

Wir haben uns an den Händen gehalten.

Er geht zurück zum Wagen, macht nur kleinste Schritte. Ich öffne ihm die Tür. Er sinkt in den Sitz.

Wir machen uns auf den Weg, fahren den langen, schnurgeraden Kaiserdamm hinunter und auf die Autobahn, und überraschend schnell schwindet die Stadt. Ich halte noch einmal an einer Tankstelle, mein Vater wartet ruhig im Wagen, während ich tanke und bezahle. Ein kräftiger kalter Wind weht über den Vorplatz. Ich nehme noch zwei Kaffee schwarz und zweimal etwas Süßes, Toffifee und Knoppers, und dann brechen wir auf nach Holland. Mein Vater verlässt die Stadt zum letzten Mal. Er weiß, dass er nicht wiederkommen wird, und ich weiß es auch. Es sind die letzten Momente, als wir aus dieser Tankstelle hinausfahren. Er ist lange still, bevor er etwas sagt, Berlin ist schon verschwunden.

Also …
Ja?

Ich …

Ja?

Was?

Du wolltest etwas sagen.

Diese Toffifees.

Ja?

Köstlich.

Wirklich?

Hatte ich noch nie. Karamell. Schokolade.

Und die Knoppers?

Die Knoppers sind okay. Lieber die Toffifees.

Ich schaue zum Beifahrersitz hinüber. Mein Vater hat alle Verpackungen aufgemacht und isst in Ruhe. Die Schachtel mit den Toffifees liegt auf seinen Beinen, die Knoppers-Riegel hält er in der Hand, der Kaffee steht im Becherhalter.

Mein Onkel Fritz hat sich in Amsterdam das Leben genommen.

Noch ein Selbstmord?

Irgendwann 1942. Toni hat mir bei ihrem Besuch davon erzählt.

Wie?

Er hat Gift getrunken. Kurz vor seiner drohenden Deportation durch die Nazis. Er ist der Mann auf dem Foto von unserem Geschäft, nachdem man es in der Kristallnacht zertrümmert hat. Keine Ahnung, warum er dort war. Ich hatte ihn unheimlich gern.

Die Autobahn zieht sich weit in die Ferne.

Drei Selbstmorde?

Ja.

Dein Vater und dein Großvater. Und dein Onkel auch?
Richtig.
Dann gab es nur noch dich und deine Mutter?
Und meine Großmutter.
Und dann du mit dem Kindertransport.
Ja.
Deine Familie ist nach und nach verschwunden?
Könnte man so sagen.

Im Wagen drängen sich auf einmal die Gespenster. Sie sind wieder da. Ich spüre ihren Druck auf meiner Haut. Und erneut wird mir bewusst, was für ein außergewöhnlicher Mensch mein Vater ist, dass er es geschafft hat, den Verlust seiner Familie, seiner Freunde, seiner Umgebung und seines Landes zu überleben. Diese Selbstmorde. Und genauso ist mir bewusst, dass ich ihn begleitet habe in seinem Kampf darum, zurechtzukommen mit den Folgen all dessen, was ihm geschehen ist. Und dass seine Launen und seine Wutausbrüche, sein ewiges Kritisieren, seine Manien, sein Stolz auf körperliche Extremleistungen, sein ständiges Aktivsein für ihn eine Möglichkeit waren, damit fertigzuwerden. Vielleicht meinte er, er müsste mich abhärten, falls es auch mich einmal träfe. Meine offenkundige Labilität machte ihm ebenso viel Angst wie mir. Er wollte, dass ich vorbereitet bin, um zurechtzukommen nicht mit dem, was passieren *könnte*, sondern mit dem, was irgendwann passieren *würde*. Mir ist bewusst, was für ein unglaubliches Privileg es ist, sein Sohn zu sein.

Du bist großartig.
Bin ich nicht.
Du hast durchgehalten.
Durchgehalten?
Es war immer ein Privileg, dein Sohn zu sein.
Wovon redest du?

Ich drücke das Gaspedal durch. Der Wagen beschleunigt, bis er auf der Überholspur dieser Autobahn ohne Geschwindigkeitsbegrenzung schneller fährt als jemals zuvor. Ich lasse die Fenster herunter. Eiskalte Luft fegt herein, in unseren Köpfen ist der Lärm der Reifen, der Motor heult, protestiert. Wir überholen Autos mit Wohnwagen, Lkws, Lieferwagen, Kleinbusse, Pkws. Am Lenkrad werden meine Hände kalt. Ich konzentriere mich, so gut ich kann – bei der Geschwindigkeit bekommt der Wagen etwas Fragiles, als würde er auf Zehenspitzen dahinsausen, die kleinste Änderung in der Fahrbahnneigung verschiebt ihn. Über den hereinwehenden Wind hinweg sagt mein Vater auf einmal etwas.

Scheiß Nazis.
Was sagst du?
Scheiß Nazis.
Scheiß Nazis?
Scheiß Nazis.

Ich schaue rasch zu ihm. Der Wind wirbelt sein Haar herum, aber er ist entspannt bei der Geschwindigkeit, der Hauch von Gefahr gibt ihm neue Energie. Ein Lächeln zeigt sich auf seinem Gesicht, knittert es, die unteren Zähne kommen zum Vorschein, krumm und schief. Und auf einmal lacht er, kurze Stöße in den Wind. Als der Wagen fast seine Höchstgeschwindigkeit erreicht, beugt er sich vor, nimmt die Tasse Kaffee aus dem Halter, nippt daran und ruft:

Die können mich mal.

5.5

Die Lieblingsbeschäftigung meines Vaters war es, durch die Cambrian Mountains in der Umgebung von Llandrindod zu wandern. Dann schleifte er seine Kinder mit, auch Freunde und entfernte Verwandte, die vielleicht gerade zu Besuch waren. Er konnte kilometerweit in einem Tempo laufen, das für alle anderen viel zu schnell war, und ständig lag er uns in den Ohren, wir sollten Schritt halten: »Kommt schon! Ist nicht mehr weit! Das schafft ihr!«, als wären wir kurz vorm Nichtbestehen der Grundausbildung beim Militär und nicht auf einem Ausflug.

Bei unseren Wanderungen kam es oft vor, dass das Wetter »umschlug«, weil in diesem Teil von Wales die Winde, die von Westen herüberwehen, durch die Berge jäh abgebremst werden. Auf ihrem Weg über den Atlantik und die Irische See nehmen diese Westwinde Wasserdampf auf und legen an Geschwindigkeit zu, und wenn die Luft dann auf die ersten Höhenzüge trifft, die Cambrian Mountains, schießt sie nach oben, kühlt rasch ab, und der gesammelte Wasserdampf geht als Regen nieder. Da die Westwinde sich schnell bewegen, ändert sich auch schnell das Wetter. Und da sie für die Wetterlage auf den Britischen Inseln hauptsächlich verantwortlich sind, bestimmen sie auch einen Großteil des Wetters in diesem Teil von Wales, weshalb es innerhalb einer Viertelstunde von warm und freundlich zu peitschendem Regen und wieder zurück wechseln kann. Mein Vater brachte uns bei, wie man mit einer solchen Unbeständigkeit am besten klarkommt, nämlich indem man viele Schichten Kleidung trägt – Hemden, Pullover, Jacken, dünne Regencapes –, um unsere Körper bei konstanter Temperatur zu halten. Wenn wir eine Pause brauchten, fand er die windgeschützte Seite einer Anhöhe oder ein Mäuerchen, wo der Wind uns nichts anhaben konnte, und manchmal sagte er uns, wir sollten uns flach in das kurze weiche Gras legen, damit der Wind über uns hinwegblies, und während es ringsum heulte und pfiff, schälte er Orangen und gab uns die Stücke, ihr Saft war so köstlich wie Nektar, die Orangenschale mit ihren Grübchen ein helles Leuchten über dem stumpfen Gras. Er brachte uns bei, das Wetter vorherzusagen, man musste nur die Richtung der Wolken beobachten und dann zuerst herausfinden, welche Wolken sich entfernten und welche auf einen zukamen. Dafür hielt er immer wieder an, zupfte ein paar Grashalme ab und warf sie in die Luft, um zu sehen, in welche Richtung sie mit dem Wind fielen, oder er machte einen Finger mit Spucke feucht und hielt ihn hoch über den Kopf. »Die Seite des Fingers, die zuerst kalt wird, sagt dir, aus welcher Richtung der Wind weht«, sagte er dann, als hätte er uns das nicht schon tausendmal gesagt. »So sieht man, welche Wolken auf einen zukommen und welche sich entfernen.«

Er war ein Meister im Voraussagen des Wetters – »Es wird bald regnen, ziemlich stark, aber nicht lange. Ziehen wir besser die Capes über.« Und genauso kam es. Und wenn wir im Sommer oben auf einem Berg waren, in der klaren Luft und mit rundum Aussicht, so weit das Auge reichte, lagen wir, nebeneinander auf dem Rücken, eine Stunde oder länger in dem von Schafen abgeweideten Gras und sagten kein Wort, alle still unseren Gedanken hingegeben.

Nur wenn es um die Richtung ging, war mein Vater seltsamerweise zu nichts zu gebrauchen, denn jedes Mal verlief er sich, sodass eine Wanderung, die angekündigt war als »höchstens zwei Stunden«, mindestens vier, fünf oder auch sechs dauerte, und wenn wir dann nach Hause kamen, waren wir halb verhungert und hatten eine Hundelaune. War es kalt gewesen, machte er jedem von uns zum Aufwärmen eine Tasse Horlicks, ein Getränk, von dem er sich jahrelang ernährte und das er in industriellem Maßstab zu sich nahm. Er kaufte es in riesigen Gastronomiepackungen, groß wie kleine Ölfässer, sie hatten sogar einen eigenen Schrank in der Küche – den Horlicks-Schrank.

Weil mein Vater es so wollte, zogen wir kreuz und quer durchs walisische Land, kamen in Berührung mit Gegenständen aus der Geschichte, den Felsen und Bergen, durch die sich tief eingegrabene Flüsse schlängelten, den alten Schauplätzen von Kämpfen und Schlachten, den Burgruinen in ungewöhnlicher Dichte, der dünnen Besiedelung, den Landhöfen und ihren Steinmauern, lernten diese wenig bekannte Grafschaft Radnor kennen, Teil der alten Welsh Marches, die jahrhundertelang im Gebiet zwischen England und Wales lagen und somit ein eigenes Territorium bildeten, regiert von den Marcher Lords nach ihren eigenen Gesetzen.

Die Marcher Lords genossen eine solche Autorität, dass Menschen, die man in England oder Wales für Verbrechen verurteilt hatte, in die Marches kommen und die »Marcher Liberties« in Anspruch nehmen konnten, womit sie frei waren. Über Jahrhunderte war das Gebiet ein Zufluchtsort außerhalb der Gerichtsbarkeit der beiden umliegenden Länder. Es war ein Grenzland, aber nicht nur Kriminelle zog es dorthin, auch andere Engländer und Waliser und Menschen von jenseits des Meeres – Bretonen, Flamen, Normannen, Iren aus Wexford, Wicklow und Dalkey. Seine Historie erklärt vielleicht die immer noch leidenschaftliche Skepsis der örtlichen Bevölkerung gegenüber der Obrigkeit und den sozialen Status, den man denjenigen zuerkennt, die »dem System ein Schnippchen schlagen«, das Anarchische, das Trinken und die auffallend gewalttätigen Schlägereien an den Samstagabenden, ebenso das charakteristische Aussehen vieler Familien mit ihren leuchtend dunklen Augen und ihrem kräftigen, gedrungenen Körperbau. Als Kinder hörten wir oft den lokalen Spruch:

Weder Wales noch England,
nur Radnorsheer.

Manchmal wanderte mein Vater mit uns abseits der Berge, und wir folgten den Ufern des Ithon. Viele Stunden liefen wir am Fluss entlang, durch Felder und vorbei an Weißdornbüschen, an Eichen- und Buchenwäldern, über Pfade, die neben dem Ufer steil hinaufführten, ehe wir den Fluss an einer flachen Stelle auf Steinen überquerten. Andere Male wanderten wir unter den Brücken des Flusses her, wateten, Schuhe und Socken in der Hand, mit hochgekrempelten Hosen durch das kalte und klare Wasser, darin deutlich zu erkennen kleine Schwärme von Elritzen und wie sie an unseren Füßen knabberten, im Flussbett die glatt geschliffenen Steine, glitschig von den dicken, leuchtgrünen Algen, am Ufer schon mal das Aufblitzen eines Eisvogels, in den nahen Bäumen Laute von Finken und Krähen, nicht zu sehen Forelle, Äsche und Hecht, im tieferen Wasser aber immer da. Die Wanderung führte uns an der Kirche St Cewydd in Disserth vorbei, ein paar Kilometer von Llandrindod entfernt, wo sich das Wasser tiefschwarz staut und der Fluss zum Stillstand zu kommen scheint und wo der Grund, hatten wir gehört, wegen der hier aufeinandertreffenden Strömungen unerreichbar war. Sobald wir in die Nähe dieses trüben Tümpels kamen, hielten wir uns fern vom Ufer und machten einen Bogen um den Fluss, auch weil das Gerücht umging, zur Zeit der Herrschaft der Mortimers sei dort eine Frau, die man bezichtigte, eine Hexe zu sein, feierlich ertränkt worden. Dann gingen wir über die schmale Straßenbrücke, die am Ende des Teichs über das Wasser führt, vorbei an dem Geländer mit seinem abblätternden drachengrünen Anstrich und dem gusseisernen Wappen der alten Grafschaft Radnor in der Mitte, darauf die Köpfe dreier schwarzer Wildschweine auf weißem Grund, ihrerseits ein Verweis auf das Wappen der Mortimers.

Mein Vater hatte sich als Arzt in Llandrindod niedergelassen, und er machte seine Arbeit überaus gewissenhaft, deshalb wurde ich als Kind auch oft auf der Straße angesprochen und um medizinischen Rat gebeten. »Meinst du, das ist ernst?«, fragten mich die Leute, und dann listeten sie ihre Symptome auf, als wäre ich in der Lage, eine fundierte Entscheidung zu treffen, wohl in der Annahme, ich hätte auf wundersame Weise mit meinen neun Jahren die erforderliche medizinische Ausbildung genossen. Am Anfang sagte ich, das wisse ich nicht, aber da die Leute meist nicht lockerließen, bis ich ihnen einen Rat gab, lernte ich, den Tonfall meines Vaters nachzuahmen und Sätze zu sagen wie er, was dann so klang: »Wenn es schlimmer wird, lassen Sie es behandeln, wenn nicht, sollte alles in Ordnung sein«, oder »Versuchen Sie es mal mit Aspirin«, und manchmal auch: »Wenn das Fieber nicht innerhalb von vierundzwanzig Stunden sinkt und die Schwellung nicht abgeklungen ist, rufen Sie in der Klinik an.« Oft fassten mir die Leute an die Schulter oder drückten mir die Hand und fragten: »Bist du der Sohn vom Doktor?«, und wenn ich »Ja« sagte, was ich normalerweise tat, folgte ein »Dein Vater hat meinen Sohn gerettet« oder »Hier, eine halbe Krone, sag deinem Vater einfach Danke von Mrs

Price«, oder »Wenn dein Vater nicht gewesen wäre, wäre meine Mutter gestorben«. Einmal bekam ich von einer älteren Dame eine große Navelorange, die Frau kam aus Giles' Obst- und Gemüseladen gestürzt, um sie mir zu schenken, und als sie mir die überraschende Frucht gab, rief sie mit einem Kopfschütteln: »Dein Vater. Hat gestern diesen Jungen aus dem Ithon gezogen. In Disserth. Bei der St Cewydd.« Diesen Jungen. Im Fluss. Den Jungen, den mein Vater niemals erwähnte.

5.6

Wir fahren seit Stunden über die Autobahn, kommen irgendwann nach Bad Oeynhausen und halten an, damit mein Vater an der Tankstelle, wo wir auf dem Hinweg nach Berlin haltgemacht haben, ein Würstchen essen kann (»Ach komm schon! Wir brauchen eine Pause, und die waren total lecker!«). Wieder stehen wir bei der Tankstelle und sehen sie uns in Aktion an, diese Waschstraße mit ihrem Versprechen von *Sauger- und Pflege-Dienstleistungen mit Qualität.* Die Fahrzeugpfleger in ihrer grünen Montur wirbeln wie in einem ununterbrochenen Tanz um die nacheinander einfahrenden schmutzigen Autos. Mein Vater isst wieder zwei Würstchen mit Senf (»Wennschon, dennschon!«), bevor wir weiter nach Westen fahren, die Autobahn bei Bad Bentheim verlassen und noch einmal am Bentheimer Hof halten. Hier bedient uns auch wieder die Frau mit der Silberrandbrille, sie bringt uns einen Kaffee, stellt meinem Vater Fragen auf Deutsch und bekommt, als wir aufbrechen, von ihm ein gutes Trinkgeld. Wir gehen rasch den Kiesweg gegenüber dem Eingang des Bentheimer Hofs hinunter und werfen noch einmal einen Blick auf die Pyramide im Wald (»Schon verdammt seltsam, egal wie man sie betrachtet«), fahren dann in Richtung Amsterdam nach Holland hinein. Kaum haben wir die Grenze überquert, entspannt sich mein Vater. Er hängt sich in den Sitz, wackelt mit den Zehen, mit den Füßen. Und erzählt beschwingt von seiner Zeit als Arzt in Wales, von der wunderbaren Landschaft und wie sehr er Llandrindod mag, das Städtchen, wo er seit über fünfzig Jahren lebt, und dass der Kindertransport ihn aus einem Leben herausgerissen, ihm aber ein neues, unerwartetes geschenkt hat, ein Leben, das er sich nicht besser hätte wünschen können. Seine Stimme wird lauter, als er von Radnorshire spricht, von den Llandegley Rocks und dem Castle Hill, dass er Walisisch lernt und mehr Freunde hat, als er je gedacht hätte. Er erzählt lang und breit von seinen zehn Enkeln, von seinen beiden Urenkeln, schwelgt in Erinnerungen ans Paragliding über dem Elan-Tal und den Black Mountains.

Wenn an einem warmen Tag der Wind über den Kamm geht, kann ich mit der erwärmten Luft aufsteigen, sie nimmt mich mit nach oben, Hunderte Meter hoch. Ein berauschendes Gefühl.

Er betont, dass viele ehemalige Transportkinder einen bedeutenden Beitrag zum britischen Leben geleistet haben, dass unter denen, die mit ihm in den Zügen saßen, vier spätere Nobelpreisträger waren – »einer auf zweieinhalbtausend von uns« –, und er spricht ausführlich über das Krebszentrum, das er und meine Mutter mitgegründet haben: »Der Bracken Trust. Du weißt, dass die Gemeinde das Zentrum allein mit Spenden am Laufen hält, ist das nicht bemerkenswert?« Er erinnert mich an die vielen Fahrten mit medizinischen Hilfsgütern nach Bosnien, die er während des Bürgerkriegs in Jugoslawien zu organisieren half, wie er Schulen besuchte, um den Kindern von seiner Kindheit zu erzählen, wie Menschen aus Llandrindod ebenfalls Fahrten nach Bosnien unternahmen und Geld spendeten, wie in Frankreich einem Lkw, in dem er saß, ein Reifen platzte, »das Scheißding ist auf der Autobahn an meinem Fenster vorbeigeflogen«, und wie der Fahrer es auf wundersame Weise schaffte, sicher auf dem Seitenstreifen zu halten. Und erzählt, dass er, als er von der Queen seinen Verdienstorden erhielt und sie ihn fragte, ob er wisse, wofür der Orden sei, geantwortet habe, er sei sich nicht ganz sicher, weshalb sie es ihm sagen musste – der Orden war für seinen Einsatz, Medikamente nach Bosnien zu bringen.

Wir fahren nach Amsterdam hinein und parken in der Nähe des Amsterdam Centraal, des Hauptbahnhofs der Stadt. Wir gehen durch die Menschenmenge auf die langgestreckte, bogige Backsteinfassade zu, bleiben dort stehen und schauen uns die großen ornamentalen Türme an, sehen die restaurierten goldenen Zeiger auf den beiden gleichen Uhren, die Details der aufwendig gestalteten Elemente über den Türen, die Fenster in den gestaffelten Dächern. Die Verzierung am oberen Teil der Türme erinnert an die Befensterung einer mittelalterlichen Kathedrale. Reisen mit religiöser Ikonografie, Hauptbahnhöfe als Kathedralen.

Hier habe ich mit den anderen Kindern gestanden.

Hier?

Mehr oder weniger. Eine Gruppe von Frauen hat uns zu einem Platz in der Nähe vom Palast gebracht. Sie haben uns heißen Kakao gegeben. Sie hatten weiße Schürzen um.

Wir folgen dem Weg, den er und die anderen *Kindertransportees* gegangen sind, über den breiten Nieuwezijds Voorburgwal bis zum Platz vor dem Koninklijk Paleis.

Hier haben wir alle unsere Tasse heißen Kakao getrunken.

Später beschließen wir, als kleinen, aber symbolischen Akt des Triumphs irgendwo gegenüber dem Königlichen Palast eine heiße Schokolade zu trinken. Während wir nach einem geeigneten Café für dieses Ritual suchen, kommen wir an einem Marktstand vorbei, wo vielleicht hundert Navelorangen ausliegen, und auf einmal erinnere ich mich wieder an das seltsame Geschenk, das mir vor so vielen Jahren die Obst- und Gemüsehändlerin Giles in die Hand gedrückt hat. Ich muss an den Jungen in Disserth denken, und ich frage meinen Vater, was damals passiert ist. Fast fünfzig Jahre danach ist die Erinnerung für ihn immer noch eine quälende, schmerzhafte, aber ganz langsam, mit sich trübenden Augen und aus einer weißen Porzellantasse an seinem dampfend heißen Kakao nippend, erzählt er mir schließlich vor dem Café De Zwart, was an jenem Tag am Ithon passiert ist, während schnatternde Menschenmengen über den Dam trubeln und der Paleis die Lichter reflektiert.

Ich bekam einen Anruf, und es hieß, in dem Flusstümpel bei der St Cewydd in Disserth, unterhalb der Brücke, sei ein Junge in Schwierigkeiten. Ich bin hingefahren, so schnell ich konnte. Als ich ankam, standen vielleicht zwanzig Kinder und sieben oder acht Erwachsene am Ufer. Die Erwachsenen hatten zu große Angst, ins Wasser zu gehen. Idioten. Ich bin von der Brücke gesprungen und habe so lange getaucht, bis ich ihn gefunden hatte. Er war ganz nah am Ufer. Er saß aufrecht, die Beine unter sich angewinkelt, mit den Knien auf dem Grund. Sein Haar trieb über ihm. Sein Kopf war nur wenige Zentimeter unter der Wasseroberfläche. Ich bin zu ihm hingeschwommen, und vielleicht war es die Strömung, oder weil ich das Wasser bewegt habe, jedenfalls hat er den Arm gehoben, als hätte er mich gesehen.

In dem Moment beugt sich mein Vater leicht vor, und seine Augen erstarren, es ist dieser durchdringende wie abwesende Blick.

Es sah aus, als würde er mir zur Begrüßung die Hand reichen. Ich habe den Arm ausgestreckt, nach seiner Hand gegriffen, und wir haben uns unter Wasser die Hände geschüttelt. Und entgegen dem gesunden Menschenverstand und allem, was ich aus dem Medizinstudium wusste, dachte ich, er könnte noch am Leben sein. Ich musste ihn erst über die Wasseroberfläche heben und mühsam ans Ufer ziehen, ehe ich begriff, dass er ertrunken war. Die Bewegung seines Arms hatte nichts zu bedeuten. Ich habe versucht, ihn wiederzubeleben. Irgendwann kam der Krankenwagen.

An jenem Sommernachmittag war am Schultor davon die Rede gewesen, dass mein Vater einen Jungen aus dem Fluss gezogen hätte. Irgendwer sagte mir, er sei bei der St Cewydd in Disserth von der Brücke ins schwarze Wasser gesprungen, die anderen hätten daneben gestanden und sich nicht in die dunklen Tiefen getraut. Ich war damals erst zehn, und da »aus dem Fluss gezogen« alles Mögliche heißen konnte, nahm ich an, mein Vater hätte den Jungen lebendig ans Ufer gezogen, und als ich nach Hause kam und wir beim Abendessen am Küchentisch saßen, fragte ich ihn stolz, was passiert sei. Ich hatte meine Frage noch nicht beendet, da schob mein Vater mit einem Ruck und wortlos seinen Stuhl vom Tisch zurück, stand auf und ging hinaus in den Garten, dabei hatte er seinen Teller erst halb aufgegessen. Durchs Küchenfenster konnten wir sehen, wie er die Axt nahm und Holz spaltete, sein Gesicht war zu einer Grimasse verzerrt, mit seinen kräftigen Schultern schwang er die Axt rhythmisch in die Luft, ließ sie mit ungeheurer Wucht niedersausen und schlug die Klötze einen nach dem anderen in Stücke.

Wir trinken unsere heiße Schokolade, essen die mitservierten *stroopwafels*, stellen die leeren Tassen auf den Untertassen ab und gehen über den Nieuwezijds Voorburgwal zurück zum Amsterdam Centraal. Am Parkplatz steigen wir in den Wagen und fahren nach Hoek van Holland. Wir halten beim Fährhafen an, um uns die Skulptur von Frank Meisler anzusehen, die dort dem Kindertransport gewidmet ist, auf einer Tafel steht »Channel Crossing to Live«. An diesem Abend setzen wir uns ins Lounge-Restaurant der *Stena Britannica* und unterhalten uns, und als das Schiff in Hoek van Holland ablegt, hellt sich die Stimmung meines Vaters weiter auf. Er erzählt mir, wie er meine Mutter kennengelernt hat, als er mit einer Einheit des SAS in Malaysia war und sie, eine Krankenschwester in Kuala Terengganu, Medikamente benötigte, und wie er ihr an dem Tag, an dem sie sich begegneten, einen Heiratsantrag gemacht und sie geantwortet hat: »Frag mich in einem Monat«, und dann erzählt er, wie sie geheiratet haben, von meiner Geburt in Kuala Lumpur, von mehreren Autounfällen und wie er einmal seinen MG derart heftig zu Schrott fuhr, dass er das Bewusstsein verlor. »Als ich wieder zu mir kam, lag ich in einem Monsungraben, mit dem abgerissenen Lenkrad in der Hand. Scheiß MGs. Echt schlecht gebaut.«

Später, in der Kabine, schläft mein Vater tief und fest, während wir über die Nordsee fahren, die Geräusche der Maschinen unter uns lassen die Kabine dumpf vibrieren. Er hat seine weiße Bettdecke bis zum Hals gezogen, der Mund ist entspannt, sein Atem geht gleichmäßig, die Haut ist rosig. In der Nacht kommt er nicht, um mich zu wecken.

Wir stehen früh auf, weil wir uns die Ankunft der *Stena Britannica* am Parkeston Quay ansehen wollen, und so stehen wir auf dem hinteren Deck der Fähre, während sie an den im Hafen Felixstowe liegenden Containerschiffen vorbeifährt, den Amselkränen, die immer noch geduldig Container laden und löschen, ein endloses Geschäft. Als die Fähre dann über Harwich hinausragt, haben wir ein genaueres Bild von der Stadt und ihrer Lage an diesem östlichen Rand von Großbritannien, für die alte Royal Navy war die kleine Landspitze mit beiderseits tiefem Wasser der ideale Ort für eine Werft, für meinen Vater der erste Anblick der Freiheit.

In der frühen Morgenluft kräuseln sich Stour und Orwell, wo sie an ihren Mündungen zusammenfließen, die Strömungen wühlen das Wasser auf. »Ich möchte von hier den Zug nach Hause nehmen«, sagt mein Vater. »Das letzte Stück der Reise möchte ich mit dem Zug fahren. Das hatte ich schon gesagt, als wir in Wales losgefahren sind, nicht wahr?« »Hast du, ja«, sage ich. »Soll ich bis Liverpool Street mitkommen?«, frage ich. »Wenn du möchtest«, sagt mein Vater, und dann:

Ich möchte zu Fuß vom Schiff zum Bahnhof gehen, für mich allein. Ich möchte auch den Koffer selber tragen.

Also gehe ich, nachdem die Leinen aufgewickelt und auf den Kai geworfen sind und die Fähre an Ketten festgemacht und mit Winden an den Rand des Kais gezogen ist, allein zum Autodeck hinunter und fahre aus der Fähre hinaus und weiter zum Bahnhof Harwich International, wo ich den Wagen parke, ich werde ihn später abholen. Ich gehe zum Bahnsteig für den Zug nach London. Mein Vater kommt nach mir vom Schiff. Ich sehe, wie er durch die weißen Türen des Bahnhofsgebäudes tritt, hin zu Gleis eins. Sein Gang hat etwas Leichtes, und er hält sich aufrecht. Ich schaue ihm nach, wie er zu der Blütenglocke an der Wand geht. Sehe, wie er beide Hände darauflegt. Sehe, wie er sich zu ihr vorbeugt.

Wir nehmen gemeinsam den Zug zum Bahnhof Liverpool

Street, lehnen in den kratzigen moosgrünen Sitzen, während der Zug lässig auf dieser kleinen Nebenstrecke die Küste entlangschlenzt. Rechts von uns ist die Mündung des Stour, und in der Ferne, auf der anderen Seite, tauchen Wiesen hinein, die Ufer in herbstlichem Grün und an vielen Stellen mit Bäumen bestanden. Der Zug kommt durch Wrabness, und da die Mündung den Gezeiten unterworfen und Ebbe ist, bringt sie hektarweit Mündungsschlamm zum Vorschein, gemustert wie ein sanft wogendes Wasser in dunklem Glanz. Manchmal findet man dort kleine römische Gefäße aus rotem Ton. Die Felder zu unserer Linken sind bestellt, die braune Erde ist in gleichmäßigen Reihen umgepflügt, die Traktorreifen haben Furchen in den Acker gezogen. Im Vorüberfahren sehen wir Möwen und Watvögel mit ihren langen geraden Schnäbeln und bei Manningtree eine Kolonie Schwäne, zwei von ihnen fliegen am Zug vorbei, die langen Hälse vorgestreckt.

In Colchester hält der Zug, nachdem er durch Industriegebiete gefahren ist und vorbei an einem alten Kohlendepot, heute ein mit Stacheldraht umzäuntes Gelände zum Abstellen fabrikneuer Autos. Die Wagen stehen in Reihen, ihre extravaganten Farben – Metallicorange, Gletscherweiß und Azurblau – beißen sich mit den Holunderbüschen und Brennnesseln, die an den Rändern wachsen. Als wir aus Colchester hinausfahren, führt die Strecke an einem Golfplatz vorbei, dann an großen, ungleich zugeschnittenen Feldern, an dichten Wäldern, an Strommasten. Ab und zu zweigen Gleise ab und verlieren sich in der Ferne, die Bahndämme sind gesäumt von Ahornbäumen, Eschen, Weißbirken.

Von Harwich bis Bethnal Green verläuft die Strecke, erbaut Mitte des neunzehnten Jahrhunderts, fast eben. Die viktorianischen Ingenieure haben die Steigung auf ein Minimum reduziert, haben höher gelegenes Gelände eingeschnitten und auf tiefer gelegenem Gelände die Schienen über Viadukte geführt, weshalb die Bahnhöfe in den Städten, durch die wir fahren, mal ebenerdig liegen und mal erhöht. In Hatfield Peverel können wir direkt in die umliegenden Häuser sehen, während wir in Chelmsford so weit oben fahren, dass wir auf die Dächer und die Parks mit ihren Teichen hinunterblicken. Als wir schließlich auf den Bahnhof Liverpool Street zufahren, drängen sich die Rückseiten der Häuser immer dichter zusammen. Die Bahndämme sind zugemüllt – alte Sofas, Plastikstühle, Kinderspielzeug, dem Verrotten in der wuchernden Vegetation überlassen. Bald kommen wir vorbei am Olympiapark mit seinem Aussichtsturm, dieser geschwungenen roten Stahlskulptur von Anish Kapoor, und die Gleise senken sich langsam zum Boden hin.

In Bethnal Green schauen wir noch auf den Park hinunter und sehen unter uns spielende Kinder und herumlaufende Hunde. Dann führen die Schienen unmerklich immer tiefer. Der Bahnhof Liverpool Street liegt zehn Meter unter dem Straßenniveau und wurde gebaut, wo einmal das Bethlem Royal Hospital stand, oder Bedlam, wie man es früher nannte. Sowie die Strecke weiter hinabführt, ziehen sich viktorianische Befestigungen an den Seiten entlang, Bögen aus Ziegelstein, die den Druck des Erdreichs und der umliegenden Stadt zurückhalten. Die Schienen schneiden sich ins Land. Sie verlaufen unter Eisenbrücken und Bürgersteigen und Gärten und manchmal auch durch die Fundamente von Gebäuden. Das natürliche Licht weicht allmählich dem Dunkel. Die Ziegelsteine hier werden niemals gereinigt, der Ruß, der sie überzieht, ist von vor Jahren, überall sprießt Unkraut. Kleine Bäume wachsen aus dem Gemäuer und neben den Gleisen. Häuschen mit offenen

Türen und eingeschlagenen Scheiben ducken sich unter Brücken. Als wir am tiefsten Punkt angelangt sind, bremst der Zug ab und fährt eine Kurve, die Räder werden an die Schienen gedrückt und quietschen.

Der Zug hält, wir steigen aus, schieben unsere Fahrkarten durch den Schlitz an der Sperre aus Edelstahl und gehen in der Bahnhofshalle zu der ersten Skulptur, die an den Kindertransport erinnert. Sie stammt von Flor Kent und zeigt zwei gerade gerettete Kinder, die ihrer Zukunft entgegenblicken, das Mädchen stehend, der kleine Junge neben einem Koffer sitzend. Wir gehen zwei Treppen hinauf zum Eingang des Bahnhofs an der Liverpool Street und finden gleich die zweite Skulptur zum Gedenken an den Kindertransport. Sie korrespondiert mit den Skulpturen am Bahnhof Friedrichstraße und in Hoek van Holland, alle von Frank Meisler. Die Skulptur hier trägt den Titel »Kindertransport – Die Ankunft«. Auf einer Gedenktafel steht ein Satz aus dem Talmud: »Wer ein Menschenleben rettet, dem wird es angerechnet, als würde er die ganze Welt retten.«

Als du vom Zug gekommen bist, hast du hier gestanden?
Wir haben uns hier versammelt. Hier hat alles angefangen.
Unglaublich.
Ich hatte mir schon große Sorgen gemacht, ich war nämlich der Allerletzte, der aufgerufen wurde.

Da es Sonntagmorgen ist, sind nicht viele Menschen unterwegs, und so lege ich mich in der Bahnhofshalle auf den Rücken und blicke zum Dach hinauf. Mein Vater kommt zu mir und legt sich neben mich. Gemeinsam betrachten wir das stählerne Tragwerk, die verglasten Flächen, die Wände mit ihren typischen Londoner Ziegeln, teilweise mit Sandstein verblendet, die filigranen gusseisernen Stützelemente. »Muss etwa zur selben Zeit gebaut worden sein wie der Bahnhof Friedrichstraße in Berlin.« Ich mache ein Foto.

Wir stehen auf, gehen zur U-Bahn und fahren mit der Circle Line zum Euston Square, dort gehen wir hinüber zum Bahnhof Euston. Mein Vater will den Zug der West Coast Main Line Richtung Crewe nehmen, umsteigen nach Shrewsbury und weiter mit dem Zug nach Llanelli, der in Llandrindod hält. Dann will er ein Taxi nehmen, die Straße runter nach Hause.

Danke, Papa, dass du die Reise mit mir gemacht hast.
Das wollte ich.
Für Simon, nicht wahr?
Ja.

Wir gehen zum Bahnsteig. Umarmen uns. Seine Umarmung ist fest. Ich gebe ihm einen Kuss auf die Wange. Er küsst nicht zurück. So stehen wir da, unsere unbeholfenen, steifen Körper für einen kurzen Moment miteinander verbunden. Er steigt mit seinem knallroten Koffer in den Zug. Durchs Fenster sehe ich, wie er sich einen Sitzplatz aussucht. Ich winke. Er winkt zurück. Er sieht glücklich aus, als der Zug losfährt.

Nachtrag

Jane rief an und sagte, ich solle schnell kommen. »Es geht nicht mehr lange.« Auf dem Weg zu Hans meldeten sich die Nerven. Ich spürte sie vom Bauch bis hoch in die Brust. Sie strahlten in die Arme aus, in die Hände, bis hinein in die Fingerspitzen. Ich fürchtete schon, meine Hände, die sich fest ums Lenkrad klammerten, könnten von sich aus loslassen und der Wagen geriete, führerlos, außer Kontrolle – ich musste an den Hans von vor so vielen Jahren denken.

Deshalb war ich regelrecht erleichtert, als ich ein paar Stunden später beim Pflegeheim ankam. Ich ging durch den kleinen Eingangsbereich, grüßte die zuständige Person und ging über den kurzen Flur zu dem Zimmer, in dem mein Vater seit fast einem Jahr wohnte und betreut wurde. Meine Mutter und Jane saßen dort und unterhielten sich leise. Hans lag neben ihnen im Bett, auf der Seite, zu ihnen hingewandt, eingefallen, schwach, gleichmäßig atmend, ein kräftiger, rasselnder Atem.

Aufgrund einer besonderen Eigenart der Heizungsanlage des Pflegeheims war es im Zimmer meines Vaters immer bullig warm. Ob defekt oder schlicht ein Konstruktionsfehler, die Anlage sorgte dafür, dass die Temperaturen tropisches Niveau erreichten. Da sich außerdem die Fenster nur wenige Zentimeter öffnen ließen, war die Luft im Zimmer stickig.

Ich setzte mich in den rostroten Ohrensessel beim Bett meines Vaters, beugte mich vor und hielt seine Hand. Die Haut war zart, die Hand trotz der Hitze kalt. Meine Mutter, Jane und ich sprachen leise miteinander. Nach etwa einer Stunde brachte ich meine Mutter nach Hause, mit dem Auto eine zwanzigminütige Fahrt. Sie besuchte Hans seit Monaten jeden Tag und war völlig am Ende. Wir unterhielten uns während der Fahrt, und nachdem ich den Wagen abgestellt hatte, gingen wir zum Haus, sie mit langsamen Schritten den Weg hoch, Hände und Handgelenke unsicher beim Griff nach der Klinke, ein zittriger Schlüssel am Schließzylinder der Tür, ein langsames Niedersinken auf einen Stuhl. Wir tranken Tee, danach fuhr ich zurück zum Pflegeheim. Jane saß noch im Zimmer, las still etwas und stand ab und zu auf, um meinem Vater einen Kuss auf die Wange zu geben – »So tapfer«. Sie blieb noch eine Stunde, wir unterhielten uns, dann ging sie nach Hause, um sich auszuruhen, und ließ Hans und mich allein.

Die Nacht brach herein. Trotz Winter war das Wetter mild. Vor dem Fenster schwangen ruhig die Äste einer großen Tanne. Ich ging in das zum Zimmer gehörende Bad und schaltete das Licht über dem Waschbecken ein. Dann ließ ich die Tür einen Spalt offen und schaltete die Deckenbeleuchtung im Zimmer aus. Das Licht der Lampe über dem Waschbecken drang durch den Türspalt, ein warmer Schein erfüllte Hans' Zimmer. Sein Bett stand direkt an der Wand unter einem Fenster. Ich lehnte mich über ihn und drückte am unteren Rahmen fest dagegen. Die Öffnungssperre, die das Fenster zugehalten hatte, verschob sich, und es ging ein paar Zentimeter auf. Frische Luft strömte herein. Aufgeheizte Luft zog hinaus. Ich schob den Sessel so nah heran, dass er Hans' Bett berührte.

Ich schlug die Beine übereinander und meditierte. Ich nahm die ständig verspannten Stellen in meinem Körper wahr, das heftige, bohrende Gefühl an der rechten Halsseite, wo der Schädel auf der Wirbelsäule sitzt, das Brennen in der rechten Wange, als würde mir eine heiße Nadel tief ins Fleisch gestoßen, den dumpfen Schmerz in der Nierengegend, den stechenden Schmerz oben an der linken Hüftpfanne, den Schmerz um die deformierten Wirbel im unteren Rückenbereich, das Klingeln in meinen Ohren. Und ich verfolgte, so gut es ging, wie mir die Gedanken durch den Kopf jagten, versuchte, sie nicht zu beurteilen, nicht meine Ängste oder das Triviale meiner Gedanken, nahm den Moment so, wie er war – nicht so, wie ich ihn gern gehabt hätte oder wie ich dachte, dass er sein sollte, sondern einfach, wie er war.

Ich hörte die leise Bewegung des Windes draußen. Hörte die Zweige am Baum. Hörte, wie die gestörte Heizungsanlage zig Liter heißes Wasser durch sich hindurchschickte – eine fluide Welt, die in den Heizkörpern aus Stahlblech mit ihren Rohren, Ventilen und Pressverbindungen um uns zirkulierte. Hörte die gedämpften Laute von Menschen in anderen Zimmern, von sich öffnenden und schließenden Türen, von Rollwagen, die durch die Flure geschoben wurden. Und wenn ich die Augen aufschlug, sah ich die Fotos von meinem Vater als junger Mann, die meine Mutter neben seinem Bett aufgehängt hatte, beim Laufen, beim Fallschirmspringen, beim Radfahren, beim Kanufahren, beim Segeln, beim Fliegen eines Flugzeugs, beim Paragliding.

Nachdem ich eine Zeitlang still dagesessen hatte, spürte ich, wie mit meinem Körper etwas passierte. Ein tiefdunkler und eiskalter Schatten sank in ihn hinein. Eine Leere tat sich auf. Ein Vakuum. Ein Nichts. Und mit diesen Gefühlen, die in meinem Körper eingedrungen zu sein schienen, meditierte ich. Sie blieben etwa zehn Minuten. Dann gingen sie vorüber. Mein Körper wurde wieder warm. Noch nie hatte ich eine solche Kälte in mir gespürt. Ich hörte, wie der Atem meines Vaters langsamer ging. Ich stand auf und legte ihm meine Hand auf die Brust. Seine Atmung hatte sich eindeutig verändert. Ich ging hinaus, schloss leise die Tür, und vom Flur aus, vor seinem Zimmer, rief ich Jane an und sagte es ihr. Dann ging ich wieder hinein.

Um 22 Uhr kamen zwei Pflegekräfte, um meinen Vater umzudrehen, so wie immer, damit er sich nicht wund lag. Sie drehten ihn von der Seite auf den Rücken, der Kopf jetzt von den Kissen gestützt. Für ihn war es äußerst beschwerlich. Er war fast bewusstlos, bekam aber alles mit. Sein Körper war steif. Das Umdrehen schien ihm fast unerträgliche Qualen zu bereiten. Nachdem die beiden gegangen waren, wurde seine Atmung kräftiger, das Gesicht nahm Farbe an, der Kiefer hatte etwas Entschlossenes. Ich konnte sehen, wie Leben ihn durchströmte. Ich stand vor ihm und legte ihm meine linke Hand auf den Kopf, er fühlte sich heiß an, voller Energie. Dann legte ich meine rechte Hand auf seine Brust. Ich sagte: »Ich liebe dich, Papa, ich liebe dich, Hans Eugen Lichtenstein – wir sind auf einer gemeinsamen Reise gewesen, du und ich, und ich habe dich so lieb. Danke.« Ich ließ meine Hände auf ihm und küsste ihn auf die Stirn. Während ich so bei ihm stand, begann sein Atem schwächer zu werden. Ich sang Gebete. Er nahm die Luft jetzt mehr in kleinen Schlucken als mit einem Rasseln. Sein Gesicht entspannte sich. Seine Haut wurde glatter, fast durchsichtig. Ein sanftes Lächeln legte sich auf seinen Mund. Seine Haut begann zu glühen. Zwei kleine Lichter erschienen, eins oben an der Lippe, ein bisschen rechts, und eins knapp unterhalb der Unterlippe in der Mitte. Ich sah mir diese Lichtpunkte eine Weile an. Ich wollte wissen, ob es vielleicht das Licht aus dem Badezimmer war, aber das war es nicht. Ich konnte nicht herausfinden, woher diese Lichter kamen, die für Minuten um seinen Mund tanzten, helle Nadelstiche in Bewegung. Als Hans' Atem dann immer ruhiger ging, verspürte ich ein starkes Gefühl der Verbundenheit zwischen uns. Und ich verstand, dass wir beide gleich waren, dass wir beide gemeinsam, in ebendiesen Momenten, die Verbindung zwischen uns wiederherstellten, das Band, das unser Leben lang auseinandergerissen war.

Und genauso verstand ich, dass mein Vater mir ein letztes Geschenk machte. Er machte mich mit dem Tod vertraut. Er zeigte mir, was es bedeutet, zu sterben. Zeigte mir, dass Sterben nichts ist, wovor man sich fürchten muss. Zeigte mir, dass der Tod eine Leichtigkeit haben kann. Zeigte mir, wie er eintritt. Dass ihm ein kalter Schatten vorausgeht, der ins Zimmer zieht. Dass der Moment ein zärtlicher ist. Dass Angst nicht dazugehört. Mein Vater führte mich – bis zu seinen letzten Sekunden. Zum Dank verneigte ich mich. Und während wir auf diese überraschende Weise miteinander verbunden waren, während meine Hände auf seinem Kopf und auf seinem Herzen lagen, ging sein Atem immer langsamer, bis kein Atem mehr war und ich in Frieden im Zimmer stand. Vor dem Fenster die schaukelnde Tanne. Die Geräusche des Heims. Das Zimmer.

In dem Moment kam Jane herein. Wir standen zusammen bei Hans, als der letzte Schimmer erkennbaren Lebens von ihm wich, sein Gesicht jetzt eine freundliche Maske, die Haut noch warm, aber abkühlend, der Mund leicht geöffnet, die Hände auf der Bettdecke.

Jane und ich sprachen nur wenig. Wir machten uns einen Tee und tranken ihn bei seinem nun verstorbenen Körper. Uns fielen die hohen Wangenknochen auf, das leise Lächeln auf seinen Lippen. Nach etwa einer Stunde sagten wir dem zuständigen Nachtpfleger Bescheid. Er rief die 111 an, hielt sich an das förmliche Verfahren, das vorgeschrieben ist, wenn dem

National Health Service ein Todesfall telefonisch gemeldet wird. Der Pfleger gab das Telefon an mich weiter. »Kam sein Tod erwartet?«, fragte die Frau am anderen Ende der Leitung. Kam er erwartet?, dachte ich bei mir, und ich fragte mich: Erwartet? Kam sein Tod erwartet? »Ja«, antwortete ich, »er kam erwartet.« Ich musste ein paar Sachen angeben, Hans' Geburtsdatum, seinen Geburtsort, Formalitäten.

Jane und ich fuhren zu unserer Mutter und weckten sie, um ihr zu sagen, dass Hans gestorben war. Wir setzten uns zu ihr, sie nahm unsere Hände, weinte. Ihre Ehe hatte mehr als dreiundsechzig Jahre gehalten. Wir blieben eine Weile bei ihr. Sie erzählte uns, dass sie am Tag ihrer ersten Begegnung in Kuala Lumpur stundenlang miteinander geredet hatten, bis weit in den tropischen Abend hinein, und dass Hans sich, als er sie nach Hause fuhr, zu ihr hingedreht und gesagt hatte: »Es klingt vielleicht komisch, aber ich denke, wir sollten heiraten«, und dass ihr das auch klar war und dass sie geantwortet hatte: »Frag mich in einem Monat noch mal.« Im Verlauf unseres Gesprächs sagte sie mir noch etwas – dass er nach seiner Rückkehr von unserer gemeinsamen Reise nach Berlin endlich schlafen konnte. Die letzten Jahre seines Lebens waren, wie sie sagte, ruhiger gewesen. Wir blieben bis spät auf. Ich übernachtete im Haus meiner Eltern.

Der nächste Tag verging, als wären es nur ein oder zwei Stunden. Ich brauchte frische Luft und trat durch die Hintertür in den Garten. Ich lief weiter hinaus, über die rostigen, ein Stück über dem Boden liegenden Metallstäbe des Viehgitters, vorbei an Hecken mit ihren Zweigen in Winterruhe, Weißdorn, Esche und Buche. Ich lief etwa eine Stunde über die Feldwege ins Tal hinunter, bis ich zu der kleinen Fußgängerbrücke über den Ithon kam. Ich trat auf die Brücke und ging vor bis in die Mitte, dort blieb ich stehen und hielt mich, halb vorgebeugt, an dem hölzernen Geländer fest. Ich schaute hinauf zur steilen Kuppe des Cefnllys Hill, der jetzt vor mir lag.

Unter mir floss der Fluss. Ich hörte sein Gurgeln. In beiden Fußknöcheln spürte ich, wie sich etwas lockerte. Als würden sich meine Füße vom Körper ablösen. Ich schaute nach unten, konnte aber durch das, was jetzt für mich zu einem welligen Bild wurde, keine Veränderung an den Füßen erkennen. Und auch wenn meine Augen mir etwas anderes sagten, hatte ich das Gefühl, dass die Sehnen und Bänder sich dehnten, dass sie dringend einer Straffung bedurften, dass ich, damit meine Füße sich nicht von mir lösten und davonschwebten, vielleicht gar hoch in den über mir treibenden Himmel, wenn nicht über diese Sphären hinaus, in die dunklen Regionen des Alls – dass ich etwas tun musste, um sie zu befestigen. Ich drückte mich an das Brückengeländer. Meine Augen konzentrierten sich auf den Fluss unter mir. Ich sah Wasserläufer, mit ihren breiten Füßen standen sie auf der Oberfläche, ihre wasserabweisenden Körper ruhten entspannt auf der langsam fließenden Strömung. Ich sickerte hinein in die Landschaft. Als würden die Zellen und Atome meines Körpers zerfallen und mit der Luft um mich herum verschmelzen. Gedanken drängten in meinen Kopf, das Bild eines Wassertropfens beim ersten Ansehen unter dem Mikroskop, das Gewebe einer bestimmten Decke, unter der ich als Kind geschlafen hatte, die flatternden Flügel eines Spatzen über einer Milchflasche, die Wasserhähne in der Küche an der Pentrosfa, der Geruch meines Vaters, Walters Grab, die Geburten meiner drei Kinder, die Augen meiner Frau. Und ich sah Simon auf mich zukommen, lächelnd über dem Fluss, mit ausgestreckten Armen, und ich begriff, was andere schon gesagt haben: dass wir nicht nur mit der Erinnerung an die Toten leben, mit ihren Gespenstern, wir leben vielmehr selbst in der Welt der Toten, leben mit den von ihnen festgelegten Wegen und Straßen, Hecken und Brücken, Häusern und Wohnungen, Bauernhöfen und Wäldern, Dörfern und Städten, Denkmälern und Bauwerken, mit ihren Ideen und Vorstellungen, ihren Philosophien und sogar ihren Erinnerungen, und so leben wir alle nicht nur sinnbildlich, sondern tatsächlich in den Köpfen der Toten.

Und erneut wurde ich mir meines eigenen sich abzeichnenden Hingangs bewusst, begriff, dass er unvermeidlich war. Ich spürte, aus welchem Stoff die Welt gewoben ist, sichtbar vor aller Augen und doch geschaffen von so vielen längst Verstorbenen.

Und in diesem Moment der Selbstentfremdung faltete die Welt sich auf, eine weiße, weite Umarmung, ein grandioses Bild, eine außergewöhnliche Choreografie, eine schier unendliche Ansammlung kleinster Entscheidungen, getroffen von jenen, die vor langer Zeit, im Laufe Abertausender von Jahren, gegangen waren und die hier und jetzt, in diesem besonderen Moment, herbeikamen. Und sie alle strömten in mich, die ganze bunte Flut, und während sie in mich einzogen, kollabierte ich und sank sanft gegen das hölzerne Geländer der kleinen Brücke über den Ithon.

Danksagung

Jonathan Conway, mein Literaturagent, hat dieses Buch von Anfang an unter seine Fittiche genommen. Mit seinem aufmerksamen Blick hat er über viele Entwürfe hinweg dazu beigetragen, es in seine gegenwärtige Form zu bringen. Ich danke ihm für seine nicht nachlassende Unterstützung. Meine beiden Verleger bei Scribner, Chris White und Rowan Cope, haben in der Entstehungsphase des Buches zu zentralen Punkten wesentliche und treffende Anmerkungen gemacht, dafür bin ich ihnen ebenso dankbar wie für ihren großartigen Humor und ihre stetige Ermutigung. Ich danke Charlotte Chapman für ihr kluges und einfühlsames Lektorat und Kaiya Shang, die das Projekt im Verlag so konstruktiv begleitet hat.

Ebenso danke ich meinen Theateragentinnen Gemma Hirst und Katie Snaydon von der Agentur Gemma Hirst. Ihre jahrelange Unterstützung war mir eine enorme Hilfe.

Simon Bacon, Nina Fischer, Kai Yin Low, Gabriel Pearson, Mike Roper und Steve Waters haben mir für die Thematik in *Zurück nach Berlin* wichtige Impulse gegeben. Ihnen allen gilt mein Dank. Nina Fischers Buch *Memory Work: The Second Generation* war für mich so erhellend wie hilfreich. Ich danke Max Lichtenstein, der Hans zu unserer Berlin-Reise ermutigt hat. Ich habe viele Jahre mit Shree Berke zusammengearbeitet. *Zurück nach Berlin* ist das Ergebnis ihrer Kompetenz, ihrer Sorgfalt und liebenswürdigen Art.

Ich danke dem Leverhulme Trust für das Stipendium, das mir die Zeit geschenkt hat, *Zurück nach Berlin* zu schreiben, sowie für die Finanzierung der Recherchen.

Ich danke meinen Freunden und meiner Familie, ganz besonders Hans.